Direito Penal

Edihermes Marques Coelho

Direito Penal

Parte Geral

Volume 1

3ª Edição

Del Rey Editora

Belo Horizonte

2015

Impresso no Brasil | *Printed in Brazil*

EDITORA DEL REY LTDA.
www.livrariadelrey.com.br

Editor: Arnaldo Oliveira

Editor Adjunto: Ricardo A. Malheiros Fiuza

Editora Assistente: Waneska Diniz

Coordenação Editorial: Wendell Campos Borges

Projeto Gráfico: Dilex Editoração Ltda.

Editoração: Dilex Editoração Ltda.

Revisão: RESPONSABILIDADE DO AUTOR

Capa: CYB Comunicação

Editora / MG
Rua dos Goitacazes, 71 – Sala 709-C – Centro
Belo Horizonte – MG – CEP 30190-050
Tel: (31) 3284-5845
editora@delreyonline.com.br

C672d Coelho, Edihermes Marques

Direito Penal. / Edihermes Marques Coelho. Belo Horizonte: Del Rey, 2015.

xvi + 320 p.

ISBN: 978-85-384-0404-0

1. Brasil [Código penal (1940)], alteração, 1984. 2. Direito penal, Brasil. 3. Direito penal, legislação, Brasil. 4. Crime, Brasil. 5. Criminologia, Brasil. 6. Pena, Brasil. 7. Culpa (direito penal). I. Título.

CDU: 343.24

Nilcéia Lage de Medeiros
Bibliotecária
CRB6: 1545

DEDICATÓRIA

Para Keila, esposa e companheira;

Luísa, filha amada, criativa e carinhosa;

Miguel, filho amado, sempre alegre e parceiro...

Cada gota de amor que recebo de vocês multiplica-se em mim para amá-los cada vez mais. Tudo que faço é por vocês...

AGRADECIMENTOS

Agradeço à Faculdade de Direito da Universidade Federal de Uberlândia, especialmente ao Programa de Mestrado em Direito, do qual honrosamente faço parte como docente, pelo estímulo à produção acadêmica;

Àqueles alunos que extrapolam os momentos de sala de aula, questionam, opinam, agregam e motivam este humilde professor;

A todos os amigos e familiares que toleram as ausências que a vida acadêmica exige.

SUMÁRIO

Introdução ao Direito Penal

Criminalizar (proibir) e punir são imemoriais mecanismos de controle, em diversas facetas: controle familiar, controle nas instituições religiosas, controle nas escolas, controle político-social.

Em virtude do crescimento demográfico, num primeiro momento, e, depois, acrescentando-se a concentração populacional urbana, o Direito mostrou-se um decisivo instrumento regulador da sociedade. E o Direito Penal, especialmente, asseverou-se como uso da força institucionalizada.

Entretanto, somente no mundo contemporâneo (pós-revolução francesa e declaração de independência norte-americana) o Direito Penal ganhou contornos de legalidade estrita e ancorou-se em garantias individuais frente à força institucionalizada do Estado. A legalidade estrita serviu, ainda que limitadora do poder do Estado, para reforçar a força de intervenção, formalmente legitimada pela força da lei. As garantias individuais representaram gradativa curva regulatória em favor da sociedade em detrimento do poder ilimitado do Estado.

Com isso, é aceitável se afirmar que os dias atuais indicam um momento singular e positivo, mas de angústias: o respeito às garantias, positivado na legislação e formalizado na Constituição fortalece a condição do viver; as crises sociais, econômicas, culturais e valorativas da sociedade concorrencial e economicista geram crises de segurança, abastecidas pela incapacidade do Estado de compatibilizar garantias gerais com intervenção de segurança pública. São atuais as palavras de Vilma Figueiredo:

> Sem pretender explorar a gênese do vínculo social, porém preservando a hipótese de Freud dos princípios positivos (criadores) e negativos (destrutivos) que o constituem, podem-se conceber os momentos extremos de excesso ou de ausência de regulação (política) da vida em sociedade: o primeiro acarretaria o desmoronamento da construção social pelo abafamento do princípio criador, pela destruição da diversidade; o segundo seria a própria negação do social pela impossibilidade de institucionalização de relações.
>
> O desafio é o de se produzir uma regulação consentida, aquela que garante a liberdade ao mesmo tempo que possibilita o estabelecimento de padrões e normas de convivência que garantem a ação social e definem a comunidade e a sociedade.[2]

Dessa forma, questões como a menoridade penal, as medidas de segurança, o embate entre punitivismo e minimalismo não devem ser abordadas como pontos isolados do problema criminal, mas sim como parte de um sistema penal complexo, mas inter-relacionado, inserido numa realidade social contraditória e que é palco de contradições ideológicas e culturais.

---

2 FIGUEIREDO,Vilma. **Autoritarismo e Eros**. São Paulo: Perspectiva, 1992, p. 32-33.

Unidade I

Direito Penal, Criminologia e Política Criminal

Capítulo 1

História e Funções do Direito Penal[2]

> As populações humanas apresentam uma grande variedade de comportamentos; o simples fato de alguns manifestarem certa conduta e outros não, não constitui prova alguma de que o cérebro dos primeiros padeça de alguma patologia específica. Devemos concentrar-nos no desenvolvimento de uma hipótese infundada quanto à violência de alguns – hipótese que segue a filosofia determinista de culpar a vítima – ou devemos tentar eliminar, antes de mais nada, a opressão que ergue guetos e mina o espírito de seus habitantes desempregados?.
>
> Stephen Jay Gould[3]

1.1 INTRODUÇÃO HISTÓRICA AO DIREITO PENAL

O Direito Penal, enquanto conjunto de normas estatais que estabelecem de forma sistematizada o que é crime e quais são as penas possíveis,

---

2 Capítulo 1 baseado em texto deste autor publicado na Revista ReCrim, v. 9, p. 61-71, 2013.

3 GOULD, Stephen Jay. **A falsa medida do homem**. São Paulo: Martins Fontes, 2001, p. 146.

é algo muito recente na história jurídica. Isso porque o pressuposto da estrita legalidade somente tornou-se uma imposição nos últimos três séculos. Entretanto, de forma mais ampla são encontradas marcas históricas rudimentares do Direito Penal desde os primórdios da sociedade humana organizada[4].

Primitivamente, não era possível falar-se em Direito, ao menos não dentro da concepção que se tem contemporaneamente do que seja o Direito. Estudos sobre sociedades primitivas (de organização social primitiva) remanescentes até o século passado indicaram que eram construídos padrões de interdições e tabus, limitando o permitido e o proibido.

A partir de variadas crenças em fenômenos naturais como eventos divinais, construíam-se regras de interdições de comportamento, as quais poderiam sofrer reações da comunidade para evitar ou aplacar a ira dos deuses. Nesse quadro, o banimento era a medida mais radical, pois o indivíduo era levado a uma situação em que, com o viver isolado, estava praticamente condenado à morte[5].

Das sociedades humanas primitivas, passando por organizações humanas complexas da antiguidade, mergulhando no período medieval e, após, no renascimento, chegou-se ao direito contemporâneo, codificado e normatizado.

1.1.1 Fase antiga

Os primeiros conjuntos normativos 'institucionais' de destaque surgiram há cerca de 4 (quatro) mil anos atrás. Tratou-se do Código de Hamurabi.

O rei Hamurabi, capitaneando o Império Babilônico, estabeleceu (ou reuniu, segundo algumas versões) um conjunto de regras de conduta, contando 282 artigos, nem todos de conteúdo criminal. O mais significativo aspecto do Código de Hamurabi foi a criação de um sistema

---

4 Para um estudo mais específico dos contornos históricos, sugere-se o recurso às seguintes obras: FUHRER, Maximiliano Roberto Ernesto. **História do direito penal:** crime natural e crime de plástico. São Paulo: Malheiros, 2005; GILISSEN, John. **Introdução histórica ao direito.** Lisboa: Calouste Gulbenkian, 1989; ROBERTS, J. M. **O livro de ouro da história do mundo:** da pré-história à idade contemporânea. Rio de Janeiro: Ediouro, 2001.

5 Sobre o assunto, vide CLASTRES, Pierre. **A sociedade contra o estado**. 4. ed. Rio de Janeiro: Francisco Alves, 1988.

de limites para as reações privadas aos crimes, baseado na proporcionalidade do mal, naquilo que ficou conhecido como a Pena de Talião (olho por olho, dente por dente). Na realidade, não significava que o mesmo mal causado seria retribuído ao infrator, mas sim que um mal proporcional ao que ele causou lhe seria impingido[6].

Para o mundo ocidental, rumos relevantes quanto ao direito criminal viriam a ser registrados na Roma Antiga. Num largo período histórico que iniciou cerca de 700 anos a.C., Roma significou a referência política do ocidente (com incursões importantes na face oriental do mundo).

Ao longo dos 'séculos romanos'[7] as principais características que foram sendo moldadas para o direito criminal foram consagradas na Lei das XII Tábuas (século V a.C.), resgatando parâmetros semelhantes à pena de Talião do Código de Hamurabi. Introduzindo procedimentos criminais baseados na interferência do Estado nas questões privadas, as punições criminais foram gradativamente sendo tratadas como algo a ser dosado, racionalizado. Destaque-se, ainda, no século I a.C., as *leges corneliae* e *lege Juliae*, catalogando as condutas que deveriam ser consideradas crimes (um considerável avanço para a época). No entanto, na fase final do Império Romano (século V) houve uma mistificação dos parâmetros punitivos, com a emergência de crimes religiosos e um período de obscurantismo jurídico.

Já no período transcorrido entre o século V e o século XI viu-se o predomínio do Direito Bárbaro (Germânico), baseado na tradição oral, com debates e testemunhos como base dos julgamentos. Na insuficiência de elementos probatórios, recorria-se às ordálias – provas de Deus. O direito germânico, também como o direito romano, passou do caráter penal privado para uma gradual publicização.

Após, merece destaque o Direito Canônico, baseado na intervenção da Igreja Católica sobre a esfera jurídica. Com tipos penais abertos, era a Igreja que delimitava o ilícito criminal, recorrendo a um procedimento inquisitivo e não contraditório de apuração das provas. Entretanto, uma

6 Assim, por exemplo, para a punição do roubo de sementes ou alimentos, previa-se o corte das mãos.

7 Conforme FUHRER, Maximiliano Roberto Ernesto. **História do direito penal**, p. 36-40.

novidade significativa começou a surgir com o direito criminal canônico: a preocupação com a recuperação do delinquente.

Como resultado de uma junção de influências do Direito Romano, do Direito Germânico e do Direito Canônico, foi surgindo o Direito Penal Comum, especialmente a partir do século XII, também conhecido como direitos dos glosadores. Tratava-se de tribunais que diziam o direito segundo a convicção popular.

1.1.2 Fase moderna

O Direito Penal moderno começa a surgir no século XVII e perdura até o século XIX, com a emergência de dois aspectos decisivos: a ascensão política definitiva da burguesia, o que exigiu novos parâmetros jurídicos de controle social; o surgimento de escritos filosóficos que preconizavam a igualdade jurídica dos cidadãos e a prevalência do princípio da legalidade.

Merece destaque especial o pensador Cesare Bonessana (Marquês de Beccaria), com a obra **Dos delitos e das penas**[8], publicada originalmente em 1764, o qual propugnava que as penas deveriam servir como retribuição ao mal causado, segundo aquilo que fosse previsto pelo Estado através de leis – e não segundo o mero arbítrio judicial.

O ponto nevrálgico, pois, dessa fase é a consagração teórica e normativa do princípio da legalidade. Todas as definições penais vão, pouco a pouco, guiando-se pelas previsões legislativas, que passam a ser definidoras de conteúdos máximos (até que ponto pode ir o estado na esfera criminal) e de formas de atuação (de que maneira as punições podem ser aplicadas).

1.1.3 Fase contemporânea

Não existe um marco histórico que indique taxativamente o início da fase contemporânea do Direito Penal. Seus primórdios remontam ao século XIX, com a emergência do conceito causalista de infração penal, dividindo-se o delito em tipicidade, ilicitude e culpabilidade. Pode-se in-

---

[8] BECCARIA, Cesare. **Dos delitos e das penas**. Trad. P. M. Oliveira. 14. ed. Rio de Janeiro, Ediouro, 2001.

dicar, entretanto, que ela realmente se efetiva a partir dos debates entre o pensamento finalista e o pensamento causalista – o que somente vem a ocorrer na primeira metade do século XX.

As discussões entre causalistas e finalistas estiveram sediadas sobretudo na concepção e posição da conduta humana na ideia de crime. Os causalistas entendiam a conduta como movimento físico-mecânico, enquanto os finalistas entendiam a conduta como ação ou omissão dirigida a uma finalidade. Predominou a teoria finalista do delito, o que alterou as bases do conceito analítico de crime. Mais recentemente, nas últimas quatro décadas, ganhou espaço a teoria funcionalista do delito, indicando críticas à concepção finalista de conduta e propondo agregar a imputação objetiva de resultado ao risco não permitido da conduta.

Paralelamente, no século XX emergiu o pensamento criminológico, começando pelo positivismo científico, que buscou explicações etiológicas para o delito e o delinquente. Posteriormente, em meados do século, ganhou força o sociologismo penal e a filosofia política penal, os quais hodiernamente podem ser divididos em criminologia tradicional punitivista, criminologia crítica minimalista e criminologia crítica abolicionista.

1.1.4 Considerações críticas

A vida em sociedade é uma marca da civilização. O existir humano no mundo desenvolveu-se ao longo da história através de mecanismos de convivência social, organizada sob diversos símbolos e códigos. A vida social, com o passar dos séculos, mais e mais foi se mostrando encadeada em torno de símbolos e de códigos de convivência (religiosos, de etnia, geográfico-culturais), e isso de uma maneira tal que se pode falar na existência de um sistema de vida em sociedade – de um sistema social.

Nesse contexto, o traçado histórico do direito criminal não é linear, constante – existem diversos avanços e retrocessos superpostos ao longo dos séculos.

Isso está ligado à circunstância de que o direito penal sempre e muito é reflexo das relações econômicas e sociais que subjazem à definição das regras punitivas e de sua aplicação. Primeiramente, a força simbólica penal sobre a sociedade como um todo serviu e serve como poderoso meio de controle social, pelo potencial coercitivo no imaginário popular. Além disso, a aplicação dura de penas funcionou, em momentos históricos conturbados, como mecanismo objetivo (não apenas simbólico, portanto) de manutenção da ordem social.

Dessa forma, os avanços na política criminal, no sentido de garantia individual contra o arbítrio do Estado, em muitos momentos históricos representaram um sintoma de que a civilização estava em uma fase de evolução cultural e política, mas também de razoável calmaria ou acomodação nas relações econômico-sociais.

Isso conduz à observação de que o Direito contemporâneo compõe o sistema social, e dentro dele é um subsistema – faz parte das relações sociais, mas possui uma matriz própria, com símbolos e códigos próprios, decorrentes de sua estruturação normativa, que o caracteriza como subsistema social. A teoria e a prática jurídicas são definidas e organizadas em torno do paradigma da normatividade – ou seja, o objeto básico do Direito são as normas jurídicas. É a partir das normas que o Direito interage com outras áreas do sistema social.

Politicamente pensado, é inegável o papel de controle social exercido pelo Direito – também, em específico, pelo Direito Penal. Na história da humanidade, o Direito funcionou, e funciona ainda hoje em alguma medida, como um modo de relativizar as tensões sociais que nascem ou poderiam nascer dos conflitos interindividuais ou intergrupais, apresentando-se a solução jurídica como um mecanismo pretensamente racional e evoluído para a solução ou prevenção de conflitos.

Nesse sentido, o papel exercido pelo Direito Penal é singular (liga o simbólico ao material): trata daquelas situações em que as pessoas extrapolam os limites do razoável, agindo no exercício de sua liberdade com tal demasia que os danos a direitos de terceiros teriam uma magnitude maior. Por decorrência, a resposta jurídica não pode ser de mediação de interesses, mas sim de punição dos desvios. É interessante perceber que esse papel tem ficado enfraquecido nas últimas décadas, em que se desnuda a inflação legislativa penal – exagero de figuras previstas como crimes – e a inoperância do sistema penal para responder às condutas criminosas.

Essa percepção do Direito Penal enquanto fenômeno social não deve, entretanto, ser limitada a o visualizar como mero instrumento de controle da sociedade. Ele, paralela e paradoxalmente, funciona como garantia de direitos que são cada vez mais estendidos (mesmo que plano meramente formal) a todas as pessoas. Desse modo, o Direito é palco de contradições dialéticas de funções – controle e garantia -, contradições essas que devem ser solucionadas na conjunção de sua análise externa – filosofia política do Direito – com sua análise interna – dogmática jurídico-penal. Com a análise externa se estaria priorizando o ideal de um Estado Democrático-Social de Direito e a proteção de bens jurídicos. Já a análise externa estaria relacionada à preservação dos direitos humanos, tanto no plano de proteção individual quanto instrumentalizando a ação estatal de garantia da segurança pública.

1.2 AS FUNÇÕES DO DIREITO PENAL

Se o Direito Penal historicamente correlaciona funções de garantia e controle, a indagação seguinte é sobre o caráter de tais funções. O papel protetivo e o papel punitivo não se excluem, é certo, mas apontam de forma diversa para um mesmo problema: 'para que serve o Direito Penal?'.

1.2.1 Função geral: a proteção de bens jurídicos

Os seres humanos, agrupados em sociedade, vivem em condições propícias a gerar conflitos de interesses. Os interesses, individuais, difusos ou coletivos, ancoram-se, no universo jurídico, em bens que devem ser protegidos de possíveis incursões privadas, egoísticas e ofensivas a interesses alheios. Os bens caracterizam-se como aquilo que pode ser objeto de uma situação jurídica, de uma correlação jurídica entre sujeitos[9].

Pois, bem: o Direito é, enquanto regulador das relações sociais, âmbito de tutela de bens jurídicos. Ou seja, cada norma protetiva e/ou reguladora de direitos, ou impositiva de proibições, vai ter um bem ju-

9 Vide FERRAJOLI, Luigi. **Por uma teoria dos direitos e dos bens fundamentais**. Trad. A. Salim; A. Copetti Neto; D. Cademartori; H. Zaneti Jr.; S. Cademartori. Porto Alegre: Livraria do Advogado, 2011, p. 50-53.

rídico no seu âmago, na sua essência. Há algo que está sendo protegido e garantido por tal norma, buscando resguardar o equilíbrio social no conflito de interesses. Nesse sentido, ensina Roxin que:

> em cada situação histórica e social de um grupo humano os pressupostos imprescindíveis para uma existência em comum se concretizam numa série de condições valiosas como, por exemplo, a vida, a integridade física, a liberdade de atuação ou a propriedade, as quais todo o mundo conhece; numa palavra os chamados bens jurídicos; e o direito penal tem que assegurar esses bens jurídicos, punindo sua violação em determinadas condições.[10]

Mas, no que consistiriam os bens jurídicos? Seriam meros conceitos abstratos, ou enunciariam aspectos concretos da vida social? Partindo da ideia de que eles não são meros elementos portadores de sentido abstrato, afirma Roxin que

> os bens jurídicos como circunstâncias reais dadas ou finalidades necessárias para uma vida segura e livre, que garanta todos os direitos humanos e civis de cada um na sociedade ou para o funcionamento de um sistema estatal que se baseia nestes objetivos.[11]

Para além da concretude e realismo de conteúdo dos bens jurídicos, não se deve menosprezar que há bens de caráter fundamental e bens de caráter patrimonial.

Tendo como base a ideia de proteção a bens jurídicos como aspectos reais da vida em sociedade, a própria existência do Direito Penal pode ser definida sob dois ângulos: por um lado, existe como um instrumento de poder; por outro lado, existe como um instrumento de garantia de bens jurídicos. Na ideia de instrumento de poder sobressai o foco na força de intervenção estatal sobre a sociedade civil, propiciada pelo Direito Penal. Na ideia de proteção de bens jurídicos sobressai o foco nos

---

10 ROXIN, Claus. **Problemas fundamentais de direito penal**. Trad. A. P. Natscheradetz; M. F. Palma; A. I. de Figueiredo. 3. ed. Lisboa: Vega, 1998, p. 27-28.

11 ROXIN, Claus. **A proteção de bens jurídicos como função do direito penal**. Porto Alegre: Livraria do Advogado, 2006, p. 18-19.

papéis de garantia propiciado pelo Direito Penal à sociedade civil frente ao Estado e de proteção de um indivíduo frente ao outro.[12]

Se por um lado o Direito Penal serve ao Estado frente à sociedade civil, por outro lado serve à própria sociedade civil frente ao Estado. Possibilita ao Estado intervir legitimamente sobre a liberdade individual dos cidadãos, quando estes violem a proteção que as normas penais dão aos bens jurídicos. Mas também limita as possibilidades da intervenção estatal, ao vincular e condicionar a legitimidade de tal intervenção a parâmetros restritivos de legalidade.

O desejável papel do Direito Penal não está sediado nem em um nem em outro foco, mas sim na conjunção das duas óticas. Afinal, o Estado como interventor na sociedade exerce um papel de dominação que é necessário[13] em um estado democrático de direito – modelo pretensamente adequado à realidade político-social contemporânea – em virtude da circunstância de que os interesses individuais são conflitantes de um indivíduo para outro, assim como os interesses coletivos o são de um grupo humano para outro. O Direito Penal, nesse sentido, fornece importantes instrumentos de intervenção estatal.

Por outro lado, tal intervenção, embora necessária, não pode ser arbitrária e ilimitada. Neste sentido, é imprescindível que haja restrições à atuação estatal, de maneira que o Estado deva pautar sua atuação sobre a liberdade dos indivíduos em critérios de atuação que assegurem os direitos básicos de cada sujeito quando submetido à ação punitiva estatal – e, potencialmente, assegure os direitos de todos os indivíduos, como possíveis vítimas de qualquer arbitrariedade futura.

A esmagadora maioria dos cidadãos passa sua vida inteira sem ter contra si a atuação punitiva estatal, pois não cometem atos que despertem o interesse da intervenção penal[14]. Porém, todos e cada um estão

---

12 Vide QUEIROZ, Paulo de Souza. **Do caráter subsidiário do direito penal.** Belo Horizonte: Del Rey, 1998, e GOMES, Luiz Flávio. **Princípio da ofensividade no direito penal.** São Paulo: Editora Revista dos Tribunais, 2002.

13 Entende-se que o Estado funciona, idealística e potencialmente, como um ponto de referência das relações sociais e possível fomento da justiça social. Não se deve olvidar, no entanto, que o Estado é o palco de relações de poder, as quais são marcadas por conflitos de interesses. Os grupos que predominarem em tais relações de poder é que farão com que o Estado esteja mais próximo ou mais distante de cumprir seu papel ideal.

14 Isso não significa que a maioria das pessoas não cometa atos previstos em lei como crimes –

constantemente sob o risco de que isso ocorra, pois em nossa convivência com os demais indivíduos nossos interesses e vontades estão cotidianamente em possível choque. Por consequência, as garantias contra a intervenção punitiva estatal devem estar sempre a beneficiar a todos e a cada um. As normas que as preveem não são, portanto, "normas para proteger criminosos" (como se apregoa no senso comum), mas sim normas que beneficiam silenciosamente a todos os cidadãos.

A alegação de que as normas garantidoras frente ao Estado são benefícios aos criminosos é corrente nos discursos sensacionalistas e punitivistas. Trata-se, porém, de uma inversão de critérios. Na realidade, o problema não está nas normas protetivas como tal, mas em algumas normas desatualizadas e inadequadas diante da realidade social hoje vivida. De mais a mais, muito mais do que um problema de normas garantidoras, a criminalidade é um problema de estrutura social, econômica e cultural (quanto às origens da criação normativa) e de ineficácia e inefetividade do sistema penal – de todo o aparato normativo-punitivo e da estrutura operacional – nas respostas às atuações criminosas habituais e esporádicas. Assim, o que se deve é organizar o sistema punitivo a partir de objetivos claros e específicos; diferenciar tratamentos jurídicos punitivos de acordo com a gravidade dos bens jurídicos atingidos; racionalizar e diminuir a abrangência do Direito Penal.

Numa ótica garantista, deve-se ressaltar, ainda, que a proteção concedida pelo Direito Penal aos bens jurídicos valorosos dirige-se à sociedade como um todo. Entretanto, razoável parte das seleções estatais de bens jurídicos a serem tutelados criminalmente, ou da gradação das penas atribuídas às ofensas a ele dirigidas, tem um caráter ideológico que satisfaz a interesses de grupos econômicos detentores do poder estatal, ou que ao menos sobre ele exercem um controle silencioso[15].

Mesmo assim, a maioria das normas penais traduz, de alguma forma e em algum grau, interesses comuns à sociedade como um todo –

típicos. Ocorre que boa parte desses atos é de baixa magnitude, de escassa relevância social, sendo desprezados pelos demais indivíduos e pelo próprio Estado. Além disso, há também muitos atos típicos que são cometidos sem que o Estado tome conhecimento de sua ocorrência ou de sua autoria.

15 Nesse sentido, COPETTI, André. **Direito penal e estado democrático de direito**. Porto Alegre: Livraria do Advogado, 2000, p. 91-105.

partindo-se do pressuposto de que evitar o choque direto de interesses é do interesse geral. O marco histórico-jurídico garantidor de que as regulações penais sejam potencialmente voltadas à sociedade toda está na consagração constitucional dos direitos humanos – com sua constitucionalização "direitos fundamentais" -, que servem como referência da validade normativa. Em sentido semelhante ensina Juarez Tavares, quanto às normas penais, que:

> sua validade não depende, pois, do fim a que se destine, senão da necessidade de sua promulgação e das garantias que ofereça. Se, por exemplo, houver necessidade de se impor a obrigação de prestar auxílio, como condição de sobrevivência de outros, esta norma será, em princípio, válida, mas se, apesar dessa necessidade, deixar de indicar com nitidez quem deva prestar a obrigação e não referir, ademais, os casos em que ela se dá, deixa de ser válida, porque incompatível com os direitos fundamentais.[16]

Portanto, cada previsão legal de um fato como crime está a proteger bens jurídicos, os quais deveriam ser importantes para todo e cada indivíduo. E a justificativa para a aplicação de uma pena radica exatamente na ideia de que a ofensa relevante ao bem jurídico protegido penalmente justifica a sanção penal. Sobretudo em virtude deste último aspecto é que se legitima a ideia de crimes a serem punidos pelo Estado, justificando-se a própria existência de um Direito Penal.

A esfera criminal, porém, não está isolada das demais esferas jurídicas. Há uma inter-relação que gera múltiplos condicionamentos, pois o Direito Penal não é mais do que um componente de um conjunto mais amplo: o sistema jurídico.

1.2.2 O direito penal como subsistema jurídico

Internamente pensado, em relação às suas áreas específicas – penal, civil, tributário etc – o Direito é um sistema próprio, um sistema jurídico com vários subsistemas, pelos quais a proteção aos direitos humanos transita e exerce, ao menos potencialmente, um condicionamento de conteúdo. Isso porque tais subsistemas jurídicos estão interligados

---

16 TAVARES, Juarez. **Teoria do injusto penal**. 2. ed. Belo Horizonte: Del Rey, 2002, p. 161.

através de princípios jurídicos gerais (por vezes comuns a todas as áreas, como o princípio da igualdade de tratamento, por exemplo), e por uma referência jurídico-normativa necessária, superior às regulações jurídicas de cada área: a Constituição Federal de 1988, na qual parte dos princípios jurídicos gerais está incluída.

O Direito Penal, nesse contexto, nada mais é do que um subsistema jurídico com regras, princípios, conceitos próprios. Porém, como faz parte de um todo, nunca estará desconectado dos demais subsistemas jurídicos. Veja-se, por exemplo, as relações entre Direito Penal e Direito Civil quanto aos danos causados pelo fato considerado crime: a decisão na esfera penal, condenando o indivíduo, faz coisa julgada na esfera cível, assegurando o direito à indenização. Tem-se o Direito Penal, portanto, como um subsistema jurídico próprio, mas interligado aos demais.

O próprio conceito de Direito Penal não pode ser, por decorrência, desconectado do conceito de Direito, sendo, isto sim, derivado dele. É, portanto, um conceito derivado, pois deve se basear no objeto geral do direito, na matriz normativa que é comum a todo o Direito. Para que se possa, então, conceituar o Direito Penal é necessário que se resgate o conceito de Direito.

Nesse intuito, destaca-se que, enquanto objeto epistemológico[17] de estudo, **o Direito é um conjunto de normas jurídicas**. Entretanto, será apenas isso? Não, pois há a presença constante de aspectos valorativos e finalísticos, abertos a procedimentos interpretativos gerais ou contingenciais. Ademais, no que respeita às normas contidas em leis, a redação deve ser localizada historicamente, de modo a facilitar a contextualização interpretativa com o momento da aplicação jurídica.

Portanto, deve-se agregar ao aspecto meramente normativo outro aspecto que registre a marca sistemática valorativa e finalística do Direito. Nisto é decisivo o papel dos princípios jurídicos, pois indicam as diretrizes para a interpretação e aplicação dos conteúdos jurídicos (além de

---

[17] A epistemologia define-se como a área de estudo dos paradigmas, parâmetros e diretrizes para que se possa desenvolver um conhecimento teórico – pretensamente científico – válido, aceitável em uma determinada área do conhecimento humano. Trata-se, portanto, de uma 'teoria da ciência', uma teoria sobre como produzir conhecimento (vide, a respeito, MORA, José Ferrater. **Dicionário de filosofia.** 3. ed. São Paulo: Martins Fontes, 1998, p. 216).

serem diretrizes para a própria criação de novas normas). Partindo dessa concepção, agregando-se os princípios à definição antes enunciada, define-se o Direito como **o conjunto de princípios e regras jurídicos que regulam a vida em sociedade**.

Entende-se que tanto os princípios quanto as regras – de conduta, procedimento, forma e competência – são normas. Assim, o gênero normas é dividido nas espécies princípios e regras. Não se deve ignorar, no entanto, o fato de que ordinariamente as abordagens convencionais do Direito Penal em vez de falar em regras falam em normas, não percebendo que com isso implicitamente se estaria negando a ideia (ou ao menos a enfraquecendo) de que os princípios também são normas.

O conceito de Direito aqui enunciado não procura firmar uma definição exaustiva do Direito, mas sim uma definição instrumental. Explique-se: o conceito enunciado não pretende ser completo e definitivo. Procura-se apenas epistemologicamente apreender o que existe de minimamente comum a qualquer área do Direito – é aí que emerge o papel das normas e princípios jurídicos.

Em síntese, a definição de Direito deve buscar congregar o aspecto normativo-formal do Direito (conjunto de regras) com o seu aspecto valorativo-material (e princípios). E, independente da função ideológica a que se dê primazia, a definição há de ser aplicável.

Como o Direito Penal constitui-se como um subsistema jurídico, seu conceito deve ser derivado do conceito geral do Direito, agregando-se o que há de específico. Por conseguinte, como objeto de estudo e como concepção político-jurídica, ele deve ser definido a partir dos princípios e regras jurídicos, e de como estes regulam a vida social.

Conceitua-se juridicamente o Direito Penal, então, como **o conjunto de princípios e regras jurídicos que definem as condutas criminais, as penas a elas correspondentes e as condições para que tais penas sejam aplicáveis**. Estrutura-se para satisfazer um objetivo jurídico-político geral, preventivo, no sentido de impedir o exercício das próprias razões, a vingança ou a retribuição pessoal, de modo a minimizar a violência na sociedade, com a institucionalização do direito de punir. Segundo Ferrajoli,

> Um sistema penal é justificado se, e somente se, minimiza a violência arbitrária na sociedade. E atinge tal objetivo à medida que satisfaz as garantias penais e processuais penais do direito penal mínimo. Estas *garantias* se configuram, portanto, como outras *condições de justificação* do direito penal, no sentido de que somente a atuação destas vale para satisfazer-lhes os objetivos justificantes.[18]

Ora, o conjunto normativo penal – princípios e regras – tem, primariamente, um caráter de conteúdo regulatório da vida social. Desse caráter primário, instrumental, não se pode divorciar o caráter garantista, no sentido de coadunar limites ao Estado e obstáculos à vingança privada.

1.2.3 Caráter subsidiário do Direito Penal

Os mecanismos penais de intervenção sobre a sociedade, assim, não se justificam por si só, mas sim como meios. Configuram-se como meios de controle social e de proteção de bens jurídicos.

Entretanto, tal intervenção não possui um conteúdo próprio, que se sobreponha às demais áreas do Direito. Na realidade, o conteúdo das regulações penais é definido de forma subsidiária e residual.

A subsidiariedade decorre do fato de que o Direito Penal destina-se à proteção de bens cuja regulação jurídica em outras áreas mostra-se insuficiente em relação às possibilidades de danos e à repercussão pessoal ou social. Com tal insuficiência, os dispositivos penais significariam uma instância última, uma *ultima ratio*, uma perspectiva extrema de intervenção protetiva.

Como decorrência, a intervenção punitiva tem caráter residual. As condutas serão objeto das leis penais subsidiariamente, e isso significa que deve ocorrer de fato a atuação punitiva se não houve satisfatória intervenção jurídica de outra esfera do Direito[19].

---

[18] FERRAJOLI, Luigi. **Direito e razão:** teoria do garantismo penal. Trad. A. P. Zomer; F. H. Choukr; J. Tavares; L. F. Gomes São Paulo: Editora Revista dos Tribunais, 2002, p. 276.

[19] Esse caráter residual, entretanto, é relativo. Existem situações nas quais mesmo ocorrendo uma atuação de outras esferas do Direito haverá intervenção penal punitiva, especialmente com a aplicação de penas privativas de liberdade. É o caso nomeadamente dos crimes de médio ou alto potencial ofensivo cuja ação penal seja pública incondicionada e nos quais a ofensa a bens jurídicos fundamentais é, ao menos em tese, mais grave.

1.2.4 As funções especiais do direito penal

a) O controle social

Pode-se indicar que a regulação da vida em sociedade, pano de fundo de qualquer definição do Direito e de suas áreas específicas, de acordo com a postura ideológica adotada teria como funções principais possíveis:

I – possibilitar a dominação de uma classe por outra – as regras e os princípios jurídicos serviriam apenas como instrumentos de dominação de uma classe sobre outra (marxismo). Esta é uma visão que não deixa de ter razão quanto à circunstância de que o Direito é instrumento de dominação de classe. Reduzir, entretanto, a função do Direito a isso é dizer que a sociedade só pode ser livre sem o Direito e, portanto, anárquica, o que, realisticamente, levaria à sobrepujança de uns em relação a outros pela força.

II – promover a paz social – ao regular a vida em sociedade as regras e princípios jurídicos levariam à harmonia social (liberalismo). Trata-se de um discurso ideal, mas falacioso, pressupondo que todos os interesses da sociedade têm o mesmo sentido, esquecendo que a sociedade é dividida em grupos de interesses diversos e que o interesse de um grupo dominante não é, em regra, o interesse dos grupos dominados.

III – possibilitar a dominação estatal sobre a sociedade e, como contraponto, à limitação estatal pela sociedade – no âmbito de um estado democrático de direito, as normas penais condicionariam o Estado e os particulares em torno de bens jurídicos selecionados. É de se observar que o Direito é, sim, dominação estatal da sociedade (modo do Estado controlar e coordenar a sociedade), mas no outro lado da balança está a limitação do poder do Estado em face de interesses da própria sociedade. Por um lado, há interesses conflitantes na sociedade, que é eminentemente política, e o Direito serve para que o Estado controle e coordene a sociedade. Por outro lado, para que a sociedade não fique jogada à possibilidade do arbítrio estatal, o Direito serviria para definir a limitação do poder do Estado sobre a sociedade.

Privilegia-se a terceira visão, focada na importância diretiva da Constituição, ao balizar os valores fundamentais a serem observados nas regulações jurídicas. Destaque-se que a posição dos princípios jurídicos prevalentes, que emanam da Constituição e de sua eleição de valores fundamentais para o sistema jurídico, é fundamental dentro de tal concepção. Eles abrem espaço para que se possa tentar construir uma racionalidade sistemática do Direito Penal voltada para o homem como centro das ações sociais, buscando equilibrar o contraponto entre o interesse punitivo e o interesse de preservação da liberdade.

Com inspiração em Luigi Ferrajoli[20], trata-se de entender que a forma de se evitar que o Direito Penal seja apenas um instrumento de controle social – ou ao menos um mero instrumento de controle social dos mais fortes sobre os mais débeis – está em se garantir que a dignidade de todos e de cada um seja normativamente consagrada como indispensável para qualquer atuação jurídico-penal.

Isso implica a necessidade de que cada um e todos que atuam no Direito Penal repensem seu papel: em vez de favores pessoais, a dignidade da conduta; em vez de estoques de presos, prisões racionalizadas (inclusive quantitativamente) e adoção maior de penas alternativas; em vez de uso das penas alternativas como válvula de escape, a opção por mecanismos eficazes de implementação, cumprimento e fiscalização de tais penas; em vez do fácil discurso demagógico do punitivismo, uma opção racionalizadora do sistema penal, resguardando-o para questões que relevantemente atinjam mais contundentemente os direitos fundamentais.

É importante, nesse sentido, que se diferenciem claramente as respostas do Direito Penal aos crimes de baixo e médio potencial ofensivo daquelas dadas aos crimes de alto potencial ofensivo. Tal distinção hoje não é clara na legislação, e isso leva à sensação social de que nem mesmo normativamente há respostas adequadas aos crimes.

Tudo isso não afastaria o papel de controle social a ser exercido pelo Estado – o que, aliás, nem seria exatamente desejável -, mas ajudaria a torná-lo racionalmente balizado por parâmetros centrados num caráter democrático e humanitário.

---

[20] Vide: **Direito e razão:** teoria do garantismo penal. São Paulo: Editora Revista dos Tribunais, 2002; **Por uma teoria dos bens e direitos fundamentais**. Porto Alegre: Livraria do Advogado, 2011; **Los fundamentos de los derechos fundamentales**. 4. ed. Madrid: Trotta, 2009.

b) Funções político-normativas

I – Sistema penal e direitos fundamentais

Visto como sistema jurídico de um país, o Direito está centrado na Constituição, a qual, num estado democrático de direito, tem sua arquitetura normativa construída em torno dos direitos fundamentais. Entende-se, por força da vinculação de todo o Direito aos direitos fundamentais[21], que se há de buscar tornar efetivas as possibilidades normativas e políticas de que o Direito Penal possa ser uma ferramenta do âmbito da preservação dos direitos fundamentais. Trata-se de fazer do Direito Penal, ao menos potencialmente, um instrumento útil para a qualificação da vida humana em sociedade.

Preconiza-se, assim, uma abordagem do Direito Penal articulada em torno da preservação e efetivação dos direitos fundamentais, em torno da centralidade do ser humano no mundo, garantindo-o contra o arbítrio e a coisificação. Internamente, trata-se de desenvolver e consolidar a interpretação crítica da dogmática penal, focada nos direitos humanos e seguindo uma política criminal não punitivista. Externamente, a abordagem jusfundamental está focada na legitimação do Direito frente à centralidade do ser humano no mundo, a partir da reflexão sobre as bases da política criminal.

Propõe-se uma distinção entre as expressões "direito penal mínimo" e "minimalismo penal". O direito penal mínimo representaria a concepção de redução indiscriminada da intervenção penal sobre a sociedade, desconsiderando as dimensões positivas, em termos de ordem social, que a pena pode ter. Já o minimalismo penal significaria uma postura operacional voltada sim a reduzir a amplitude da intervenção punitiva do Estado, mas gerando três tendências: restrição da quantidade de crimes previstos em lei, efetivando a intervenção penal como *ultima ratio*; o resguardo das penas privativas de liberdade, embora com uma aplicação racionalizada, para os crimes mais graves; a diversificação ou a despenalização para crimes menos graves.

[21] Como direitos fundamentais são entendidos os direitos humanos quando consagrados em normas componentes da Constituição de um país, como é o caso do Brasil. Vide SARLET, Ingo Wolgang. **A eficácia dos direitos fundamentais**. Porto Alegre: Livraria do Advogado, 1998.

Dessa forma, baseando-se em parâmetros garantistas, busca-se a reflexão crítica no estudo dogmático do Direito Penal – em uma abordagem interna de caráter minimalista.

Tal não dispensa a abordagem externa do Direito Penal – antes pelo contrário. Ocorre que não há como se estudar a área penal, num Curso de Direito, sem que seja feita a abordagem dogmática (teórico-técnica). Assim, entende-se ser necessário atacar os problemas em duas frentes: externamente, em reflexões criminológicas de política criminal; internamente através da dogmática crítica. E, necessariamente, a abordagem externa e a abordagem interna devem se dar de forma complementar. Assim, o foco na dogmática crítica faz parte de uma postura garantista engajada, tanto quanto os estudos do Direito podem ser sem abrir mão dos aspectos técnicos de operacionalização do sistema jurídico.

Nesse quadro, o instrumental teórico e prático do jurista penal pode indicar alguns caminhos de lógica e de argumentação jurídicos voltados para **um Direito Penal centrado no ser humano, baseado em valores éticos de humanidade e consagrando a defesa de direitos fundamentais.** Interessa aqui que se perceba que junto aos direitos fundamentais na perspectiva individual encontram-se os direitos humanos de interesse coletivo e social – especialmente o direito à segurança. Desse modo, a preservação garantista dos direitos humanos não deve conduzir a uma visão maniqueísta de que sempre a intervenção do Estado é vilania e sempre o indivíduo é a vítima. Isso porque o estado democrático de direito tem, entre outras tarefas, proteger a convivência democrática – e nisso o direito fundamental à segurança (de todos) perante a criminalidade é uma condição imprescindível. Assim, o Direito Penal seria um mal necessário, não um fim em si mesmo.

II – Sistema penal e criminalidade

Devem ser discutidas, ainda, as mais adequadas formas para que a intervenção jurídica para prevenção e intervenção sobre a criminalidade. Esta é entendida como o conjunto de fatos sociais que violam a lei penal, incluindo-se tanto aqueles que são levados às raias policiais e penais quanto os que ficam à margem da intervenção estatal. Distingue-se, ainda, a criminalidade ocasional, para aqueles fatos criminosos praticados por indivíduos diante de circunstâncias isoladas em suas vidas; a criminalidade contumaz, seja pela profissionalidade, seja pela(s) prática(s) criminosa(s) estar incorporada na vida dos que praticam os crimes; e a a criminalidade organizada, caracterizada pela organização empresarial das atividades criminosas.

O Direito Penal, entretanto, tem um papel muito limitado em termos sociais para o combate à criminalidade. A capacidade intimidatória da esfera penal (prevenção geral) – que deve ser real, mas, também, simbólica – tem relativa efetividade no meio social[22]. E, ainda assim, está mais localizada na convicção de que diante do cometimento de crimes haveria punição – superando-se a sensação ou expectativa de impunidade – do que na gravidade abstrata das penas, na quantidade ou dureza das penas previstas em lei.

Devido a isso, importa que **a esfera penal seja tratada como um meio residual para tratar os problemas sociais**, em que se deve limitar a intervenção do Estado sobre a vida privada aos parâmetros mínimos necessários, buscando-se, no entanto, tornar tal intervenção mais efetiva e eficiente nesse sentido.

III – Sistema penal e política criminal

O Direito Penal como ele deve ser (política criminal), no âmbito dos fins a serem perseguidos sistematicamente pelo legislador e por todas as instâncias jurídicas dogmático-operacionais, apresenta-se como um conjunto de diretrizes a serem perseguidas, construídas historicamente como garantias individuais contra a possibilidade de arbítrio estatal, mas temperadas com a necessidade de controle social da criminalidade.

Há, primeiramente, uma complementaridade – e não uma contradição insolúvel – da legalidade enquanto instrumento do Estado e da legalidade enquanto instrumento do cidadão. Por um lado, ela serve como

---

22 O papel que o Direito, e em específico o Direito Penal, exerce efetivamente na sociedade referencia-se pelas correlações entre as pessoas. Tais correlações inserem-se no âmbito nas desigualdades materiais e simbólicas, que continuamente projetam demandas de uns perante os outros. Com isso, cada um e todos buscam afirmar o seu "Eu" no lugar social que habitam – o que pode significar estímulo psíquico inconsciente a práticas criminosas (vide a respeito POMMIER, Gerard. **Freud apolítico?**. Trad. Patrícia Chitonni Ramos. Porto Alegre: Artes Médicas, 1989).

diretriz instrumentalizadora das ações do Estado; por outro lado, impõe limites e garantias a essa ação.

Bem afirma Roxin que

> O princípio '*nullum crimen sine lege*' não deixa de ser um postulado político criminal, enquanto imperativo de combate eficaz ao crime. Ele não só é um elemento de prevenção geral, mas a limitação do poder de punir pelo Direito é também em si uma finalidade importante da política criminal.[23]

Em sentido semelhante Ferrajoli, que ao propor seu **modelo normativo de justificação das penas**, baseado na arquitetura do sistema penal em torno dos direitos fundamentais, indica que tal modelo impõe

> às proibições e às penas duas finalidades distintas e concorrentes, que são, respectivamente, o máximo bem-estar possível dos não desviantes e o mínimo mal-estar necessário dos desviantes, dentro do objetivo geral da máxima tutela dos direitos de uns e de outros, da limitação dos arbítrios e da minimização da violência na sociedade.[24]

Vale já registrar uma importante questão, que voltará a ser abordada adiante: o sistema penal, inserido no âmbito de um estado democrático de direito e assim baseado nos direitos fundamentais, não pode ser encarado de forma unilateral, como um instrumento a favor do delinquente. As funções político-criminais a serem cumpridas pelo sistema penal são necessariamente de dupla face, envolvendo a prevenção da criminalidade e a prevenção do arbítrio estatal com a mesma intensidade.

O problema é que não é incomum se perceber uma tendência de atuação que fique focada em um só dos ângulos: a máxima atenção possível à prevenção e ao combate à criminalidade, minimizando-se a importância da prevenção do arbítrio estatal; ou a máxima atenção possível à pre-

---

23 ROXIN, Claus. **Funcionalismo e imputação objetiva no direito penal**. Trad. Luís Greco. Rio de Janeiro/São Paulo: Renovar, 2002, p. 244.

24 FERRAJOLI, Luigi. **Direito e razão:** teoria do garantismo penal, p. 271. Saliente-se que Ferrajoli, apesar de tal consideração acima exposta, é defensor do direito penal mínimo, entendendo que a intervenção do Estado é um mal necessário, que deve ser indiscriminadamente diminuído, restringido e limitado.

venção do arbítrio estatal, minimizando-se a importância da prevenção e combate à criminalidade.

Não se tratam de finalidades político-criminais incompatíveis – ao contrário, reafirma-se, são até mesmo complementares. A preservação dos direitos fundamentais em geral – do indivíduo e da sociedade – impõe a preocupação com a prevenção e o combate à criminalidade, pois a busca pela segurança está inserida na meta geral de bem estar. Isso gera, no entanto, a imediata e necessária preocupação com o direito fundamental à liberdade, o que impõe limites à atuação estatal, de forma a preservar tal direito evitando as possibilidades de arbítrio. Evidentemente, a partir daí inúmeras consequências surgem em termos de desdobramentos político-criminais, envolvendo diretrizes que interferem em todos os aspectos do sistema penal, especialmente na dogmática penal, referente aos crimes e às penas; na dogmática processual penal; nas diretrizes específicas e regras da execução penal.

Em síntese, as funções do Direito Penal configuram-se, por um lado, na busca de controle social, através de mecanismos simbólicos[25] de prevenção. Por outro lado, tais funções destinam-se à garantia do indivíduo frente ao Estado e suas pretensões de intervir sobre a liberdade. É no contraponto entre essas duas faces da esfera penal que se pode defender que o Direito Penal contemporâneo caminhe para ser uma esfera jurídica centrada no enaltecimento do ser humano como referência e razão principal das relações sociais.

---

25 Aqui importa frisar, na referência a tais mecanismos simbólicos, que não se trata de o direito penal simplesmente agir sobre a consciência da população impondo determinadas valorações e exercendo um controle social meramente ideológico (o que é devidamente criticado por Roxin em ROXIN, Claus. **Estudos de direito penal**. Rio de Janeiro: Renovar, 2006, p. 47-50). Para além disso, entretanto, o direito penal exerce funções simbólicas de prevenção geral, as quais serão mais ou menos eficientes à medida que a intervenção penal seja mais ou menos real e efetiva.

Capítulo 2

Minimalismo e Principiologia Penal

2.1 CONSIDERAÇÕES INICIAIS

Uma definição de um ramo do Direito é sempre uma tarefa inconclusiva. Algum fator ficará de fora ao se tentar uma conceituação geral. Por isso, entende-se que o caminho menos tortuoso é definir parâmetros para realizar tal conceituação: a conceituação deve ser relacionada ao que aquele ramo do Direito representa segundo o ângulo pelo qual é abordado. Pode-se, assim, definir o Direito Penal a partir de sua função social, a partir de seu sentido político-filosófico ou enquanto objeto de estudo (esta última a conceituação que aqui interessa).

A partir de sua função social, como se viu nas páginas anteriores, o Direito Penal pode ser definido como meio de controle social: meio de dominação no sentido positivo ou negativo[26]. Em seu sentido político-filosófico, o Direito Penal pode ser definido como a área do Direito des-

[26] No sentido positivo, está a dominação enquanto garantia da ordem social, apaziguando e prevenindo conflitos de interesses; no sentido negativo, está o papel de imposição de valores políticos, sociais e econômicos de uma fração dominante da sociedade sobre as demais.

tinada a selecionar os ilícitos mais graves, que atingem os valores mais importantes para o ser humano e para a sociedade organizada, merecendo um tratamento jurídico diferenciado, de caráter punitivo pessoal.

Já enquanto objeto de estudo, o Direito Penal de acordo com seu conteúdo básico, comum a qualquer abordagem que se faça no estudo penal. Nesse sentido, pode ser definido como o ramo do direito público **em que se determinam as condutas consideradas crimes, os apenamentos que lhes são correspondentes e as condições jurídicas – positivas ou negativas – para imposição destes apenamentos.** Sua definição de conteúdo é, portanto, político-normativa: seleciona politicamente condutas como ilícitas e registra-as normativamente. Mas é, também, valorativa, na seleção das condutas consideradas crimes e no peso de suas sanções e na definição das condições (positivas ou negativas) para aplicação dessas sanções – destacando-se a sobreposição dos princípios como condições interpretativas e de aplicação das demais disposições.

Na definição acima exposta não se inclui a reflexão acerca do que significam tais condutas no mundo da vida, muito menos a reflexão sobre os aspectos sociais e culturais que envolvem o cometimento das condutas criminais. Isso não significa que o conteúdo do Direito Penal seja asséptico, mas tão somente que sua definição enquanto objeto de estudo não há de traduzir tais preocupações. No seu conteúdo evidentemente esses aspectos virão à tona – como, por exemplo, com o princípio da insignificância, o princípio da adequação social, os critérios qualitativos para imposição das penas restritivas de direitos etc. Ocorre que a definição antes proposta tem como objetivo apenas aprender o que é minimamente inquestionável como conteúdo do Direito Penal – como objeto necessário de estudo.

O estudo efetivo dos aspectos sociais, políticos e culturais que situam a conduta criminosa no mundo da vida é o objeto central da Criminologia, a qual funciona como um campo de reflexão sociológica e filosófica sobre a esfera criminal do Direito. Ensina Shecaira que

> Ocupa-se a criminologia do estudo do delito, do delinquente, da vítima e do controle social do delito e, para tanto, lança mão de um objeto empírico e interdisciplinar. [...] Se à criminologia interessa saber como

é a realidade, para explicá-la e compreender o problema criminal, bem como transformá-la, ao direito penal só lhe preocupa o crime enquanto fato descrito na norma penal, para descobrir sua adequação típica.[27]

A Criminologia pode ser definida inicialmente, numa perspectiva tradicional – que adiante será demonstrada como insuficiente ou inadequada, em prol da adoção do aporte teórico da criminologia crítica -, como **a disciplina que estuda as condutas humanas criminais sob os aspectos biológicos, psíquicos e sociológicos, integrando tais aspectos, e agregando-lhes outros aportes**. A Criminologia e o Direito Penal, portanto, se completariam: este se constitui como objeto de reflexão daquela, que funciona, através das reflexões críticas que lhe são próprias, como fomento teórico das mudanças legislativas.

No Brasil, um dos primeiros a analisar de forma clara a dicotomia existente entre perspectivas criminológicas tradicionais e críticas foi Manoel Pedro Pimentel. Analisando o percurso histórico dos estudos criminológicos, apontou que, num primeiro momento, numa perspectiva identificável como *tradicional*, "a Criminologia aportou em um conceito de delito, que inicialmente pretendia ser substancial, mas que, na verdade, embora de outra maneira, era também uma definição formal: o crime é uma conduta antissocial.".[28] Neste foco, a Criminologia seria destinada à definição das causas dos crimes e ao estudo etiológico dos criminosos.

Em outra perspectiva, identificável como *crítica*, que emergiu apenas nas últimas décadas, a criminologia ganhou novas cores. Demonstrando a imprecisão e o viés ideológico estigmatizador dos pensamentos tradicionais, reposiciona o objeto de abordagem criminológico, focando os estudos nos processo de criminalização e rotulação. Ao analisar a criminologia crítica, Pimentel aponta que, segundo ela,

> a ciência criminológica não deve ter como objeto apenas o crime e criminoso, tal como institucionalizados pelo direito positivo, pois este é uma forma de expressão do poder dominante, servindo à defesa das

---

27 SHECAIRA, Sérgio Salomão. **Criminologia**. São Paulo: Editora Revista dos Tribunais, 2004, p. 38-39.

28 PIMENTEL, Manoel Pedro. **O crime e a pena na atualidade**. São Paulo: Editora Revista dos Tribunais, 1983, p. 13.

agências políticas e do sistema econômico que interessa aos senhores do momento.[29]

A Criminologia agora pode ser definida agora como **a disciplina que estuda os processos de criminalização de condutas e de estereotipação de criminosos.**

Por um viés tradicional ou crítico, o fato é que a criminologia caracteriza-se primariamente pela preocupação em apreender o fenômeno criminal como ele é na sociedade. Na linha tradicional, o foco está no fato criminoso enquanto fenômeno individual, sem necessário desprezo às injunções sociais; na linha crítica, o foco está concentrado no crime enquanto fenômeno social.

As páginas seguintes são dedicadas a identificar as características das duas perspectivas conceituais da criminologia (tradicional e crítica), enquanto âmbito de reflexão sobre a realidade fática, sobre o 'ser' do Direito Penal e do Direito Processual Penal (incluindo-se a execução penal), aprofundando-se na diferença de objeto de análise e foco de definições de cada uma delas, para após se destacar aqueles princípios do Direito Penal mais adequados a atender os reclames da proteção penal de direitos fundamentais no estado democrático de direito.

2.2 LINHAS DO PENSAMENTO CRIMINOLÓGICO

O surgimento dos estudos criminológicos parte de preocupações que marcaram o âmbito penal a partir da segunda metade do século XIX, com um crescente aumento da criminalidade. Entretanto, somente no século XX aparecem estudos criminológicos que podem ser classificados como pretensamente científicos.[30]

Ao longo do século XX e do início do século XXI muitos foram os pensadores que procuraram, com suas pesquisas, compreender os dados reais sobre o crime e a criminalidade na vida social. Isso se deu sob a influência de paradigmas científicos que estiveram em profunda transformação, seja devido à sua superação epistemológica, seja devido

---

29 PIMENTEL, Manoel Pedro. **O crime e a pena na atualidade**, p. 41.

30 Vide MOLINA, Antonio García-Pablos. **Criminologia**. Trad. L. F. Gomes e D. Tangerino. 5. ed. São Paulo: Editora Revista dos Tribunais, 2006.

às novas e cada vez mais enriquecedoras tecnologias que se puseram à disposição do conhecimento. Dessa forma, os estudos criminológicos estiveram em constante mutação.

Há atualmente duas principais vertentes criminológicas no pensamento jurídico contemporâneo: criminologia tradicional e criminologia crítica. Advirta-se que não há efetiva sistematização de qualquer delas enquanto corrente de pensamento: trata-se apenas de identificar uma linha básica em torno da qual se podem agrupar ideias diversas.

Essa linha básica estaria ligada ao objeto de estudo privilegiado por cada autor. Assim, pode-se dizer que um autor se enquadra numa perspectiva criminológica tradicional quando sua obra está centrada sobre a investigação em torno da conduta delinquente e da personalidade do agente delitual. Uma perspectiva criminológica crítica, sem desprezar os aspectos tradicionais, estará focada no estudo da criminalização sócio-política de condutas e na esteriotipação de criminosos. Na primeira privilegia-se a fato criminal; na segunda, privilegiam-se os processos sócio-políticos criminalizantes.

2.2.1 Criminologia tradicional

Seus principais precursores foram Cesare Lombroso (antropologismo), Enrico Ferri (sociologismo) e Rafaele Garófalo (positivismo), chegando a Mark Ancel (política criminal). No geral, ressalvadas as especificidades de pensamento, suas principais características são:

a) abordagem causal-explicativa dos crimes – cada crime teria uma causa, uma etiologia social ou pessoal específica, cabendo à criminologia fornecer instrumentos para o desvendar de tais etiologias;

b) busca da identificação das origens do crime – todo crime, a partir da ideia anterior de uma etiologia específica, teria um histórico a ser descoberto, seja pela história individual do delinquente, seja por sua constituição genética, seja por sua herança familiar;

c) propugna a identificação de um 'delito natural', pré-existente a valorações humanas de caráter ideológico – a ideia do que seria o crime e de seu peso para os indivíduos é algo imanente à sociedade, de modo que seria possível se falar em um delito natural;

d) gira em torno da ideia de normalidade social, de modo que o Direito Penal estaria voltado a garantir essa normalidade – o delinquente seria um desviado, um indivíduo que afrontaria a normalidade social, de maneira que o crime seria uma 'doença social', devendo, portanto, seu autor ser paciente de um tratamento punitivo.

Dessa forma, a criminologia deveria, na ótica tradicional, dedicar-se a identificar os aspectos biopsicológicos e sociológicos inerentes às condutas criminosas e à personalidade dos indivíduos criminosos.

Ela seria, por consequência, fundamentalmente etiológica, buscando identificar a gênese do ato criminal, investigando as suas causas. Forneceria dados, assim, sobre a periculosidade do delinquente. Na definição de Gilberto Macedo, "a criminologia aparece como uma *Ciência pura, de observação, etiológica, sintética*, nascida das ciências de Homem"[31].

Trabalhando com os aspectos biológicos e psicológicos, a tendência teórica tradicional dedicar-se-ia ao estudo da personalidade do criminoso, entendida esta como 'uma função da hereditariedade multiplicada pelo meio'. A criminologia, então, estudaria a conduta criminosa a partir da personalidade delinquente, com aportes biológico (endocrinologia, biotipologia), psicológico, sociológico e antropológico.

2.2.2 Criminologia crítica

A criminologia crítica, por sua vez, emergiu a partir da aplicação de paradigmas político-sociológicos ao estudo da criminalidade, desfocando gradativamente as questões da criminosidade (condutas criminais isoladas) para os processos estatais, culturais, econômicos e sociais de criminalização de condutas e de grupos sociais.

Embora sem necessariamente dispensar totalmente a abordagem de aspectos causais do crime, privilegia a abordagem de tais questões num sentido macro, no sentido de desvendar as causas sócio-políticas da própria criminalização. Nega, portanto, a ideia tradicional de que a criminalidade seria uma doença social, uma anormalidade social, procurando demonstrar que o fenômeno da criminalidade é decorrência lógica

31 MACEDO, Gilberto de. **Criminologia**. 2. ed. São Paulo: Editora Revista dos Tribunais, 1977, p. 10.

da vida humana em comunidade e reflexo efetivo de como as relações sociais e econômicas se desenvolvem em cada sociedade organizada.[32]

A criminologia crítica parte, então, do pressuposto de que o sistema penal – legislação, instituições repressivas e punitivas, operadores do sistema – possui uma atuação voltada para processos de controle e dominação da sociedade, em nome de quem detiver o poder estatal e econômico.

Por consequência, ela está centrada na ideia de que o cerne das questões criminais não está na conduta criminosa, mas sim no processo ideológico de criminalização de condutas e de sujeitos. Ou seja, a sociedade política cria mecanismos que selecionam condutas como crimes; tais crimes recebem diferentes gradações de penas de acordo com sua importância na manutenção do *status quo*. E o modo como o sistema penal atua na repressão e punição desses diversos crimes segue a mesma lógica de tal gradação de penas.

Por outro lado, não haveria um criminoso nato, pois, devido ao imenso número de condutas formalmente criminalizadas, quase todos nós, mais cedo ou mais tarde, cometeríamos algum crime. Ocorre que dois fatores contribuem diretamente para que isso seja cotidianamente relevado: boa parte desses crimes é socialmente irrelevante (ex. furto de algumas maçãs de um pomar – insignificância perante o artigo 155 do Código Penal brasileiro); algumas condutas são apenas formalmente consideradas crimes, havendo, ao menos no aspecto criminal, uma condescendência social para com elas (ex. perigo de contágio de moléstia venérea, artigo 130 do Código Penal brasileiro).

Não obstante isso, a origem social do indivíduo condiciona em grande parte a reação do sistema repressivo e punitivo sobre ele, de modo que algumas pessoas, dependendo de aspectos sócio-econômicos, seriam mais criminalizáveis do que outras. Por decorrência, o sistema penal é um reprodutor da lógica de distribuição de riquezas e lugares sociais[33], sendo aliado da manutenção da realidade sócio-econômica subjacente aos fenômenos da criminalidade.

---

32 Vide BARATTA, Alessandro. **Criminologia crítica e crítica do direito penal: introdução à sociologia do direito penal**. Trad. J. C. dos Santos. Rio de Janeiro: Revan, 1997.

33 Vide CARVALHO, Salo de. **Antimanual de criminologia**. 5. ed. São Paulo: Saraiva, 2013.

Dever-se-ia, por consequência, repensar o sistema penal como um todo, de maneira que ele servisse aos interesses coletivos, e de modo que a criminalidade existente fosse abordada como uma questão decorrente do próprio contexto de convivência social, e não mais como uma doença. A criminalidade ganharia, assim, contornos de quebra da cidadania, em vez de desvio de uma normalidade artificial[34].

2.3 POLÍTICAS CRIMINAIS

Considerando-se a criminologia como âmbito de filosofia, antropologia e sociologia criminal, tem-se que seus resultados científicos fornecem parâmetros e subsídios para a elaboração de princípios deontológicos para o sistema penal e o sistema punitivo – e nesse sentido ela também teria uma abrangência de filosofia criminal.

Das linhas criminológicas emergem diretrizes para a elaboração de políticas públicas de prevenção ao crime; para a criação, interpretação e aplicação de leis; e para o próprio funcionamento do sistema penal. Tais diretrizes podem ser identificadas como **diretrizes de política criminal**. Elas decorrem do embate das opções ideológicas daqueles que atuam no Direito penal, e seus desdobramento refletem no sistema penal.

As diretrizes de política criminal interferem tanto na elaboração das normas quanto em sua interpretação e aplicação. Nesse sentido, Luís GRECO parece captar apenas parte da dimensão prática, minorando o decisivo papel que a política criminal deve ter na criação de novas normas:

> por mais que a Constituição contenha um série de princípios básicos, e a lei penal, uma extensa concretização desses princípios, em normas e regras um tanto claras, sempre restam zonas de indeterminação, em que mais de uma opinião aparece como defensável. É nestas zonas de

[34] Pode-se afirmar que a ideia de normalidade é artificial partindo da observação do cotidiano, que nos conduz à conclusão de que a sociedade é um conjunto de diferenças, uma convivência de singularidades. Inúmeros grupos convivem socialmente, grupos que possuem "matrizes de organização" diversas: religiosas, sexuais, esportivas etc. Tratando-se, portanto, de uma convivência das diferenças, o que seria o 'normal'? Como definir a normalidade senão de modo arbitrário (imposição de alguns grupos sobre os outros pela força) ou artificial (através de seleções normativas em que, ao menos formalmente, todos os grupos estão incluídos)?

indeterminação que a política criminal pode atuar: ela atua definindo qual das opiniões meramente defensáveis deve ser tida como a opinião correta.[35]

A política criminal, então, define-se como "o conjunto de princípios e recomendações que orientam as ações da justiça criminal, seja no momento da elaboração legislativa ou da aplicação e execução da disposição normativa".[36] Tratam-se, portanto, de diretrizes valorativas gerais a serem seguidas dentro do sistema penal[37]. Tais diretrizes podem ser divididas, ideologicamente, em dois grandes grupos: punitivistas e minimalistas (minimalistas propriamente ditas ou abolicionistas).

2.3.1 Política criminal punitivista

À criminologia tradicional geralmente estão ligadas políticas criminais punitivistas, que pregam apenamentos mais graves como solução para o problema da criminalidade. Ensina Ferrajoli, nessa mesma linha de análise, que

> o modelo de direito penal máximo, quer dizer, incondicionado e ilimitado, é o que se caracteriza, além de sua excessiva severidade, pela *incerteza* e *imprevisibilidade* das condenações e das penas e que, consequentemente, configura-se como um sistema de poder não controlável racionalmente em face da ausência de parâmetros certos e racionais de convalidação e anulação.[38]

Há de se observar que a adoção de uma política criminal punitivista não contradiz a possibilidade de uma adoção parcial de políticas criminais de intervenção mínima: menos condutas criminalizadas, mas mais gravemente apenadas.

Não obstante isso, hoje o que se vê é uma disseminação irrestrita da criminalização de condutas, de uma forma tal que seria hoje muito im-

---

35 ROXIN, Claus. **Funcionalismo e imputação objetiva no direito penal**, p. 65.

36 GALVÃO, Fernando. **Política criminal**. 2. ed. Belo Horizonte: Mandamentos, 2002, p. 23.

37 Nessa linha, Claus ROXIN afirma que "os pontos de vista valorativos reitores, que constituem o sistema do Direito Penal, só podem ser de índole político-criminal, pois os pressupostos da punibilidade têm, naturalmente, de se orientar segundo os fins do Direito Penal" (ROXIN, Claus. **Funcionalismo e imputação objetiva no direito penal**, p. 231-232).

38 FERRAJOLI, Luigi. **Direito e razão:** teoria do garantismo penal, p. 84.

provável que qualquer penalista atuante – seja no meio universitário seja no meio forense – fosse capaz de indicar com alguma precisão o número de crimes hoje previstos na legislação brasileira!

Dentro da política criminal punitivista, então, é possível destacar dois modos de pensar: um baseado na intervenção máxima e outro baseado na intervenção mínima. Disso podem decorrer:

a) políticas criminais punitivistas de intervenção máxima, preconizando que se deve ter penas mais graves para a maior quantidade de crimes possível, como meio de o Estado controlar a sociedade e responder aos desvios de normalidade que seriam os crimes;

b) políticas criminais punitivistas de intervenção mínima, preconizando que só devem ser mantidos como crimes os fatos mais danosos socialmente, que causem maior mal social, de modo a evitar uma hipertrofia do sistema penal. Porém, os fatos criminosos deverão ser apenados o mais gravemente possível, pois as respostas 'duras' teriam um melhor efeito no combate à criminalidade, no combate aos comportamentos desviados da normalidade social.

Neste âmbito está inserido o chamado expansionismo penal, uma novíssima defesa social, em que o delinquente é visto como inimigo social e do próprio Estado.[39]

2.3.2 Políticas criminais minimalista e abolicionista

À criminologia crítica estão ligadas políticas criminais minimalistas e abolicionistas. As primeiras estão baseadas na ideia de que deve se diminuir o espaço de intervenção penal do Estado na sociedade, e de que os apenamentos devem ser repensados, evitando-se, quando possível, as penas privativas de liberdade. Ou seja, primariamente dever-se-ia diminuir a quantidade de hipóteses previstas como crimes, resguardando-se como tais apenas aquelas mais graves, entendidas estas como as que

[39] Vide, a respeito, JAKOBS, Gunther; MELIÁ, Manuel Cancio. **Direito penal do inimigo: noções e críticas.** Org. e trad. A. L. Callegari e N. J. Giacomolli. Porto Alegre: Livraria do Advogado, 2005; SÁNCHEZ, Jesús-María Silva. **A expansão do direito penal: aspectos da política criminal nas sociedades pós-industriais.** Trad. L. O. de Oliveira Rocha. São Paulo: Editora revista dos Tribunais, 2002.

violentem de maneira direta ou indireta, mas com efeitos significativos, os direitos humanos fundamentais.

Já em relação às hipóteses restantes como crimes, dever-se-ia, na medida do possível e adequado, evitar as penas privativas de liberdade. Não se confunda com o princípio da intervenção mínima – o minimalismo vai além de tal princípio, fazendo restrições à previsão e à aplicação das penas privativas de liberdade.

Linha semelhante de raciocínio é encontrada em Ferrajoli, para quem

> o direito penal mínimo, quer dizer, condicionado e limitado ao máximo, corresponde não apenas ao grau máximo de tutela das liberdades dos cidadãos frente ao arbítrio punitivo, mas também a um ideal de *racionalidade* e *certeza*. Com isso resulta excluída de fato a responsabilidade penal todas as vezes em que sejam incertos ou indeterminados seus pressupostos.[40]

Para o abolicionismo penal, por sua vez, tendo em vista que o sistema penal não passa de um meio de controle para as classes dominantes do Estado[41], deve o Direito Penal ser eliminado, ao menos na forma como o conhecemos. O abolicionismo preconizaria, assim, a destruição do sistema penal. É evidente que o abolicionismo é uma linha radical, mas encontra sede no pensamento de pensadores renomados, como, por exemplo, Louk Hulsman, um defensor radical da extinção do Direito Penal.

2.3.3 Considerações críticas

Analisando-se criticamente, vê-se que o abolicionismo penal, não obstante a percuciência da maioria das críticas que seus defensores fazem ao sistema penal, beira o diletantismo teórico no que respeita às suas propostas, sobretudo por ignorar o importante papel de amálgama das relações sociais que o Direito Penal simbolicamente exerce.

Já o punitivismo aparece como postura ideológica mais tradicional, mas, num caminho inverso ao do abolicionismo, maximiza as funções

---

40 FERRAJOLI, Luigi. **Direito e razão:** teoria do garantismo penal, p. 83-84.

41 Vide CHRISTIE, NILS. **A indústria do controle do crime**. Trad. L. Leiria. Rio de Janeiro: Forense, 1998.

do Direito Penal, hipertrofiando o sistema repressivo e punitivo, e facilitando diversas distorções típicas de um sistema penal não direcionado para uma atuação socialmente especificada (destacando-se a ineficiência do sistema punitivo). Neste sentido, bem afirma Fernando Galvão que "a prevenção da criminalidade através do agravamento da punição é utópica. Com o aumento das penas, o máximo que se conseguiu estabelecer foi um direito penal simbólico, em que as disposições legais raramente alcançam a práxis".[42]

O minimalismo apresenta-se como uma postura mais adequada dentro do quadro jurídico criminológico contemporâneo – desde que não se romantize o papel das penas não privativas da liberdade. Sua adoção possibilita o 'enxugamento' da esfera penal, direcionando-a para condutas ofensivas aos direitos humanos fundamentais.

Ou seja, por um lado, não se despenderia esforço legislativo, teórico-dogmático e prático-operacional sobre assuntos que melhor e suficientemente ficariam tratados em outras esferas que não a penal. Por outro lado, resguardar-se-iam as intervenções e punições penais para condutas que em outras esferas não teriam suficiente resposta jurídica, por sua gravidade no contexto da vida social.

2.4 SISTEMA PENAL E A IDEIA DE RESSOCIALIZAÇÃO

A partir das linhas criminológicas tradicional e crítica, emergem, como se viu, as políticas criminais. É no bojo delas que se dá uma das principais discussões da esfera penal: qual a razão de ser das penas privativas de liberdade?

Para que se possa responder a tal questionamento, é preciso ressaltar que as condutas humanas em sociedade são valoradas pelos seres humanos cotidianamente, uma a uma, na maior parte das vezes sem que nem mesmo percebamos. A cada momento, em nosso pensamento qualificamos as condutas como boas ou más; úteis ou inúteis; adequadas ou inadequadas.

[42] GALVÃO, Fernando. **Política criminal**, p. 27.

Assim igualmente se dá no processo legislativo: os legisladores qualificam as condutas, valoram-nas, e a partir disso criam normas cíveis, tributárias, penais etc. Os legisladores igualmente selecionam e fazem prevalecer apenamentos, de diversas gravidades, correspondendo a gravidade do apenamento à negatividade da valoração legislativa da conduta[43]. Ou seja, quanto mais negativa a valoração do legislador, maior tende a ser a sanção penal.

Isso traz à tona uma problemática questão: quais os parâmetros reais que condicionam a atividade legislativa? Trata-se de valorações com base sociológica? Seriam apelos e pressões políticas os principais condicionamentos? Ou trata-se de uma projeção deontológica das relações sociais? Tais questionamentos não têm respostas únicas, positivas ou negativas em qualquer situação. O fenômeno político-valorativo da elaboração das leis tem uma complexidade ímpar quanto aos seus condicionamentos, e no Brasil não se realizou, ainda, um estudo que consiga apreender toda a dimensão do problema.

No cerne das tendências legislativas dos séculos XIX e XX, vigentes neste início de século XXI, esteve presente um mito teórico-ideológico: a ideia de que a prisão seria por excelência o mecanismo ressocializador do condenado. Esta ideia funcionou como um baluarte das políticas criminais punitivistas. Mostrou-se, porém, por questões da própria essência das prisões e por questões instrumentais (do seu funcionamento prático), um mito ideológico, como bem demonstram as críticas minimalistas.

2.4.1 A meta de ressocialização

Nos séculos XVIII e XIX operou-se uma gradativa mudança de foco nos tipos de apenamentos privilegiados pelo legislador: passou-se das penas corporais, de castigo (retributivas), às penas privativas de liberdade, de correção social do indivíduo. As teorias do Direito Penal propugnavam uma abordagem asséptica do fenômeno criminoso, destinada a identificar isoladamente os aspectos causais da conduta criminal. A partir disso, aplicar-se-iam apenamentos destinados a recuperar social-

43 Recorrendo-se à literatura estrangeira, no entanto, tem-se um elucidativo estudo em RIPOLLÉS, José Luiz Díez. Trad. L. R. Prado. **A racionalidade das leis penais**. São Paulo: Editora Revista dos Tribunais, 2005.

mente o indivíduo, a trazê-lo à normalidade, de onde estaria afastado por causas biopsicológicas. Ademais, entendia-se que era preciso moldar o homem à sociedade, aos valores e hábitos sociais.

Cervini, ao comentar tais ideias, assinala que "com as expressões 'reeducação', 'reinserção social' ou 'ressocialização', atribui-se à execução das penas e medidas penais privativas de liberdade uma mesma função primordial: a de corrigir e educar o delinquente."[44].

A concepção básica, em síntese, é de que a conduta delinquente é uma conduta desviada da normalidade social, de forma que o sistema punitivo tem como função primordial ressocializar o indivíduo, trazê-lo à normalidade.

2.4.2 O mito da ressocialização

Ocorre que a ressocialização pode ser criticada sob vários aspectos. Primeiramente, quanto à própria essência da privação de liberdade, a palavra ressocialização é ambígua. Somente se ressocializa quem estava socializado; porém, o que é 'estar socializado'? Seria estar inserido num meio cultural? Ou num meio econômico de produção? Ou num determinado grupo social? Ou em um determinado grupo religioso? Trata-se de uma palavra de sentido indeterminado, ou ao menos sem a determinação necessária para a ampla utilização que lhe é dada.

De outra parte, a explicação psicanalítica de punição contradiz a lógica da ressocialização. Para a psicanálise, as sanções segregacionistas, que afastam o sujeito do convívio social, são resultado do fenômeno psíquico da construção de "bodes expiatórios", em que se utiliza o criminoso como um elemento catalisador de nossas culpas pessoais, descarregando parte de nossas energias psíquicas negativas.

Na perspectiva marxista, por sua vez, pode se dizer que a ressocialização é normalização, adequação do indivíduo ao modo de produção dominante e ao modo de vida social capitalista, destinado à manutenção do *status quo*. Portanto, só se poderia pensar numa ideia legítima de nor-

---

[44] CERVINI, Raúl. **Os processos de descriminalização**. 2. ed. São Paulo: Editora Revista dos Tribunais, 1994, p. 32.

malização após se implementar um conjunto de transformações sociais que alterassem as relações capitalistas de produção e vida social.

De qualquer maneira, devem-se conjugar as diversas críticas, de modo que a ressocialização só pode ser compreendida a partir de um processo de interação entre indivíduo e sociedade. Assim, se o indivíduo é fruto de uma conjunção dos fatores ambientais (sociais) com os fatores psíquicos (individuais), a punição pretensamente ressocializadora mitifica a sociedade, pois não a avalia. Em outras palavras, faz-se uma avaliação negativa do indivíduo delinquente, como o culpado de seus atos, mas não se avalia conjuntamente, de maneira proporcional, o meio que produz a delinquência.

Por fim, qualquer sociedade, e mais ainda aquelas que se predispõem a ser democráticas e pluralistas, é constituída de um conjunto diversificado de ordens de valores, muitos dos quais dizem diretamente respeito à vida social. A eleição arbitrária de um modelo de sociedade a ser seguido para o atendimento do objetivo de ressocialização, já que esta significaria a volta à sociedade 'normal', implica uma ofensa à ideia de pluralidade de pensamentos, cuja existência não foi suprimida nem mesmo por regimes totalitários, tendencialmente aniquiladores das diferenças.

Assim sendo, a criminológica clínica de tratamento ressocializador, de terapia ressocializadora, tem algo de autoritária, violando o direito humano fundamental de "ser como se quer ser", corolário lógico da liberdade. O fato de que o indivíduo tenha cometido uma violação dos direitos de outrem não pode ser bastante para que se lhe imponha um modo de vida social definido arbitrariamente.

De outra parte, no seu aspecto instrumental, a internação carcerária, total ou parcial, prevista nas penas privativas de liberdade, gera o fenômeno da **prisonização**, acarretando no preso a inserção num modo de vida que, longe de ser ressocializador segundo um suposto padrão de normalidade social, é consagrador da vida delinquente. O meio prisional reproduz e multiplica as condutas e os hábitos considerados delinquentes. Isso porque a vida por um continuado período no cárcere pressupõe que o indivíduo consiga formar laços de convivência que lhe permitam existir dentro daquele universo de vida. E tais laços são reprodutores da cultura comportamental delitiva.

Por conseguinte, o preso carrega consigo, a partir do apenamento segregador, a contaminação por outras condutas e comportamentos criminais que não os seus, os efeitos da estigmatização social, o sofrimento causado à família. Isso ordinariamente neutraliza – imediata ou mediatamente – qualquer efeito benéfico que porventura a prisão poderia ter.

Não obstante todo esse contexto, não se deve menosprezar o papel sócio-cultural que as penas, em especial as privativas de liberdade, desempenham na vida humana. Através delas se impõe limites à ação de cada um e de todos na convivência social, garantindo uma resposta simbólica ao excesso ilegítimo[45] de liberdade.

As sanções penais representam um importante papel simbólico na sociedade, pois garantem ao Estado, mesmo que fragilmente, um papel social de 'nome do pai', um limitador ao princípio do prazer, impondo aos sujeitos o limite da realidade[46].

Assim, a demonstração de que o tratamento ressocializador é um mito ideológico **não justifica se concluir (como faz o abolicionismo) que deve ser pura e simplesmente extinta a pena prisional.** O caminho mais lógico passa por outra lógica: enxugar a esfera penal; priorizar apenamentos alternativos; redimensionar e redirecionar profundamente o sistema punitivo de privação da liberdade.

2.5 PAUTAS DE DESCRIMINALIZAÇÃO

A postura minimalista propugna a construção de novos paradigmas para o Direito Penal. Tal construção se daria como um processo dialético e, portanto, ilimitável temporalmente, em constante renovação. Partiria, porém, de um conjunto de diretrizes que podem ser chamadas, na linha de Cervini[47], de **pautas de descriminalização.**

---

45 Entende-se como ilegítimo o excesso de liberdade que represente intervenção não autorizada da ação de um indivíduo sobre os direitos de outrem, lesionando-os ou causando-lhes um perigo de lesão. Por consequência lógica, as condutas criminosas representam excessos ilegítimos de liberdade.

46 Sobre o assunto, vide POMMIER, Gerard. **Freud apolítico?** – especialmente os capítulos 1 e 2.

47 CERVINI, Raúl. **Os processos de descriminalização**, capítulos 1 a 3.

I – À primeira diretriz, de caráter geral e envolvendo as três seguintes, chama-se **desinstitucionalização**. Trata-se de uma ideia reformadora que tende a desinstitucionalizar as respostas punitivas (o que resultaria inclusive ter a menor quantidade de presos possível), a institucionalizá-las somente em casos extremos. Consistiria em retirar dos órgãos oficiais, estatais, sempre que possível, a competência para a solução dos conflitos de caráter penal.

II – À segunda diretriz chama-se **descriminalização**[48]. Descriminalização significa tirar o caráter de ilícito penal de uma determinada situação de vida. Um fato abstratamente (legalmente) considerado crime deixaria de assim ser tratado.

Pode-se falar em descriminalização formal, que sinalizaria o desejo de outorgar um total reconhecimento legal e social ao comportamento descriminalizado. Não haveria punição nenhuma para a conduta, ou seja, seria retirada qualquer punição estatal à conduta, deixando de ser punido o fato em qualquer esfera jurídica.

Há, ainda, a descriminalização substitutiva, em que as penas são substituídas por sanções de outra natureza, como, por exemplo, a transformação ou restrição de delitos de pouca importância em ilícitos administrativos ou fiscais punidos com multas ou outras medidas de caráter disciplinar. É aquela em que se pode retirar a conduta da esfera criminal, mas é mantida em outra esfera, onde as medidas teriam outro caráter, mas continuaria havendo uma possível resposta jurídica e estatal ao fato.

Por fim, pode-se falar na descriminalização de fato. Ela ocorre quando fato não é tratado como crime em termos práticos. A conduta não é retirada da esfera penal (continua prevista como crime), mas de fato já há uma ineficácia total da norma no âmbito penal, embora ela exista e seja formalmente válida.

III – À terceira diretriz chama-se **despenalização**. Trata-se do ato de diminuir a pena de um delito sem descriminalizá-lo, quer dizer, sem

48 Não há consenso quanto ao uso das palavras 'descriminalizar' ou 'descriminar'. Trabalhando-se a partir dos antônimos, tem-se que descriminar é o contrário de incriminar, que significa imputar um crime a alguém. Assim, descriminar significaria absolver, tirar a culpa, inocentar, absolver da imputação do crime. Descriminalizar, por sua vez, seria o contrário de criminalizar, de tornar criminal. Por decorrência, opta-se, aqui, pela palavra descriminalizar.

tirar do fato o caráter do ilícito penal. Inclui todas as possíveis formas de atenuação e alternativas penais: prisão de fim de semana, prestação de serviços de utilidade pública, multa reparatória, indenização à vítima, sistema de controle de condutas em liberdade, prisão domiciliar e outros. O fato continuaria previsto como crime, mas sua pena seria diminuída ou seriam possibilitadas atenuações ou substituições por penas mais brandas. É o que ocorreu, como exemplo, nos artigos 28 e 29 da Lei 11.343/06 – Lei de Drogas.

IV – Por fim, à quarta diretriz chama-se **diversificação.** O conceito de diversificação significa a suspensão dos procedimentos criminais em casos em que o sistema de justiça penal mantém formalmente sua competência. A diversificação atribui a órgãos ou entidades não punitivos a solução do conflito, sem retirar o caráter ilícito do fato. Saliente-se que se trata de uma medida intermediária entre a descriminalização substitutiva e a descriminalização formal.

Criam-se medidas diferentes de penas, criam-se possibilidades, amplas alternativas penais para serem aplicadas. As medidas de diversificação buscam construir uma solução dentro da esfera penal, de maneira alternativa frente às penas privativas da liberdade. Além disso, a diversificação busca estabelecer um diálogo entre o autor do delito e a vítima, ou entre o autor do delito e o Estado. Tem-se na legislação brasileira, como exemplo, várias hipóteses diversificadoras nas Leis 9.099/95 e 10.259/2001.

O repensar o sistema penal passaria pela aplicação – por advogados, juízes, promotores, professores, escritores atuantes no Direito Penal – de tais diretrizes como referências para sua reflexão e atuação. Sempre, porém, atendendo-se a critérios mais específicos, a diretrizes específicas, que podem ter imediata aplicação técnica no Direito Penal, direcionando a interpretação e aplicação normativa, e condicionando a criação de novas leis: os princípios jurídico-penais minimalistas.

2.6 POLÍTICA CRIMINAL MINIMALISTA

O minimalismo penal consiste em uma tendência de pensamento sobre o sistema penal, preconizando sua redução ao mínimo possível e necessário. Partindo-se do pressuposto de que o Direito Penal é um mal à liberdade individual, sua esfera de abrangência e a amplitude de suas punições devem ser limitadas pelo princípio da necessidade[49].

Tal limitação deve pautar-se pela perspectiva de que a intervenção punitiva da esfera penal ocorra somente nos casos em que é indispensável: nas situações em que a intervenção de outras esferas do Direito não se mostre suficiente e eficiente. Além disso, tal intervenção deve ser racionalizada, tendo objetivos claros, de forma que a punição não seja vista como um fim em si mesmo, mas como um meio para o atingimento de objetivos jurídico-sociais.

É nesse quadro que se defende que alguns princípios podem funcionar como diretrizes norteadoras da aplicação do pensamento minimalista para a esfera penal: eles seriam diretrizes racionalizadoras do sistema punitivo, em torno do pressuposto de necessidade subsidiária da intervenção penal.

2.6.2 Princípio da intervenção mínima

Significa que o Direito Penal deve intervir apenas quando absolutamente indispensável nos conflitos interindividuais (de um agente em relação a outro). Ou seja, a intervenção do Direito Penal nos conflitos sociais deve ser mínima.

Além disso, tal intervenção deve se caracterizar como residual e fragmentária. A esfera penal interviria, em tese, quando não bastasse a atuação de outra área jurídica sobre a potencial violação de direitos regulada. E, de forma complementar, não haveria nenhum tipo de conduta que fosse objeto jurídico penal por excelência – todos os conteúdos das regulações penais são derivados de outras áreas do Direito, são resíduos de

---

49 Não se deve menosprezar, entretanto, conforme já mencionado antes, os argumentos daqueles que apontam uma tendência de expansão do Direito Penal em virtude de novos âmbitos de interesse nas relações sociais (institucionais ou civis), ou em virtude da ampliação do interesse sobre âmbitos já existentes (SÁNCHEZ, Jesús-María Silva. **A expansão do direito penal: aspectos da política criminal nas sociedades pós-industriais**). Como exemplo do primeiro caso, citem-se os delitos ligados à informática; como exemplos do segundo caso, citem-se os delitos em matéria ambiental.
Ocorre que tal "expansão" não significa mais do que o surgimento de algo ainda não regulado – ou não devidamente regulado – pelo Direito penal. Entretanto, mesmo nesses 'novos' âmbitos entende-se que a intervenção penal deve ser restrita ao mínimo possível e necessário.

regulações insuficientes. Por decorrência, o conteúdo do Direito Penal é fragmentário, já que engloba os mais variados temas da vida social.

Por decorrência, o Direito Penal só deve abranger certo conteúdo quando absolutamente não for possível resolver a questão dentro de uma outra esfera jurídica que não a penal (intervenção mínima).

Enfim, ressalta-se o fato de que não há um conteúdo insitamente penal: o crime trata-se sempre de uma opção política e cultural de quem detém o poder estatal, em face de um conjunto de circunstâncias histórico-sociais.

2.6.3 Princípio da insignificância

Baseia-se no pressuposto de que as normas penais incriminadoras existem para proteger bens jurídicos importantes socialmente frente à possibilidade de condutas que os lesionem ou o coloquem em risco de lesão de forma relevante. Assim, sempre que a conduta de um indivíduo gerar um dano absolutamente irrelevante, insignificante, ao bem jurídico protegido pela norma incriminadora, será possível avaliar-se a exclusão da tipicidade material, de maneira que, diante de tal situação, o fato pode se tornar atípico – não haveria crime. Ou seja, este princípio é uma espécie de princípio negativo. Afastaria da esfera penal uma conduta irrelevante, insignificante, sem importância para o mundo jurídico legal.

2.6.4 Princípio da adequação social

A ideia da adequação social indica que, se por acaso a conduta que está tipificada como crime já conta com uma condescendência social, o juiz deve deixar de considerá-la tipicamente. Poder-se-ia distinguir, em termos sociais, entre um risco inadmissível a bens jurídicos e um risco aceitável; e, a partir disso, poder-se-ia falar em danos inadmissíveis e danos aceitáveis. Neste último sentido é que se encaixaria a ideia de adequação social.

2.6.5 Princípio da interpretação mais favorável

Tal princípio tanto tem caráter penal como processual penal, conhecido como *in dubio pro reo*, e por isto é um princípio com características garantistas peculiares. No seu aspecto penal este princípio nos indica que, se há dúvida quanto à extensão, a interpretação de uma norma incriminadora ou não incriminadora, deve-se a interpretar de forma a beneficiar o acusado. A face processual deste princípio indica, sobretudo, que se as provas do processo deixarem dúvidas sobre a culpa do acusado, a decisão do juiz deve ser aquela que mais favorecer o acusado. Uma ótica é sediada na dúvida na interpretação normativa, enquanto a outra ótica reside na dúvida probatória.

2.7 O CONTROLE DA CRIMINALIDADE

Nas últimas duas décadas, têm sido cada vez mais constantes no Brasil os debates e apelos a respeito da necessidade de uma resposta estatal mais dura, mais forte a respeito da criminalidade. A ocorrência de crimes de gravidade contundente, com repercussão decisiva na mídia, alimentou e alimenta as preocupações gerais da sociedade, assim como a expectativa pela reação estatal.

O quadro se configura como preocupante porque é acompanhado pela sensação de que o poder público é impotente para lidar com os problemas criminais. Tal sensação decorre de vários aspectos, dentre os quais:

– há um aumento do número de crimes brutais, violentos;

– as classes sociais mais abastadas têm sido mais atingidas por tais crimes brutais do que em anos anteriores;

– há uma crença geral na população que os órgãos policiais soa compostos por muitas pessoas corrompidas;

– a maioria dos crimes mais graves não chega a ser elucidada, a ação penal não chega a ser proposta ou não chega a se ter uma condenação;

– os criminosos habituais têm agido com organização em rede e com planejamento que em alguns casos lembra atividades empresariais;

– o Judiciário é lento no processamento e julgamento dos crimes;

– o sistema punitivo não funciona, ou não funciona adequadamente.

Analisados em conjunto, tais fatores representam alguns problemas específicos.

Primeiramente, o crescimento populacional e das demandas sócio-econômicas não tem sido acompanhado de políticas públicas de desenvolvimento econômico a igualdade social capazes de contornar os problemas crescentes.

Existe, além disso, uma incapacidade progressiva do sistema penal para responder aos problemas ligados à criminalidade. A falta de pessoal (ou de pessoal capacitado) e de estrutura material nas polícias macula a capacidade de investigar – além de supostamente haver a necessidade de meios efetivos e eficientes de garantir a moralidade e licitude das atividades policiais. O Ministério Público e o Judiciário não parecem estar aparelhados suficientemente para agilizar a persecução penal em juízo e a decorrente efetividade punitiva. O Executivo não demonstra compromisso com um funcionamento minimamente efetivo do sistema punitivo, especialmente quanto às condições materiais para o cumprimento das penas.

Junte-se a isso uma legislação criminal inflacionada pela quantidade de crimes previstos, muitos do quais de escassa relevância, ferindo o pressuposto de que a esfera penal deveria ser encarada como fragmentária e residual[50], voltando-se apenas para os ilícitos mais graves, que exigissem uma intervenção diferenciada através do direito punitivo.

Diante desse quadro, os movimentos populares em torno dos problemas criminais dirigem-se à busca de atuação estatal mais concreta. E isso costuma desembocar em uma triste confusão: propaga-se a falsa concepção – punitivista – de que a pura e simples elevação das penas e o mero endurecimento de seu cumprimento resolveriam (ou amenizariam) os problemas criminais.

As propostas têm sido direcionadas para alguns pontos principais[51]:

– diminuição da idade de imputabilidade penal para 16 anos;

– aumentar a pena máxima de 30 para 50 anos;

– eliminação do protesto por novo júri;

---

50 Sobre tal caráter fragmentário e residual, vide RIPOLLÉS, José Luis Díez. **A racionalidade das leis penais**, p. 149-153.

51 MENDONÇA, Martha; FERNANDES, Nelito. **Eles querem justiça**. Revista Época, nº 406, de 27 de fevereiro de 2006, p. 33.

– acabar com as figuras do concurso formal de crimes e do crime continuado;

– vincular diretamente a concessão de benefícios ao preso ao trabalho;

– adoção da prisão perpétua e da pena de morte.

O que se percebe facilmente é uma preocupação vinculada a uma ideia fácil: os crimes acontecem porque a punição é branda. Fácil, mas falaciosa: os estudos criminológicos têm mostrado que a prevenção geral, em que o indivíduo fica desmotivado a praticar o crime pelo temor da gravidade da pena, possui um efeito muito pequeno no controle da criminalidade[52].

Aliás, deve-se estar atento ao fato de que a imposição de penas é um recurso extremo para situações não solucionáveis de outra forma pelo Direito. Além disso, a imposição de penas deve significar socialmente um mal menor do que o recurso a formas não estatais de conflito. Consequentemente, a ação punitiva é um recurso último, a ser utilizado com a força suficiente para servir de resposta à criminalidade, mas também com a moderação necessária para garantir civilidade e racionalidade na atuação do Estado.

Não há dúvidas de que o sistema penal possui, no trato da questão punitiva e de sua operacionalização, distorções que devem ser corrigidas – um claro exemplo é a dissociação entre o que a lei prevê abstratamente e a realidade prática do cumprimento da pena em regime aberto, dissociação esta existente na grande maioria das comarcas brasileiras.

Entretanto, diante da inoperância (ou mal operacionalização) do sistema de persecução penal (investigatório ou em juízo), entende-se que a realidade é outra: há uma sensação de impunidade corrente entre aqueles que cometem crimes, especialmente os criminosos habituais. Junte-se a isso a pressão sobre a juventude no sentido de que o crime é um modo fácil de ganhar dinheiro – ao menos mais fácil e rápido do que o subemprego ou o emprego mal remunerado – e tem-se um quadro propício para a vida na criminalidade.

52 Vide a respeito QUEIROZ, Paulo de Souza. **Funções do direito penal: legitimação versus deslegitimação do sistema penal.** Belo Horizonte: Del Rey, 2001, capítulo 2.

Desse modo, é necessário que se coloque mais lucidez e racionalidade e menos emoção nos debates acerca da criminalidade no Brasil. A busca por soluções deve ser encarada como um desafio para médio e longo prazo, sendo que as medidas imediatas, destinadas a controlar e amenizar os problemas não devem ser de tal caráter que impeçam a evolução do sistema penal – o que ocorreria, entende-se, com a adoção de medidas de simples aumento da dureza das punições.

Sugere-se, assim, uma pauta mínima de medidas destinadas ao controle e prevenção social da criminalidade. No âmbito das políticas públicas de caráter penal, tratar-se-ia de:

I – aumentar o policiamento ostensivo preventivo;

II – aumentar o número de postos policiais comunitários;

III – aumentar o contingente das polícias militar e civil;

IV – criar mecanismos eficientes de fiscalização e de investigação internos da atividade policial, a fim de prevenir e combater a corrupção;

V – repensar a legislação penal, especialmente visando o enxugamento da quantidade de fatos previstos como crimes e a reestruturação do sistema de execução penal, concentrando esforços.

No âmbito das políticas públicas de caráter social, tratar-se-ia de:

I – criar comissões comunitárias de discussão para os problemas locais, envolvendo a população com a organização social;

II – desenvolver programas educativos de construção da cidadania, voltados para crianças e jovens, aproveitando-se as escolas como possíveis meios integrativos;

III – repensar os parâmetros da educação familiar, através de campanhas educativas e de integração social;

IV – reestruturar e redimensionar o papel das escolas na formação de crianças e adolescentes.

Essa pauta mínima evidentemente não garante soluções – como de resto nenhuma medida isolada garantiria – especialmente o simples endurecimento das respostas penais. Entretanto, tais medidas, em conjunto, poderiam servir de base para o redimensionamento, a racionalização e a moralização do sistema penal.

2.8 O MINIMALISMO E O DIREITO PENAL DO SÉCULO XXI

Viu-se, ao longo das páginas anteriores, que na íntima ligação entre o Direito Penal e a Criminologia, esta se divide em duas vertentes: criminologia tradicional e criminologia crítica. Da primeira decorre a linha de política criminal punitivista; da segunda decorrem as linhas de política criminal minimalista e abolicionista.

Ressaltou-se, também, que o Direito Penal do século XX e desse início de século XXI baseia-se na lógica formal de previsão de penas privativas de liberdade (política criminal punitivista), com pretensos objetivos de ressocialização – embora cada vez mais se conceda espaços às penas restritivas, em concessões ao minimalismo penal. Tal concepção do 'ressocializar', porém, demonstrou ser um mito ideológico, pois seus objetivos são dificilmente atingíveis, quando não contraditórios com as próprias penas privativas de liberdade como são ainda hoje concebidas.

Partindo das críticas ao punitivismo e à ressocialização, aponta-se o minimalismo como uma política criminal mais adequada a responder às demandas do sistema repressivo e punitivo criminal, por impor a garantia dos direitos humanos como limite e balizamento para que o sistema penal se operacionalize.

Numa dicotomia inicial, devem ser separados os crimes em dois blocos: aqueles que afetam gravemente direitos humanos básicos e indisponíveis, constituindo alto potencial ofensivo; aqueles que afetam interesses particulares e sociais de média ou baixa repercussão, constituindo médio ou baixo potencial ofensivo. Para os crimes de alto potencial ofensivo, não se tem ainda uma resposta punitiva capaz de eliminar as penas privativas de liberdade – cabe, então, buscar racionalizar sua aplicação no sentido de otimizar a pretensão socializadora.

Para os crimes de médio e baixo potencial ofensivo, entretanto, o minimalismo apresenta alternativas político-criminais. As alternativas minimalistas estruturar-se-iam sobre três diretrizes principais de reflexão e atuação: a descriminalização, a despenalização e a diversificação.

No sentido de auxiliar a operacionalização de tais diretrizes – gerais e teóricas –, instrumentalizando sua aplicação, impor-se-iam quatro princípios jurídico-penais, de aplicação específica em casos concretos: os princípios da intervenção mínima, da insignificância, da adequação social e da interpretação mais favorável. Tais princípios destacam-se por seu conteúdo estar relacionado à cultura jurídica minimalista, que privilegia no Direito Penal a garantia dos direitos humanos fundamentais. São, pois, diretrizes específicas para a interpretação, aplicação e criação das normas penais, de maneira tal que o Direito Penal seja repensado teórica e praticamente.

A adoção do minimalismo e o privilégio aos princípios jurídico-penais minimalistas significam uma diminuição da abrangência da esfera penal. Tal, porém, longe está de ser algo criticável. A esfera penal tem sido usada ao longo dos anos como espaço fácil para demagogias punitivistas, e como válvula de escape para a ineficiência estatal na solução dos problemas e conflitos sociais, econômicos e culturais.

Ora, o minimalismo propugna que a redução de abrangência da esfera penal não se dê de maneira aleatória, mas sim resguardando o sistema repressivo e punitivo para o combate de condutas que ofendam direitos humanos fundamentais de maneira relevante, principalmente em casos que atinjam a integridade física das vítimas. Desse modo, crê-se aqui que é possível se propugnar um minimalismo graduado:

a) diminuição da quantidade de tipos penais, reduzindo-se, em cada âmbito jurídico, a intervenção punitiva ao mínimo necessário;

b) adoção da pena privativa de liberdade como realmente uma *ultima ratio*, a ser adotada somente em casos mais graves;

c) divisão dos tipos penais, para fins de estabelecimento de políticas punitivas, em tipos de gravidade máxima, em que a pena privativa de liberdade seria imperiosa, e tipos de gravidade média, em que a pena privativa de liberdade seria uma opção; e tipos de gravidade reduzida, em que as penas seriam ordinariamente restritivas de direitos.

Isso possibilitaria um incremento de efetividade do sistema penal sob alguns aspectos prioritários: uma redução da quantidade de hipóteses previstas como crimes possibilitaria uma maior organização, concentração de esforços e fiscalização nas atividades repressivas e punitivas que significam respostas estatais à criminalidade, o que diminuiria a sensação de omissão do Estado e impunidade de infratores.

Sob outro aspecto, o enxugamento da esfera penal possibilitaria a racionalização das atividades punitivas, o que potencializaria que fosse reestruturado o sistema de penas, de maneira que a privação da liberdade fosse uma última hipótese, e, mesmo quando adotada, não tivesse o caráter de quase inutilidade que hoje possui. Ao se preservar a efetividade do sistema punitivo, estar-se-ia garantindo uma possibilidade de intervenção real – mais severa, se necessário – para casos que colocassem em risco o ideal de uma convivência social ordenada.

É bem verdade que intervenção mínima, insignificância, adequação social e interpretação mais favorável são princípios não expressos em lei. Diante disto, violariam o princípio da legalidade, gerando um prejuízo a uma das mais importantes garantias do cidadão frente ao Estado?

Definitivamente, não. Nenhuma abordagem do princípio da legalidade, previsto no artigo 5º da Constituição, pode ser feita de maneira descontextualizada. Sendo assim, não se pode, para a esfera penal, apartar o princípio da legalidade do princípio da liberdade individual. À medida que a aplicação de tais princípios beneficia, em tese, os acusados, estarão sendo aplicados em nome da liberdade destes, em situações que justifiquem tal benefício, havendo, portanto uma racional ponderação de princípios constitucionais.

Por consequência, acredita-se que os rumos do Direito Penal contemporâneo inexoravelmente estão ligados à adoção do minimalismo penal – na forma graduada que aqui se propõe. Evidentemente, a história é construída dialeticamente, de maneira que a adoção de parâmetros minimalistas é algo que deverá, ainda, ter muitos avanços e retrocessos. Porém, caminha-se para tal necessária racionalização do sistema penal. E os princípios jurídico-penais minimalistas são hoje, sem que se perca a importância das normas legisladas como fontes do conteúdo penal, fortes instrumentos daqueles que atuam nesta direção pretensamente racionalizadora.

Capítulo 3

As Fontes do Direito Penal numa Perspectiva Axiológica

O Direito, enquanto sistema jurídico, deve ter por base os princípios que lhe dão unidade e as finalidades que ordenam o seu conjunto normativo. Tal concepção procura ressaltar o papel dos direitos fundamentais como conteúdo desses princípios e como guias das finalidades do sistema jurídico[53]. Com isso, funda-se a concepção sistemática sobre parâmetros axio-teleológicos.

Nas páginas seguintes será desenvolvida uma aplicação dessas concepções na esfera do Direito Penal, de modo que as suas fontes de conteúdo sejam analisadas numa lógica de interconexões, repensadas criticamente e projetadas valorativamente.

---

[53] Crê-se ser preferencial a expressão sistema jurídico à expressão ordenamento jurídico. Este seria uma parte daquele, pois no sistema incluem-se os aspectos principiológicos de caráter valorativo; ademais a expressão sistema jurídico traduz uma ideia de dinâmica, de inter-relação entre as partes do Direito, o que realmente se dá no cotidiano da atuação jurídica.

A abordagem das fontes do Direito Penal, portanto, é uma abordagem que se deve fazer dentro desse contexto, não podendo, assim, ser uma abordagem asséptica, sendo imprescindível a conjugação dos aspectos normativos e técnicos com os aspectos valorativos e os aspectos pragmáticos.

3.1 CLASSIFICAÇÃO DAS FONTES DO DIREITO PENAL

Em sentido lato, fonte é a origem, a nascente de algo. Nesse sentido, falar-se de fonte do Direito Penal é falar-se onde genericamente é produzido o conteúdo jurídico-penal aplicado no cotidiano social. Esse conteúdo, contemporaneamente, tem origem principalmente nas atuações do Estado[54].

Através da edição das normas constitucionais, das leis, dos atos administrativos e das sentenças, o Estado identifica o que está e o que não está contido no âmbito do Direito – no caso, no âmbito penal. Sobretudo em termos legislativos, já que o Direito Penal é construído fortemente sobre o princípio da legalidade, o Estado se caracteriza como fonte originária penal. Afinal, a definição do que é e do que não é crime, e de quais são as condutas criminosas, é tarefa legislativa, e, portanto, tarefa exclusiva do Estado. Tal preceito é, aliás, expressamente consagrado na Constituição Federal, a qual prevê: "Art. 22. Compete privativamente à União legislar sobre: I – direito (...) penal (...)".

Não significa, porém, que apenas o Estado defina os conteúdos penais, mas sim que o Estado, por excelência, tem a função de produzir ou determinar os conteúdos penais básicos ou referendar o conteúdo produzido por outras instâncias sociais – como a dos teóricos do Direito Penal, por exemplo.

Numa ótica herdeira da cultura jurídica positivista – ou ao menos afinada a ela – tem se posicionado a maioria dos penalistas brasileiros (com elogiáveis exceções) ao abordar as fontes do Direito Penal. Tal se dá, primeiramente, pela posição meramente complementar que dão aos princípios jurídico-penais, ignorando ou fingindo ignorar a importância

54 Um qualificado e elucidativo estudo sobre as fontes do Direito encontra-se em FERRAZ, Tércio Sampaio. **Introdução ao estudo do Direito**. São Paulo: Atlas, 1991, pp. 200-225.

valorativa que os princípios possuem no cotidiano jurídico. Além disso, tratam os costumes, a doutrina e, sobretudo, a jurisprudência como meros complementos interpretativos (alguns lhes negam o próprio caráter de fontes de conteúdo), o que, de pronto, leva a uma dissociação entre a teoria e a prática do Direito Penal.

Veja-se, nesse sentido, Damásio de Jesus[55], que identificava como fonte imediata a lei, como fontes mediatas os costumes e os princípios gerais do Direito (expressão esta em desuso), relegando tratados, doutrina e jurisprudência ao papel de formas de procedimento interpretativo. Menos drasticamente Mirabete[56], que indicava como fonte direta a lei e como fontes indiretas os costumes e os princípios gerais do Direito; igualmente doutrina, tratados e jurisprudência eram relegados a um segundo plano.

Tais respeitáveis autores servem como exemplos de uma visão das fontes jurídicas que, embora teoricamente sustentável, não mais satisfaz, nem está adequada à prática cotidiana do Direito.

Numa outra perspectiva, que procura aproximar teoria e prática e numa ótica que não se limita ao normativismo formalista, as fontes de conteúdo do Direito Penal classificam-se em fontes imediatas (principais, diretas) e fontes mediatas (complementares ou indiretas). As fontes **imediatas** são aquelas que acabam incidindo, em termos finais, sobre os fatos regulados. Compreendem os princípios jurídico-penais (normas -princípio) e as regras (normas penais específicas, na sua maioria normas legisladas). Já as fontes **mediatas** se referem a instâncias de produção de conteúdos penais voltados para a interpretação e aplicação das fontes imediatas aos fatos concretos. Pode-se dizer, assim, que as fontes imediatas têm o foco nos próprios fatos regulados, enquanto que as fontes mediatas têm o foco nas fontes imediatas.

---

55 JESUS, Damásio de. **Direito Penal parte geral.** 21. ed. São Paulo: Saraiva, 1998. v. 1, pp. 11-12.

56 MIRABETE, Júlio. Fabbrini. **Manual de Direito Penal parte geral.** v. 1. 19. ed. São Paulo: Atlas, 2003, p. 45-47.

Nessa ótica, as fontes do Direito dividir-se-iam, então, da seguinte maneira:

- Fontes do Direito
  - Imediatas
    - Princípios (normas-princípio)
    - Regras (normas legisladas)
  - Mediatas
    - Costumes
    - Doutrina
    - Jurisprudência
    - Tratados Internacionais

Crê-se que tal posicionamento das fontes do Direito Penal satisfaz a necessidade de junção entre teoria e prática, entre sistematicidade jurídica e operacionalidade pragmática.

3.2 PRINCÍPIOS JURÍDICO-PENAIS

A teoria geral do Direito se encarregou ao longo do século XX de demonstrar a importância que os princípios possuem para a determinação de conteúdo do Direito como um todo, e de cada área do Direito em específico. Tal determinação através dos princípios ganhou corpo sobretudo na interpretação de normas estatais e na aplicação de tais normas interpretadas a casos concretos. Assim o é no Direito Penal. Há um conjunto de princípios que servem como diretrizes interpretativas e aplicativas das diversas normas penais (incriminadoras e não incriminadoras), ou seja, dentro das fontes imediatas, são as diretrizes de conteúdo do Direito Penal.

3.2.1 Princípio da legalidade

Dentro do Direito Penal, que é a área do Direito que vai lidar com a liberdade de cada cidadão – a qual é um bem especial dentro da relação indivíduo/Estado -, o que se tem é a legalidade como uma referência fundamental. O rigor na aplicação do princípio da legalidade é absolutamente indispensável devido ao fato de que existe uma relação potencialmente conflituosa entre indivíduos e Estado. O indivíduo se depara com um questionamento: 'quem é legitimado para retirar a minha liberdade?'. No Direito Administrativo, no Direito Tributário, no Direito Civil, ordinariamente não há quem tenha esse Direito. Já no Direito Penal, o Estado está autorizado a tomar liberdade individual, a retirar o indivíduo do convívio social. Trata-se do Estado, com seu aparato persecutório, contra, na maioria das vezes, um indivíduo comum, sem poder.

É exemplar o pensamento de Ferrajoli, que constrói sua análise penal tendo como referência o princípio da legalidade. Para tanto, trabalha com tal princípio como um duplo axioma; mera legalidade e legalidade estrita. Enquanto princípio de mera legalidade exige a lei como condição necessária da pena e do delito. Enquanto princípio de legalidade estrita exige todas as garantias (a lei em sentido substancial) como condições necessárias da legalidade penal[57].

A legalidade formal, como necessidade de que os delitos e as penas estejam previstos em lei, teria como complemento necessário, para a adequada configuração do princípio, a legalidade estrita, como condição material de validade da lei formal, na conjunção e adequação substancial desta com as demais normas do sistema jurídico. Como bem afirma Ferrajoli,

> A lei, em outras palavras, se bem seja *exigida* em qualquer caso para a configuração do delito em virtude do primeiro princípio, *exige*, por sua vez, em virtude do segundo, uma técnica legislativa específica para a válida configuração legal dos elementos constitutivos do delito. Diremos, portanto, para expressar conjuntamente os dois princípios: *nulla poena, nullum crimen sine lege valida*.[58]

---

57 Conforme FERRAJOLI, Luigi. **Direito e Razão**, p. 76.

58 FERRAJOLI, Luigi. **Direito e Razão**, p. 306.

O fato é que quando se aplica a privação da liberdade está se retirando o indivíduo da sociedade, e, para isso ser feito de forma aceitável, tem que se agir dentro de limites muito estreitos. Há de ser otimizada, portanto, a aplicação do princípio da legalidade. Como decorrência, somente se pode pensar em crime – partindo da legalidade – se o fato for típico, se a conduta humana corresponder ao preceito normativo, ao que estiver definido em lei.

Tem-se nesse sentido uma formulação filosófica clássica, de Cesare Beccaria[59], construindo-se uma máxima: **nenhum crime e nenhuma pena sem lei prévia**. Essa máxima filosófica do Direito Penal está presente no artigo 5º, XXXIX, da Constituição Federal (princípio da legalidade propriamente dito) e no artigo 1º do Código Penal (princípio da anterioridade da lei penal). Todos os princípios jurídico-penais partem desses pontos.

Além disso, o princípio da legalidade representa uma pedra angular na estrutura de ordenação do Direito Penal. O sistema penal volta-se para o exercício do controle social, conforme se viu em capítulo anterior. Ocorre que tal exercício deve se dar de forma a ordenar expectativas e construir previsibilidades garantidoras dos direitos fundamentais. Isso se articula em função da legalidade. Vale a lição de Hassemer:

> O controle social anuncia – antes que a divergência singular da norma seja praticada – por escrito e publicamente e da maneira mais justa quanto possível, qual comportamento ele qualificará como criminoso, como ele pretende reagir quanto a isso do ponto de vista da sanção e qual o percurso das sequências de ações, qual a ordem de competência, quais as garantias da confissão ou das medidas jurídicas ele manterá. [...] Ele organiza um cenário no qual os envolvidos têm uma posição definida, suas possibilidades de defesa e de intervenção, suas chances de defesa, da repetição do discurso e da comprovação da obediência da regra.[60]

A posição dos indivíduos, portanto, ganha com o princípio da legalidade segurança jurídica e política em face do Estado e dos seus pares sociais.

---

59 BECCARIA, Cesare. **Dos delitos e das penas**, capítulos II e III.

60 HASSEMER, Winfried. **Direito penal libertário**. Trad. R. Greve. Belo Horizonte: Del Rey, 2007, p. 216.

I – Subprincípios de legalidade

O princípio geral é uma diretriz geral, evidentemente, enquanto que o subprincípio[61], como diretriz específica, o concretiza. Tem-se assim o princípio da legalidade como diretriz geral, e quatro subprincípios que o concretizam[62].

a) Reserva Legal

Crimes e sanções só podem ser criados por leis, que só podem ser criadas pelo Estado. Trata-se da reserva legal – somente ao Estado está reservada a possibilidade de, criando leis, criar (juridicamente) crimes.

b) Jurisdicionalidade

Este princípio está previsto no artigo 5º, LIII e LVII, da Constituição Federal de 1988.

Tem dois aspectos. Primeiramente, só se pode ser julgado e condenado pela prática de um crime por uma autoridade judicial, com poderes jurisdicionais legais específicos para isto. Não é qualquer juiz que pode julgar uma questão penal. O indivíduo não pode, por exemplo, ser condenado penalmente pela prática de um crime na esfera cível. Têm-se, ainda, crimes de competência da Justiça (Jurisdição) Federal e Estadual e existem poderes específicos para, se for o caso, julgá-lo e condená-lo em uma ou outra esfera.

O segundo aspecto significa que o indivíduo só é considerado culpado penalmente depois que a sentença de um juiz que o condena transitar em julgado, ou seja, quando não couber mais nenhum recurso (em vias normais) que possa levar à alteração de tal sentença condenatória.

c) Irretroatividade *in pejus* da lei penal

Está previsto no artigo 5º, XL, da Constituição Federal de 1988 e no artigo 2º do Código Penal. A expressão *in pejus* significa para pior; *in mellius* significa para melhor. Tanto do Código Penal como na Constitui-

---

61 O subprincípio é uma diretriz derivada de um princípio geral, uma sub-realização deste. Através do subprincípio faz-se com que o princípio (mais genérico e abstrato) seja especificado para situações concretas. O subprincípio, entretanto, não é uma simples regra, pois ele também possui caráter de diretriz para interpretação e aplicação do Direito – apenas mais específica que a diretriz geral dos princípios.

62 Semelhante exposição é encontrada em PRADO, Luiz Régis. **Curso de Direito Penal brasileiro**. 3. ed. São Paulo: Editora Revista dos Tribunais, 2002, p. 111-114.

ção Federal temos a mesma disposição: a lei penal não retroagirá a não ser que seja para beneficiar o réu. Por conseguinte, não poderá retroagir para agravar a situação de um indivíduo que seja acusado ou condenado.

Importa aqui destacar a relação da regra de retroatividade com a vigência normativa. Uma lei, ao retroagir estará atingindo um fato que aconteceu antes de ela ter vigência. Ou seja, sua vigência é excepcionalmente estendida para aquele fato.

Como se afirmou antes, não pode a norma retroagir para prejudicar, mas sim para beneficiar o acusado ou condenado. Isso pode ocorrer inclusive após uma sentença penal condenatória ter sido prolatada, no julgamento de um recurso e, inclusive, depois de seu trânsito em julgado – especialmente através da revisão criminal. Assim, pode haver a retroatividade benéfica não só por ocasião do julgamento, mas mesmo após ele ocorrer, e inclusive depois de não caber mais recurso da sentença.

d) Taxatividade Legal (determinação típica)

Os tipos penais devem ser tão mais claros e específicos quanto possível, de maneira a viabilizar uma clara distinção dos limites do lícito e do ilícito. Devem ser evitados, dentro da esfera penal, tipos genéricos, ambíguos, que ampliem demasiadamente os poderes de definição de sentidos do Judiciário. Isto porque o indivíduo, ao agir no exercício de sua liberdade, tem que ter clareza sobre o que pode ou não estar violando.

3.2.2 Princípio da culpabilidade

Contemporaneamente, somente se admite a responsabilização penal congregando-se os aspectos objetivo e subjetivo de criminalização. No seu aspecto objetivo seria a conduta penal reprovável, que correspondeu, que se encaixou no modelo incriminador – seria a conduta objetivamente típica.

No entanto, somente através disso não se resolve a questão penal. Não basta a responsabilidade penal objetiva. É preciso que subjetivamente a conduta do agente seja recriminável.

A ideia de responsabilização subjetiva e reprovabilidade do fato compreendem, por um aspecto, a ideia geral de dolo e culpa. Compreendem, ainda, a capacidade e a maturidade psíquica para discernir o certo do errado. Tem-se que lidar com os dois aspectos, objetivo e subjetivo, quando se trata da esfera criminal.

O princípio da culpabilidade funciona, ademais, segundo a visão predominante, como medida da pena: através da culpabilidade pode-se fixar uma quantidade específica de pena, proporcional ao grau de reprovabilidade do fato concreto.

3.2.3 Princípio da humanidade das penas

Decorrente do princípio constitucional da dignidade humana, tem vários reflexos dentro da Constituição e da esfera penal. Dentro da esfera penal não se pode admitir punições que atentem contra a dignidade do ser humano. Assim, por exemplo, o artigo 5° da Constituição Federal de 1988 veda prisão perpétua, trabalhos forçados, pena de morte (com exceção), tratamento degradante do ser humano. Tem-se, ainda, como exemplo, a lei de execuções penais fixando que o cumprimento das penas tem que se dar dentro de alguns parâmetros que respeitem a dignidade do ser humano.

3.2.4 Princípio da pessoalidade das penas

Princípio decorrente do artigo 5°, XLV da Constituição Federal de 1988, significa que a pena não pode ultrapassar a figura do agente delitual (aquele que comete o crime), ou seja, só a pessoa que realmente praticou o crime pode ser atingida pela pena. A pena imposta pelo Estado na esfera criminal não pode atingir familiares, amigos, outras pessoas que não o próprio indivíduo. A pessoa que agiu é que é responsável penalmente pelos seus atos.

Este princípio não se confunde e não entra em choque com o princípio da individualização, que diz que se deve levar em consideração a responsabilidade específica de cada agente. Se alguém é mentor intelectual de um crime de furto, responde pelo crime mesmo que não tenha praticado o ato de furtar, devendo sua responsabilização ser proporcional à importância de sua conduta no contexto do fato criminoso.

3.2.5 Princípio da individualização das penas

A pena deverá ser individualizada caso a caso, e segundo a conduta de cada indivíduo. É o que prevê o artigo 5°, XLVI da Constituição Federal de 1988.

Tendo-se uma pena, por exemplo, de 6 a 20 anos, na hora de definir que o indivíduo X vai receber a quantidade Y ou Z tem-se que individualizar a pena. Para tanto, passando pelo artigo 68 do Código Penal e utilizando-se, também, o artigo 59, deve-se adequar a pena à conduta específica de quem cometeu o crime. Isso é especialmente significativo quando se trata de concurso de pessoas, em que a pena deverá ser fixada individualmente para cada indivíduo que praticou ou participou da prática da conduta típica.

Tal princípio gera a necessidade de que a pena de cada crime e de cada coautor seja fixada separadamente. Decorre dele, também, a obrigatoriedade de que a execução leve em conta o comportamento individual do condenado.

3.2.6 Princípio da proporcionalidade das penas

É um princípio complementar da ideia de individualização. A pena tem que ser proporcional à gravidade da conduta do agente, seja pela conduta em si, seja por seus resultados. Com isso, deve se garantir correspondência entre o fato criminoso praticado e a pena jurisdicionalmente aplicada.

Apesar de ser encarado como um resquício da ideia da pena como retribuição, trata-se, na realidade, de um princípio em alguma medida garantista. Isso porque é voltado à correlação necessária entre o ônus pessoal e social gerado pelo fato criminoso e a reação estatal de violência (real ou simbólica) incidente sobre o autor desse crime. Dessa forma, indica que o Estado, na imposição de penas, deve se limitar ao necessário frente ao que foi gerado pelo indivíduo.

3.2.7 Princípio da intervenção mínima

Significa que o Direito Penal deve intervir nos conflitos interindividuais (de um agente em relação a outro) e/ou sociais apenas quando for absolutamente indispensável. Ou seja, a intervenção do Direito Penal nos conflitos sociais deve ser mínima.

A intervenção penal caracteriza-se por ser subsidiária e fragmentária. A esfera penal interviria, em tese, quando não bastasse a atuação de outra área jurídica sobre a potencial violação de direitos. E, de forma complementar, não haveria nenhum tipo de conduta que fosse objeto jurídico penal por excelência: todos os conteúdos das regulações penais são derivados ou ligados a outras áreas do Direito, são resíduos de regulações insuficientes. Por decorrência, o conteúdo do Direito Penal é fragmentário, já que engloba os mais variados temas da vida social[63].

Por decorrência, o Direito Penal só deve abranger certo conteúdo quando absolutamente não for possível resolver a questão dentro de outra esfera jurídica que não a penal (*ultima ratio*). Ferrajoli propugna, neste sentido, que o Direito Penal seja a última instância jurídica a atuar, um último recurso. No mesmo caminho, defende a minimização e mesmo a eliminação gradual das penas privativas de liberdade[64].

Enfim, ressalta-se o fato de que não há um conteúdo insitamente penal: o crime trata-se sempre de uma opção política e cultural de quem detém o poder estatal de legislar, em face de um conjunto de circunstâncias histórico-sociais.

3.2.8 Princípio da adequação social

Significa que as condutas que, mesmo sendo típicas, estiverem incorporadas ao cotidiano social como aceitáveis e legítimas dentro do contexto de convivência, devem ser penalmente desconsideradas. Isso não significa aceitação moral da conduta, mas tão somente que, no contexto de diversas condutas socialmente 'aceitas', uma determinada conduta não deve ser considerada crime[65].

---

63 Nesse sentido: QUEIROZ, Paulo de Souza. **Direito Penal: introdução crítica**. São Paulo: Saraiva, 2001, p. 65-85.

64 Vide FERRAJOLI, Luigi. **Direito e Razão**, p. 329-334.

65 O Tribunal de Justiça do Rio Grande do Sul em sentido semelhante decidiu: "Casa de prostituição. Havendo inúmeros prostíbulos, motéis, apartamentos para encontros e lugares similares com divulgação através de comerciais em rádio, televisão, jornais, etc., que não sofrem qualquer restrição do poder público, nem são objeto de persecução criminal, não se pode agora pretender a condenação dos acusados, sob pena de tornar o direito penal seletivo.

Exemplifique-se: em uma partida de futebol, é aceitável que em uma disputa pela posse da bola um jogador, ao cometer uma falta, possa até mesmo quebrar a perna do outro em função da disputa. Mas, se fora da disputa pela bola, um jogador inadvertidamente soquear o seu adversário, causando-lhe, por exemplo, sangramento na boca sua conduta será inaceitável, e passível de punição penal – a depender, nos termos do artigo 88 da Lei 9.099/95, de representação do ofendido.

3.2.9 Princípio da insignificância[66]

Quando se aborda o Direito como um âmbito de regulação e proteção social, fala-se de bens jurídicos tutelados. Cada norma protetiva e/ou reguladora vai ter um bem jurídico no seu âmago, na sua essência – há algo que está sendo garantido por aquela norma. O bem jurídico é o interesse atingível por aquela conduta abstratamente prevista e o sujeito passivo é a vítima.

Na esfera penal só estariam inseridas condutas cuja proteção penal seria indispensável para garantir aqueles direitos insertos direta ou indiretamente nas normas, devido à proeminência dos bens jurídicos que trazem no seu âmago. Por exemplo: o direito à vida é tutelado pelo artigo 121 do Código Penal, destacando-se no mundo jurídico por condicionar multiplamente o exercício de qualquer outro direito individual.

Especial importância tem o princípio da insignificância, até mesmo pela polêmica constante que gera. Partindo-se da presunção de que os bens jurídicos protegidos em leis penais são mais destacados, mais relevantes, tais bens mereceriam uma proteção penal especial que pode até mesmo atingir a liberdade dos indivíduos. Este princípio indica que por mais que a conduta formalmente esteja enquadrada no modelo incriminador, se por acaso esta conduta não vier a efetivamente causar um dano a bem jurídico relevante, não deverá ser considerada crime.

Dado provimento ao apelo defensivo." (Tribunal de Justiça do Rio Grande do Sul – Apelação nº 70002838407 – Relator Cláudio Baldino Maciel – 28/11/01).

66 Tal qual os princípios da adequação social e da intervenção mínima, este princípio da adequação social depende da postura ideológica de quem interpreta o Direito Penal. Isto porque se o juiz adota uma postura minimalista vai adotar os três princípios. Se adotar uma postura criminológica punitivista vai naturalmente refutar, rechaçar estes três princípios, porque importam numa redução das condições penais incriminadoras.

Suponhamos que um indivíduo viesse a subtrair a quantia de um real de um estudante colega seu. Evidentemente, tal situação poderia até gerar algum inconveniente – poderia ocorrer, por exemplo, que se tratasse do dinheiro da passagem de ônibus. Mas, dentro da lógica protetiva do patrimônio contida no artigo 155 do Código Penal, é evidente que a lesão ao direito de propriedade seria, no todo das relações privadas, irrelevante. Tal irrelevância leva à aplicação do princípio da insignificância: sendo a lesão de direito causada insignificante em termos sociais, dever-se-ia desconsiderar o enquadramento formal da conduta, desconsiderando penalmente a própria lesão de direito[67]. Tratar-se-ia de um conduta aquém do 'âmbito de proteção da norma'.

Observe-se que formalmente houve a subtração, para si, de coisa alheia móvel. No entanto, materialmente, a lesão causada foi tão pequena, diante do contexto geral das relações sociais, que há de ser desconsiderada juridicamente. De maneira que, embora haja formalmente a tipicidade, pela ausência de lesão de direito ela é desconsiderada, por não haver tipicidade material. Tal não significa que a atipicidade do fato em relação a um crime, gerada pelo princípio da insignificância, atinja toda a esfera penal. Ela é específica em relação a um tipo penal determinado, a um crime em particular, mas poderá subsistir a tipicidade de outro crime ou de uma contravenção penal.

Evidentemente, não há uma tabela de relevância ou irrelevância de lesões a bens jurídicos. Tal situação só poderá ser definida como ocorrente caso a caso. Para tanto, há uma operação lógica a ser desenvolvida: primeiro, deve-se analisar o tipo penal que está em discussão, identificando o bem jurídico que por ele está sendo protegido e identificando qual a finalidade tal proteção; em seguida, deve-se analisar a sanção penal

---

67 Nesse sentido decidiu o Tribunal de Justiça do Rio Grande do Sul: "Furto. Fato sem relevância. Insignificância da ação delituosa. Absolvição. Impõe-se a absolvição do apelante, tendo em vista a irrelevância da ação delituosa e a insignificância da situação em julgamento após a devolução do bem à vítima. No caso, o recorrente tentou furtar quatro tubos de xampu de, no total, valor irrisório, os quais foram entregues à loja prejudicada. Como salientado na sentença, na visão moderna do direito penal, para que uma conduta seja típica, não mais basta que ela esteja definida de forma abstrata na norma penal. Ela (conduta) deve provocar, no mundo fático e nas relações sociais, um resultado efetivamente lesivo. Apelo improvido." (Tribunal de Justiça do Rio Grande do Sul – Apelação nº 70005066147 – Relator Sylvio Baptista Neto – 07/11/02).

que está prevista para tal tipo penal, verificando, por sua gravosidade para o possível acusado, qual o grau de lesão ao bem jurídico protegido que se pretende reprimir com a previsão legal; enfim, deve-se analisar a situação concreta e verificar se a lesão causada tem, diante do tipo penal em questão, relevância jurídico-social. Ademais, é evidente que nem todos os crimes são passíveis da aplicação do princípio da insignificância – embora não haja, *a priori*, um grupo de crimes, um 'título' do Código Penal que seja absolutamente refratário ao princípio.

O que se tem, em síntese, é que se a conduta do indivíduo gerar um dano absolutamente irrelevante, insignificante, ao bem jurídico protegido pela norma incriminadora, será possível apurar-se a exclusão da tipicidade material, de maneira que, diante de tal situação, o fato pode se tornar atípico – não havendo crime, portanto. Ou seja, este princípio é uma espécie de princípio negativo. Afastaria da esfera penal uma conduta irrelevante, insignificante, sem importância para o mundo jurídico legal, preservando a ideia de que a esfera penal deve ser resguardada para situações que afetem de maneira grave as relações sociais.

3.2.10 Princípio da interpretação mais favorável

Tal princípio, identificado como *in dubio pro reo*, tanto tem caráter penal como processual penal, e por isto é um princípio com características peculiares.

É de se ressaltar que o Direito Processual Penal está, de maneira muito marcada, no caminho do Estado, do seu direito de punir, e é um instrumento potencial do indivíduo, na busca de garantir o seu direito de liberdade. Neste sentido, o Direito Penal, sem o Direito Processual Penal, é inexecutável, sendo este último um instrumento necessário para execução (punitiva ou não punitiva) das regras do Direito Penal.

Penalmente, aplica-se este princípio na interpretação das normas penais em geral, incriminadora ou não incriminadora. Já processualmente, utiliza-se o *in dubio pro reo*, além da interpretação das normas processuais, como critério de decisão em situações probatórias dúbias.

É dentro desse contexto que se insere o princípio do *in dubio pro reo*: maximiza a ideia contemporânea de que a restrição da liberdade de alguém pelo Estado deve se dar dentro da mais ampla certeza possível sobre os fatos e dentro da mais objetiva transparência possível quanto às normas.

3.3 AS REGRAS PENAIS

O Direito Penal, como se viu, é eminentemente normativo. As proibições ou imposições de deveres (e as punições correspondentes) são estabelecidas normativamente, de maneira que tal tarefa não fique ao arbítrio do julgador ou dos órgãos repressores ou punitivos do sistema penal. Assim sendo, caracterizando-se as normas penais como fontes imediatas de conteúdo, a primeira indagação de ordem lógica refere-se ao que são as normas jurídicas. Após, indagar-se-á a respeito especificamente das normas penais (regras penais).

As normas jurídicas[68] consistem em diretrizes e regras de conduta e procedimento impostas coativamente pelo Estado, que possuem caráter genérico e abstrato. Elas ordenam, proíbem ou estimulam condutas, e, ainda, estabelecem procedimentos (requisitos de validade formal) e critérios (requisitos de validade material) para ações privadas e estatais[69]. Caracterizam-se, para tais fins, como **mandamentos de dever ser**. Exemplar é o magistério de Engish: "as regras jurídicas são *regras de dever-ser*, e são verdadeiramente, como sói dizer-se, proposições ou regras de dever-ser *hipotéticas*. Elas afirmam um dever-ser condicional, um dever-ser condicionado através da 'hipótese legal'"[70].

Para a esfera penal, devido à importância do princípio da legalidade, interessam em especial as normas penais legisladas, contidas em leis. Importa relembrar que os princípios também são normas (normas-princípio), mas com um caráter diretivo – ao contrário das normas não princi-

---

68 Importa aqui lembrar a diferença entre norma jurídica e lei. A norma pré e pós existe à lei. Como bem alerta Prado, "norma jurídica e lei são conceitos diversos. A primeira vem a ser o *prius* lógico da lei, sendo esta o revestimento formal daquela" (PRADO, Luiz Régis. **Curso de Direito Penal brasileiro**, 2. ed., p. 92).

69 Muito comum é a redução das normas jurídicas a normas que ordenam ou proíbem. Tal reducionismo muito bem foi refutado pelo inglês Herbert Hart (HART, Herbert L. A. **O Conceito de Direito**. Trad. A R. Mendes. Lisboa: Fundação Calouste Gulbenkian, 1986, *passim*).

70 ENGISH, Karl. **Introdução ao pensamento jurídico**. Trad. J. B. Machado. 6. ed. Lisboa: Calouste Gulbenkian, p. 36.

piológicas, que funcionam como regras de conduta e/ou procedimento. Nesse sentido, poder-se-ia também dividir as normas em princípios (ou 'normas-princípio') e regras (ou simplesmente 'normas').

As normas penais, por sua vez, são normas jurídicas cujo objeto refere-se de algum modo (prescritivo, permissivo, explicativo etc) à ideia de crime. São diretrizes ou regras de conduta, num primeiro plano, e regras interpretativas e complementares de tais regras de conduta (num segundo plano). Assim, as normas penais, como corolário lógico do próprio conceito de Direito Penal, são normas jurídicas que definem os crimes e suas respectivas sanções, bem como estabelecem as condições (positivas e negativas) de aplicação dessas sanções.

As normas penais, na mesma linha de qualquer norma jurídica, possuem como principais características: a) generalidade – têm eficácia *erga omnes*; b) abstração – dirigem-se a hipotéticos fatos futuros; c) estatalidade – possuem origem estatal; coercibilidade – possibilitam o uso da coerção estatal; e) imperatividade – impõem-se a todos.

Por outro aspecto, são destinatários das normas penais: os cidadãos, no sentido de obediência, que é um sentido negativo, de prevenção e repressão de crimes, e, também, no sentido de referência frente ao Estado, que é um sentido 'positivo, de garantia contra a eventualidade de arbitrariedade estatal; e os órgãos estatais, para a prevenção delitual, para a aplicação punitiva das normas (jurisdicional e executiva) e para a definição dos limites de sua atuação repressiva e punitiva.

Partindo-se da definição proposta de normas penais, e destacando-se nelas as diretrizes (normas-princípio), pode-se afirmar que elas se dividem em dois grandes grupos distintos: aquelas que definem os crimes e estabelecem as sanções, chamadas de regras (normas) penais incriminadoras; e aquelas que estabelecem as condições, de sentido positivo ou negativo, para aplicação dessas sanções, chamadas de normas (regras e princípios) penais não incriminadoras.

3.3.1 Normas (regras) penais incriminadoras

Como se viu, a definição dos crimes e a identificação das sanções que a eles correspondem está disposta em normas penais incriminadoras. Elas poderão ser encontradas no Código Penal a partir do artigo 121, na Parte Especial do Código[71]. Na legislação penal complementar estão esparsas em diversas leis.

Sua estrutura lógica segue a concepção consagrada de proposição jurídica: "Se A é, B deve ser". Ou seja, as regras incriminadoras se caracterizam como proposições de dever ser, hipotéticas e abstratas, em que para a hipótese abstratamente descrita está prevista uma consequência jurídica.

Compõem-se, assim, de preceito + sanção. O preceito caracteriza-se como a parte descritiva da norma incriminadora, na qual são definidas as características peculiares de cada crime. É através do preceito normativo que se forma o tipo penal, enquanto modelo incriminador[72].

Seu caráter descritivo, porém, não lhe retira a condição de designar um imperativo de conduta, através de um **comando implícito proibitivo ou obrigacional**. Assim, de uma regra como a do *caput* do artigo 121 do Código Penal, que descritivamente prevê "Matar alguém", estabelecendo para tal conduta descrita a pena de reclusão de 06 a 20 anos, retira-se o comando proibitivo implícito "é proibido matar". Já de uma regra como a do artigo 135 do Código Penal, que descritivamente prevê "Deixar de prestar assistência, quando possível fazê-lo sem risco pessoal, a criança abandonada ou extraviada, ou à pessoa inválida ou ferida, ao desamparo ou em grave e iminente perigo (...)", retira-se o comando obrigacional (de dever) 'todos têm o dever de prestar socorro quando possível fazê-lo sem risco pessoal'.

Como parâmetro geral, verifica-se que as regras penais incriminadoras conterão comandos implícitos proibitivos, e só excepcionalmente comandos obrigacionais (de dever). Tais comandos implícitos são decorrentes do tipo de definição do crime contido no preceito. Se o preceito, ao definir o crime, descrever uma ação para a qual é prevista a sanção,

---

[71] Importa perceber que a Parte Especial do Código não está restrita a regras penais incriminadoras (embora elas sejam ali predominantes) – há também regras penais não incriminadoras.

[72] Importa frisar que há as chamadas normas penais em branco, que seriam normas incriminadoras em que se apresenta incompleta ou indeterminada, quanto a alguma de suas características, a descrição da conduta incriminada (embora a sanção seja determinada). Carecem, por isso, de complementação especial (incriminadora) de outra norma (legislada ou administrativa). São exemplos de normas penais em branco os artigos 237, 184, 269, todos do Código Penal, e o artigo 33 da Lei 11.343/06 (Entorpecentes e Drogas afins).

implicitamente haverá uma proibição. Se, no entanto, o preceito incriminador descrever uma omissão, um não fazer, tratar-se-á implicitamente de uma obrigação de conduta (de um dever de agir).

A sanção penal, por sua vez, caracteriza-se como a parte em que está prevista a pena, a punição. Para cada conduta descrita no preceito incriminador, há uma correspondente sanção, que ordinariamente consiste em pena de detenção ou de reclusão.

3.3.2 Normas (princípios e regras) penais não incriminadoras

Definido o crime e estabelecida a sanção correspondente em uma regra penal incriminadora, não basta que um fato corresponda a tal definição para que se caracterize como crime, ou para que possa ser imposta uma pena a quem o praticou. É necessário, primeiramente, que algumas condições sejam preenchidas (condições positivas) para que haja o crime e seja imposta uma sanção[73]. De outra parte, é também necessário que algumas hipóteses normativas não sejam preenchidas (condições negativas) – pois se forem ou não há crime ou não há possibilidade de impor a sanção[74]. Além disso, a interpretação dessas hipóteses está condicionada às diretrizes gerais ou específicas de conteúdo – os princípios. Os princípios e regras que preveem tais hipóteses (condições positivas ou negativas) são chamados de normas penais não incriminadoras.

Importa salientar que a expressão 'não incriminadora' não deve ser confundida com anti-incriminadora, que expressaria a descriminação do fato. Uma norma caracteriza-se como não incriminadora simplesmente porque não define um crime e estabelece uma sanção correspondente. O que não significa que ela deva prever uma hipótese que afasta a ocorrência do crime – a maioria das normas não incriminadoras não tem função descriminante.

As normas não incriminadoras não possuem caráter incriminatório Punitivo autônomo, mesmo quando expliquem conceitos ou de qual-

[73] Por exemplo, que o crime seja doloso ou culposo, que haja nexo causal entre conduta e resultado etc.

[74] Por exemplo, o artigo 27 do Código Penal prevê que são penalmente inimputáveis os que tiverem menos do que 18 anos no momento da prática do crime; se tal hipótese normativa for preenchida, não será possível aplicar-se uma pena ao autor do fato.

quer modo complementem regras incriminadoras. Por um lado, não criam novas incriminações, não preveem novos crimes; nem ampliam especificamente alguma norma incriminadora, não acrescentam alguma hipótese qualificadora ou majorante à definição de crime. Por outro lado, tais normas não preveem específicas sanções penais.

A expressão não incriminadora significa apenas que tais normas não trazem definição de crime e estabelecimento de sanção. Representa apenas, então, que elas não são incriminadoras.

As normas penais não incriminadoras podem ser divididas em quatro grupos:

a) diretivas: são as normas penais ou constitucionais penais que preveem princípios jurídicos, tendo efeito condicionante sobre a interpretação e aplicação das demais normas e dos demais conteúdos do Direito Penal[75].

a) permissivas justificantes: são as normas que preveem hipóteses que, sob as circunstâncias que descrevem, tornam permitido o que ordinariamente é proibido, tornam lícito o que ordinariamente é ilícito, tornam justificado o que ordinariamente é crime. São exemplos de normas penais não incriminadoras permissivas justificantes as previstas nos artigos 23, 128 e 142 do Código Penal.

b) exculpantes: são normas que afastam a culpabilidade do fato (por não ser recriminável seu agente), ou determinam a impunibilidade ou a diminuição da punibilidade de certas condutas, embora o fato em si não se torne justificado. São exemplos de normas penais não incriminadoras exculpantes os artigos 26, 27 e 181 do Código Penal.

d) complementares/explicativas/interpretativas: são normas de caráter múltiplo, pois ao menos duas das três características sempre estarão juntas. Elas complementam, esclarecem o conteúdo ou delimitam o âmbito de aplicação de outras normas, explicam conceitos gerais ou explicam expressões utilizadas em outras normas. São exemplos de norma penais não incriminadoras complementares/explicativas/interpretativas os artigos 4º a 7º, 10 a 12, 33, todos do Código Penal.

---

75 As normas-princípio penais podem ser divididas em dois grupos: princípios gerais penais (estudadas no item anterior) e princípios penais específicos (assim, por exemplo, a teoria da pena tem seus princípios específicos; a eficácia da lei penal no espaço os seus etc).

Em síntese, as normas penais (especialmente as legisladas, devido à preponderância do princípio da legalidade na esfera penal) podem ser assim divididas:

- Regras Penais
  - Incriminadoras
  - Não Incriminadoras
    - – Diretivas
    - – Complementares/Explicativas/Interpretativas
    - – Permissivas Justificantes
    - – Exculpantes

3.4 AS FONTES MEDIATAS

As fontes mediatas têm caráter complementar em relação às fontes imediatas. Isso porque sua aplicação se dá em torno do que trazem de conteúdo as normas penais.

3.4.1 Costumes

Os costumes são definidos como comportamentos sociais constantes e habituais, comuns a um vasto grupo de pessoas, que assim agem porque **acreditam na necessidade** de assim o agir. Partindo disso, dos costumes derivam regras sociais (morais) de conduta, de uso geral e constante, que as pessoas observam em suas vidas pela convicção de corresponderem a uma necessidade. Importa destacar que dos costumes podem derivar regras específicas: 'as pessoas devem agir de tal modo'; ou regras genéricas: 'as pessoas devem decidir por si mesmas como devem agir em determinadas situações'.

São elementos que compõem os costumes: observância constante (elemento objetivo) e convencimento geral da necessidade (elemento subjetivo). A observância constante por um vasto grupo de pessoas indica que não se trata de modismo comportamental, mas sim de um modo de agir internalizado pelos indivíduos. O convencimento geral da necessidade de seguir ou respeitar as regras sociais derivadas dos costumes indica que os costumes têm algum tipo de força moral sobre os indivíduos, seja positiva – induzindo a ações -, seja negativa -induzindo ao não fazer.

3.4.2 Teoria penal (doutrina)

A teoria penal consiste no conjunto de conhecimentos escritos, teóricos e científicos, sobre o Direito Penal. Decorre da elaboração dos diversos estudos do crime enquanto fenômeno normativo, da pena enquanto imposição estatal e das definições jurídico-penais enquanto valorações sobre os crimes e as penas. Trata-se, portanto, do conhecimento científico produzido sobre os conteúdos – normativos ou subnormativos – do Direito Penal, definindo ou especificando conceitos operacionais para que o Direito Penal seja aplicado a situações concretas do mundo da vida.

Conforme se viu, ao se colocar que as fontes do Direito incluem fontes mediatas (indiretas), como os costumes, a jurisprudência e a própria doutrina, explicita-se que os conteúdos jurídicos não estão necessariamente previstos em normas legisladas, podendo estar definidos e determinados em formas que possivelmente poderão chegar a se caracterizar como normas, mas que presentemente não o são – por isso a expressão subnormativo. Assim se dá, por exemplo, no Direito Penal, quanto aos conceitos e as diferenças entre imprudência, negligência e imperícia, e as diferenças de tais formas culposas com o dolo eventual. São questões jurídicas que possuem definições e parâmetros que são seguidos cotidianamente no mundo do Direito, e não se encontram delimitadas em normas, mas sim na teoria penal e na jurisprudência.

O papel da doutrina é singular, pois através das reflexões dos teóricos do Direito se apontam os rumos gerais que as interpretações jurídicas têm e podem ou devem vir a ter ao longo do tempo e diante das transformações culturais que ocorrem na sociedade. De maneira que serve ela, inclusive, como instrumento de atualização dos conteúdos normativos do Direito Penal.

3.4.3 Jurisprudência

Consiste no conjunto de decisões judiciais constantes e repetidas sobre temas semelhantes, emanadas principalmente dos tribunais (embora não sejam desprezíveis as decisões de juízes singulares). Representa a direção efetiva que o Direito toma em sua aplicação concreta, em sua interpretação *in casu*.

Destacam-se como conteúdos jurisprudenciais as Súmulas, por registrarem de modo específico o entendimento dos Tribunais sobre determinados temas. Elas consistem em enunciados específicos, de um determinado tribunal, sobre um assunto que reiteradamente é julgado por tal órgão jurisdicional num mesmo sentido. Assim, o tribunal define previamente que o seu entendimento sobre aquele assunto, *a priori*, será o que estiver expresso na Súmula.

3.4.4 Tratados e convenções internacionais

Consistem em acordos entre Estados soberanos, sobre temas específicos, indicando normas – ordinariamente "normas-princípio" – que os Estados signatários comprometem-se a tentar cumprir. Têm especial importância para o Direito Penal quanto à fixação de compromissos internacionais de respeito aos direitos humanos.

3.5 CONSIDERAÇÕES CRÍTICAS

Na definição dos conteúdos do Direito Penal aplicáveis à solução de problemas concretos do mundo da vida, utilizam-se as diversas fontes jurídicas de maneira relacionada. Não há um recurso exclusivo às normas legisladas, aos princípios jurídicos, ou a qualquer das fontes mediatas. Procede-se a uma combinação de conteúdos e operações jurídicas interpretativas, para se definir como atuará o Direito diante de determinadas situações concretas.

É evidente, porém, por tudo que se afirmou antes, que o ponto de partida e de referência para tal definição de conteúdos são os princípios jurídico-penais e as regras legisladas – ou seja, as fontes imediatas. Afinal, neles estão dispostos juízos de dever-ser, com as peculiaridades de serem (cada norma de acordo com sua função) genéricos, abstratos, estatais, coercitivos e imperativos. Além disso, em sua grande maioria – excluem-se alguns princípios – possuem forma escrita e específica como mandamentos legislados de dever-ser, possibilitando aos seus destinatários transparência quanto aos elementos que compõem cada juízo valorativo neles contido.

Na determinação dos conteúdos jurídicos aplicáveis a casos concretos, porém, é central o papel desempenhado pelos órgãos aplicadores do Direito – destacando-se juízes e tribunais, em especial pela jurisprudência como fonte mediata de conteúdo penal. Os juízes e tribunais possuem, como em nenhuma outra posição jurídica ou nenhum outro órgão público ou privado, a possibilidade de identificar e determinar o Direito aplicável à solução de determinado problema. Ao fazê-lo, procedem ao inter-relacionamento dialético entre as fontes de conteúdo do Direito, combinando princípios jurídicos e normas legisladas, utilizando a doutrina para a definição de conceitos, considerando os costumes que porventura envolvam aquele problema específico, considerando os precedentes judiciais sobre casos semelhantes e considerando eventuais tratados que interfiram sobre aquele problema.

A cada julgamento se produz Direito, construindo-se em algum grau conteúdo normativo – individual e específico, porque ordinariamente destinado apenas às partes de uma ação, mas normativo, por consistir em mandamento de dever ser. A cada nova decisão judicial, portanto, está se (re)construindo dialeticamente o conteúdo do Direito Penal.

Entretanto, em qualquer esfera de aplicação do Direito, importa se ter claro que os princípios jurídico-penais possuem força diretriz para a definição dos conteúdos que devem prevalecer no Direito. Sendo normas (mandamentos de dever ser), os princípios possuem, além da força diretriz (material), a força de imperatividade normativa formal.

Se os princípios jurídicos possuem tal força diretriz e podem possuir tal imperatividade, o que se tem é que eles estão, na relação com as demais normas (regras), em posição de sobredeterminação do conteúdo destas. Vale dizer: ao se criar novas regras, deve-se ter o cuidado de evitar que elas entrem em conflito com o conteúdo diretivo dos princípios gerais do sistema jurídico e dos princípios jurídico-penais. Ao se interpretar e aplicar as regras já existentes, deve-se adequar tal interpretação e aplicação ao conteúdo diretivo dos princípios jurídico-penais. Assim, numa perspectiva vinculada ao garantismo de Luigi Ferrajoli, os princípios são condicionantes da validade das demais normas.

Deve-se ressaltar, enfim, como decorrência lógica do exposto nas páginas anteriores, que, se os princípios jurídico-penais e as regras penais legisladas em geral são fontes imediatas do Direito, todos, em conjunto, sobredeterminam os demais conteúdos do Direito. Se os princípios indicam os valores superiores do sistema jurídico e, em específico, os valores superiores do subsistema jurídico-penal, condicionam, como diretrizes, a definição e delimitação dos conteúdos das normas e a definição e a delimitação dos demais conteúdos jurídico-penais – nos âmbitos de eficácia temporal, territorial ou material das normas.

Capítulo 4

Hermenêutica Jurídico-Penal

4.1 CONSIDERAÇÕES INTRODUTÓRIAS

O Direito, enquanto objeto de estudo científico, consiste num conjunto de normas (princípios e regras) jurídicas, complementado por costumes, teoria e jurisprudência. As mais importantes emanações de conteúdo do Direito partem das normas jurídicas, especialmente aquelas positivadas legislativamente.

'Como interpretar os textos jurídicos?' tem sido uma das questões mais relevantes da teoria jurídica contemporânea. As discussões vão desde qual é o real objeto da interpretação jurídica, passam pela seleção do método ou métodos adequados para a atividade interpretativa e chegam às possibilidades e limites da interpretação jurídica.

Tais preocupações têm sua razão de ser. Como o Direito é construído a partir do uso da linguagem ordinária em enunciados comunicativos de caráter prescritivo (contidos em normas – em sua maioria legisladas), o sentido que a linguagem possui ao ser utilizada em tais enunciados passa a ser uma questão decisiva. Afirma Larenz

> que o significado preciso de um texto legal seja constantemente problemático depende, em primeira linha, do fato de a linguagem corrente, de que a lei se serve em grande medida, não utilizar, ao contrário de uma lógica axiomatizada e da linguagem das ciências, conceitos cujo âmbito esteja rigorosamente fixado, mas termos mais ou menos flexíveis, cujo significado possível oscila dentro de uma larga faixa e que pode ser diferente segundo as circunstâncias, a relação objetiva e o contexto do discurso, a colocação da frase e a entonação de uma palavra.[76]

Desse modo, o sentido que se dá a tais enunciados que são os textos normativos passa a ser uma questão crucial para se dimensionar a atuação dos operadores do Direito e, por consequência, para se dimensionar a própria efetividade das normas jurídicas. Por um lado, trata-se de firmar o conteúdo com o qual o Direito intervém na realidade regulada; por outro, trata-se de indicar as diretrizes a serem seguidas pelos operadores jurídicos nessa tarefa.

A ciência jurídica dedica especial atenção aos processos interpretativos, os quais são condicionados pela hermenêutica, por parâmetros hermenêuticos. Hermenêutica que pode ser definida como a parte da ciência jurídica que tem por objeto o estudo e a sistematização dos processos que devem ser utilizados para a realização da interpretação. Esta, por sua vez, consistiria na utilização dos critérios hermenêuticos para a definição de sentido(s) para os textos jurídicos (legislados ou não).[77]

Nesse quadro discute-se, então, se o foco interpretativo deve recair sobre a lei ou sobre o Direito (sistema jurídico). O entendimento mais adequado frente à realidade da vida jurídico-social é de que o Direito não está limitado à lei, consistindo num conjunto complexo de conteúdos, dos quais a legislação, constitucional e infraconstitucional, é a face mais aparente e importante, mas não a única.

Tal importância da legislação está sediada especialmente na circunstância de que é através dela que o Estado propaga comandos diretos

---

[76] LARENZ, Karl. **Metodologia da ciência do direito**. Trad. J. Lamego. 2. ed. Lisboa: Calouste Gulbenkian, 1989, p. 375.

[77] Conforme FRANÇA, R. Limongi. **Hermenêutica jurídica**. 3. ed. São Paulo: Saraiva, 1994, p. 21-22 e PEIXINHO, Manoel Messias. **A interpretação da constituição e os princípios fundamentais**: elementos para uma hermenêutica constitucional renovada. 3. ed. Rio de Janeiro: Lúmen Júris, 2003, p. 14-15.

para condutas pessoais e comportamentos institucionais, além de fixar parâmetros para a validade jurídica de tais condutas e comportamentos. Assim, em virtude da importância operacional que a legislação possui, é que a atividade interpretativa é pensada a partir dos parâmetros hermenêuticos para a interpretação legal. O que não é admissível, porém, é que a interpretação fique limitada a isso.

O estudo dos parâmetros hermenêuticos de interpretação jurídica passa:

I – pela compreensão do papel da linguagem na comunicação humana;

II – pelo estudo dos principais métodos interpretativos de que dispõem os operadores do Direito;

III – pela discussão a respeito da criatividade interpretativa, com o destaque ao papel decisivo da interpretação constitucional;

IV – pela impositividade dos valores constitucionais superiores no plano interpretativo;

V – pelas diretrizes específicas para a interpretação penal.

O que se tem, então, é que a atividade interpretativa para o Direito auxilia a definição de conteúdos, caracterizada como uma atividade que concretiza a abstração das normas em face das circunstâncias fáticas de aplicação e em face das conexões axiológicas da regulação jurídica. Eis um aspecto operacionalmente relevante: as normas estão encadeadas no plano formal e material, pois a vigência e a validade de cada uma condicionam a vigência e a validade das demais. Além disso, toda norma traduz, em alguma medida, uma opção valorativa de quem a formula – e será interpretada igualmente através de opções valorativas do intérprete.

Nesse ponto, pode-se dizer que no Direito interpretar é, assim, definir o conteúdo de uma norma jurídica e de seus conteúdos correlatos, visando sua efetiva aplicabilidade a realidades concretas. É atividade com conexão axiológica e teleológica com todo o conjunto normativo, e é conexão de adequação e razoabilidade do Direito com a realidade social abrangida pela previsão normativa. Como bem afirma Bonavides, "a interpretação mostra o Direito vivendo plenamente a fase concreta integrativa, objetivando-se na realidade".[78]

---

78 BONAVIDES, Paulo. **Curso de direito constitucional**. 16. ed. São Paulo: Malheiros, 1993, p. 438.

A dimensão realista dos atos interpretativos vem consagrar como características inerentes ao Direito a sua mutabilidade e a sua abertura, na congregação do plano político-social – mais dinâmico, mutável e aberto – com o plano normativo – mais rígido, mais fixo. Mais, ainda:

> a condicionalidade histórica do ordenamento jurídico revela-lhe uma de suas características básicas: a dinamicidade. Característica esta que não se limita à questão da criação-revogação de normas jurídicas; abrange fundamentalmente o problema da mutação das significações normativas, o que se manifesta através dos atos de interpretação e aplicação jurídicas.[79]

Saliente-se que esse realismo do Direito – sua referência às situações e aos sujeitos atingidos – reflete a sua historicidade, com o que as estruturas de determinação significativa são regidas por realidades concretas, repositórios de interesses ideológicos e sociais. Isso traz à tona a inevitável dinamicidade do Direito – sua alterabilidade -, com a consequente abertura e incompletude do sistema jurídico. Afinal, se o Direito, na definição interpretativa de seus conteúdos, está relacionado com a realidade concreta, sendo tais conteúdos por isso mutáveis, isso significa que historicamente é um sistema aberto e sempre incompleto, pois a realidade regulada tende a se modificar, mostrando-se mais ampla do que as normas reguladoras.

4.2 A HERMENÊUTICA E A ATIVIDADE JUDICIAL

A definição de sentido dos textos jurídicos, sobretudo os normativos, ocorre através de um processo de interpretação de cunho hermenêutico. Sua aplicação se dá, por vezes, de modo geral e prévio, com objetivo de generalidade – uma súmula de um tribunal ou os textos doutrinários, por exemplo. Ordinariamente, no entanto, os processos interpretativos são aplicados em situações jurídicas específicas, caso a caso, sobretudo no desenvolvimento processual das ações judiciais.

---

79 NEVES, Marcelo. **Teoria da inconstitucionalidade das leis**. São Paulo: Saraiva, 1988, p. 20.

O sentido específico de uma norma[80] – seja ela norma constitucional ou infraconstitucional – só pode ter uma definição na sua efetiva aplicação (ou exclusão de aplicação), em uma situação da vida, a uma relação sócio-jurídica regulada direta ou indiretamente *in abstracto* pela própria norma. O que vem a permitir tal definição de sentido, como momento prévio do aplicar, é a interpretação jurídica. Com isso, afirma-se que a interpretação de uma norma – ou conjunto normativo, específico ou geral – é um momento prévio necessário para a aplicação dessa norma.

Não se quer, com isso, dar a entender que uma norma jurídica seja vazia de sentido até que haja uma manifestação interpretativa concretizadora[81]. Desde sua elaboração estará presente no texto normativo um conjunto de signos de linguagem que imprimem uma significação mínima apreensível normalmente por todos que lha interpretarem – aqui a referência faz-se à mais ampla noção interpretativa, qual seja, a interpretação coloquial, feita por cada destinatário possível da norma.

Ocorre que há uma esfera de interpretação – qualificada e jurídica – que intermedia a aplicação institucional da norma. O *locus* competente para tal é o institucional/estatal, através das autoridades administrativas, no mais amplo significado do termo: órgãos governamentais, autoridades policiais etc, e, principalmente, através das autoridades judiciais. Especialmente neste último nível – o judicial – a determinação de sentido específico da norma correlaciona-se com os fenômenos concretos cobertos pelo âmbito possível de aplicação. Ou seja, é tarefa específica da atividade judicial o exercício de adequação normativa à uma determinada realidade social subjacente.

---

80 Enfatiza-se que se adota a expressão norma como **mandamento de dever ser**, compreendendo o conteúdo das leis e os mandamentos jurídicos em geral, especialmente os decorrentes dos princípios e da jurisprudência. Prevalentemente, porém, a referência mais comum quando a palavra é utilizada é feita à legislação (Constituição Federal e Constituições estaduais, leis ordinárias, lei complementares, leis delegadas, decretos legislativos, medidas provisórias).

81 Prioriza-se a análise sobre a concretização jurisdicional dos sentidos normativos. Tem-se claro, porém, que tal papel concretizador, em escala menor e menos definitiva, é também exercido pelas autoridades administrativas e legislativas em geral, pela teoria jurídica e, mesmo, pela própria sociedade civil nos atos da vida cotidiana.

A atividade interpretativa[82] é exercida em qualquer instância jurídica, por qualquer dos atores dessas instâncias. Por exemplo, qualquer policial militar exerce atividade interpretativa para decidir se deve ou não agir em situações de supostas violações à lei penal. No entanto, os espaços mais singulares e de mais sensível importância prática da interpretação jurídica são o das construções doutrinárias da dogmática penal e o da atividade judicial, considerando-se a circunstância de que nesta última se tem uma instância direta de decisão sobre o sentido das normas jurídicas em sua aplicação sobre fatos da vida cotidiana.

É possível identificar três linhas principais de pensamento a respeito do caráter da atividade interpretativa judicial: os que propugnam o juiz como aplicador da lei; os que propugnam o juiz como intérprete do Direito; e aqueles para os quais o juiz é um efetivo (e amplo) criador de Direito. A partir de tais concepções se condiciona boa parte das atuações jurídicas dos demais operadores do Direito, já que estes interagem em algum grau com a esfera judicial na maioria das vezes em que atuam.

Na concepção do juiz como aplicador da lei, temos já a imposição de limites (mais ou menos rígidos) ao próprio significado do que seja o Direito. Limites que estariam postos com a normatividade estrita. Tal linha de pensamento não retira do juiz a atividade interpretativa, mas a restringe consideravelmente no alcance através da vinculação ora à própria lei, ora a um onipotente sentido legal, ora à intencionalidade do legislador.

Na concepção do juiz como um intérprete do Direito, tem-se a percepção de sistema jurídico complexo. O Direito é compreendido na amplitude de suas lacunas e antinomias, abarcando um conjunto de valores e princípios como ápices no sistema jurídico. A tarefa do juiz seria, então, proceder a uma interpretação ampla, que preenchesse os espaços vagos e solucionasse os conflitos contingentes a partir de um conjunto de elementos consagrados no sistema.

A concepção do juiz criador parte da mesma noção do que seja o Direito de que parte a concepção do juiz intérprete. Vai, porém, mais longe: o juiz não meramente assumiria valores insertos no sistema jurí-

[82] Os atos de interpretação jurídica indicam uma extensão variada frente aos textos interpretados: podem ter caráter declarativo, extensivo ou restritivo (sobre isso, FRANÇA, R. Limongi. **Hermenêutica jurídica**. São Paulo: Saraiva, 1994, p. 30-31).

dico, mas buscaria a construção de intervenções jurisdicionais inovadoras, que atendessem especificidades concretas das situações e indivíduos abrangidos pela prestação jurisdicional.

4.3 MÉTODOS INTERPRETATIVOS

4.3.1 Principais métodos

Historicamente, ao longo do desenrolar do pensamento jurídico moderno – o que ocorreu especialmente nos dois últimos séculos -, diversas foram as formulações a respeito da linha interpretativa a ser seguida pelos juristas, negando ou afirmando as conexões sociais do Direito. Fundadas em questões ideológicas ou históricas, as diversas linhas teóricas formaram métodos ou princípios interpretativos por vezes conflitantes[83].

No século XIX foi paradigmática a construção de Savigny[84], que, dentre as várias linhas interpretativas, destacou os métodos (ou elementos ou processos) literal-exegético, histórico, teleológico e a interpretação sistemática. Tal formulação dos elementos interpretativos ainda hoje serve como referência de estudo.

O método literal-exegético (gramatical) prende-se à busca do sentido original das palavras utilizadas lei, restringindo-se, no texto, à máxima fidelidade possível à interpretação literal-gramatical. A preocupação do intérprete, portanto, deveria estar focada naquilo que a própria lei diz, pois nela estaria todo o material de interesse para o Direito. Destacando o sentido literal da lei e descobrindo a vontade do legislador, traduzida no texto legislado, estaria cumprida a tarefa da interpretação. É de se destacar, entretanto, que as palavras são códigos de comunicação cujo sentido sofre variações conforme a carga cultural de que interpreta, além de variações históricas de sentido.

---

83 Sobre o assunto, vale referir LARENZ, Karl. **Metodologia da ciência do direito**, p. 385-418; e BERGEL, Jean-Louis. **Teoria geral do direito.** Trad. M. E. Galvão. São Paulo: Martins Fontes, 2001, p. 321-338.

84 Conforme LAREZ, Karl. **Metodologia da ciência do direito**, p. 384.

O método histórico destina-se a compreender a lei contextualizando-a aos processos históricos (valores, condicionamentos culturais, condicionamentos políticos) que lhe deram origem e ao contexto histórico de sua aplicação, de forma que o seu significado seria decorrência desses processos. Partindo-se de entendimento de que o Direito é, no seu conteúdo, uma criação contínua da sociedade, e de que os textos jurídicos, especialmente os textos legais, não seriam mais do que uma expressão provisória das opções políticas e da vontade social.

O método teleológico está focado na interpretação da lei de acordo com as finalidades a que ela se destina. Sendo o texto legal elaborado para regular atuações públicas e comportamentos privados, toda norma contida na legislação destina-se a alguma finalidade regulativa no âmbito social. A missão do intérprete seria desvendar tais finalidades, definindo o sentido de aplicação da lei de acordo com os objetivos perseguidos.

O método sistemático estaria fundado na concepção de que nenhuma lei e nenhum artigo de lei estariam isolados dentro do Direito – eles fariam parte de um todo, e somente na conexão com esse todo é que seu sentido poderia ser compreendido. Cada área (ramo) ou sub-área do Direito estaria entrelaçada a partir de valores superiores, que lhes dariam unidade. A tarefa do intérprete seria, então, analisar as correlações de sentido e os condicionamentos valorativos existentes entre as diversas normas do sistema jurídico.

O método sistemático recebe uma variação recente na teoria do direito, decorrente da concepção do sistema jurídico como sistema axioteleológico. O Direito teria seus conteúdos encadeados em torno de valores superiores e finalidades a serem atingidas. A interpretação sistemática haveria assim de compreender o conteúdo jurídico interpretado na sua conexão com o todo, mas em função desses valores e finalidades. Perceba-se, ademais, que a interpretação sistemática apresenta a vantagem de agregar os outros métodos, aplicando-os em conjunto.

4.3.2 Análise crítica dos métodos de interpretação

Observa-se primeiramente, ao se analisar criticamente as referidas linhas interpretativas, que o sentido literal da lei seria de todo insuficiente e deficiente para sua interpretação, pois os conteúdos legais são mutáveis de acordo com as próprias mudanças sociais. Chegar-se a um sentido definitivo para o texto legislado seria não apenas improvável, mas mesmo impossível, pois a uma mesma palavra – interpretada em momentos diferentes, por pessoas diferentes e em contextos diferentes – pode ser dado um significado, um sentido diverso. Por consequência, a interpretação literal é útil como ponto de partida de qualquer atuação hermenêutica, mas dificilmente a atividade interpretativa poderia, em algum caso, restringir-se à literalidade.

De outra parte, a historicidade da criação legal não nos diz mais do que as razões aparentes para sua criação, mesmo sendo tais razões pretensamente de origem social (o que de forma evidente é questionável). Ocorre que a lei é aplicada tanto por suas razões passadas, quanto por seus objetivos futuros. O seu significado no presente dependerá, ainda, de suas correlações com outras leis e outros conteúdos jurídicos.

O teleologismo, por sua vez, nos acrescenta a relevância da perquirição das finalidades legais, mas sem a necessária vinculação ao conjunto normativo do Direito. As finalidades da lei não se mostram a partir de sua interpretação isolada, mas tão somente quando seja ela pensada junto com as demais leis e os demais conteúdos jurídicos. Isso porque o real alcance jurídico de uma finalidade normativa somente pode ser dimensionado quando o conteúdo dessa norma seja pensado frente às finalidades e ao conteúdo de outras normas do sistema jurídico.

Enfim, merece destaque a interpretação sistemática[85]. Alerte-se que há de se evitar uma perspectiva sistemática simplista, de caráter legalista, em que se limite a analisar o artigo em sua conexão imediata de sentido com os demais artigos de um capítulo ou título da Lei. O que se impõe é a interpretação de qualquer texto legal tomando-se em consideração, por um lado, as conexões de sentido (literais) das palavras utilizadas no artigo com os demais dispositivos de uma Lei; mas, por outro lado, num somatório indispensável das conexões valorativas e teleológicas desses artigos e da própria Lei com o sistema jurídico todo, especialmente em sua vinculação sistemática aos princípios constitucionais protetivos dos direitos fundamentais do ser humano.

85 Destaque-se uma exemplar abordagem do assunto em: FREITAS, Juarez. **A interpretação sistemática do Direito**. São Paulo: Malheiros, 1995.

No entanto, importa observar não haver, atualmente, um embate em que se propugne a adoção exclusiva de um ou outro método interpretativo. O que atualmente se verifica, isto sim, é que na atividade interpretativa há prevalência e priorização de um método sobre os demais, mas caso a caso e não a princípio.

A adoção de um método – critério metodológico de interpretação – como guia não significa a exclusão dos métodos restantes. Significa apenas que na atividade do intérprete prevalece uma determinada diretriz metodológica, utilizando-se das restantes diretrizes em termos complementares.

É de se perceber que na junção de critérios metodológicos de interpretação, com prevalência de um ou mais critérios, chega-se à adequação interpretativa jurídica, entendida como a definição da melhor interpretação possível. A adequação interpretativa é realizada conformando-se o conteúdo específico de determinadas normas aos valores superiores do sistema jurídico e às necessidades de regulação e solução do problema concreto que esteja levando à necessidade de interpretação.

Por outra parte, é relevante o fato de que a operação jurídica não é linear. Os juízos de valor, inerentes ao interpretar, não operam de modo submisso aos métodos, numa sequência lógica de raciocínio ideal. Ou seja, o intérprete em sua atuação valora os enunciados normativos, as situações fáticas e os pressupostos morais, sociais ou ideológicos colocados à sua frente – e tal valoração não pode efetivamente ser aprisionada em um ou mais métodos.

Muitas vezes, na realidade, a adoção de um método interpretativo funciona mais como um recurso retórico legitimante – por vezes, é claro, recurso indispensável. A operação interpretativa, assim, é dialeticamente determinada, servindo os critérios metodológicos como referências operacionais interpretativas.

4.3.3 Formas interpretativas: interpretações declarativa, restritiva e extensiva

Ao se interpretar os conteúdos do Direito Penal, especialmente os conteúdos normativos, estar-se-á produzindo enunciados de significação de outros enunciados. Por exemplo, ao se dizer que o enunciado prescritivo "Matar alguém", do artigo 121 do Código Penal, significa fazer cessar as funções respiratórias, circulatórias e cerebrais de ser humano vivo, enuncia-se descritivamente o significado de uma prescrição jurídica. Para tanto, procede-se à definição literal dos signos linguísticos da prescrição, junto a um ajuste sistemático e teleológico: descreve-se o que se pode entender por morte, em consonância com o restante da legislação, e respeitando uma de suas finalidades, que é preservar os seres humanos com vida.

A produção de enunciados de significação é o resultado primeiro da atividade interpretativa. Como resultado decorrente tem-se que os conteúdos interpretados passam a ser instrumentalizados, colocados como possíveis meios para sua aplicação a interpretação e, também, para a análise de outros conteúdos ou para as decisões que envolvem a aplicação do Direito à vida cotidiana.

Tal atividade gera, essencialmente, três tipos gerais de resultado hermenêutico: declarativo, extensivo e restritivo.

O resultado declarativo tem como principal aspecto definir, explicar o sentido dominante de um texto normativo. A função interpretativa é cumprida aqui com a especificação do sentido das palavras e com a explicitação do sentido literal do enunciado. Assim, a palavra "aborto", utilizada nos tipos incriminadores dos artigos 124, 125 e 126 do Código Penal, significa interrupção da gravidez; porém, essa operação hermenêutica não está nem acrescentado nem restringindo a abrangência da expressão, mas apenas indicando seu preciso significado, em conformidade com o sistema normativo penal. Tal definição compatibiliza os crimes de aborto com os crimes de homicídio e infanticídio. Nestes o legislador trata da interrupção da vida, do "matar alguém", considerado este como ser humano vivo, já nascido (ou nascente), com personalidade jurídica autônoma. Nos crimes de aborto, não há, ainda, afetação da vida autônoma, mas sim da expectativa de vida – por isso, não há um 'alguém', dirigindo-se a definição típica à interrupção da gravidez.

O resultado interpretativo extensivo tem como principal aspecto ampliar o conteúdo normativo para além de seu sentido literal. A função interpretativa é cumprida com a ampliação do âmbito aplicativo das normas vigentes. Em Direito Penal, em que o princípio da legalidade é um pilar hermenêutico, a interpretação extensiva deve ser evitada quando propiciar aumento do âmbito de incriminação da norma. Significa que a interpretação extensiva cabe apenas para reduzir o âmbito de incriminação, em normas penais não incriminadoras.

Enfim, o resultado interpretativo restritivo tem como principal aspecto limitar ou reduzir o sentido dominante de um texto normativo.

4.3.4 Interpretação e sistema jurídico

Certamente, o intérprete penal não precisará recorrer a vastos campos de liberdade interpretativa do Direito em todos os casos que lhe são submetidos: há situações cujas definições interpretativas prévias já lhe informam os conteúdos aplicáveis aos casos. Mas várias são as situações em que sua atuação interpretativa, decisional ou de administração de realidades avança na perspectiva criadora de conteúdos, muito embora esses conteúdos sejam sempre delimitados pelo âmbito normativo garantista do princípio da legalidade. Como bem afirma Capelletti,

> com ou sem consciência do intérprete, certo grau de discricionariedade, e pois de criatividade, mostra-se inerente a toda interpretação, não só à interpretação do direito, mas também no concernente a todos outros produtos da civilização humana (...) Por mais que o intérprete se esforce por permanecer fiel ao seu 'texto', ele será sempre, por assim dizer, *forçado a ser livre* – porque não há texto musical ou poético, nem tampouco legislativo, que não deixe espaços para variações e nuances, para a criatividade interpretativa.[86]

Isso vem ao encontro da ideia de que a previsão legal estará latente até que o intérprete lhe dê vida e sentido em um caso concreto, mesmo que aproveitando definições interpretativas prévias. Novamente sobressai o papel exercido pelos juízes na interpretação, pois ao interpretar e decidir estarão criando normas em concreto.

Vê-se, então, que as zonas de separação entre interpretação jurídica e criação de novos conteúdos são em verdade consideravelmente vagas no Direito. A interpretação será sempre um processo intelectual de con-

---

[86] CAPELLETTI, Mauro. **Juízes legisladores?**. Trad. C. A. A. de Oliveira. Porto Alegre: Sergio Antonio Fabris, 1993, p. 21-22.

cretização de sentidos normativos. Nessa concretização definir-se-á o sentido adequado de uma norma ou um conjunto de normas jurídicas, na relação sistemática entre princípios e regras, pensadas em relação à sua possibilidade de aplicação a um determinado fato. E tal definição de sentido acaba tendo algum grau de criação de novos conteúdos.

Tal possibilidade real de criação de novos conteúdos no processo hermenêutico de concretização do Direito não pode, porém, ser ilimitada. O ponto de equilíbrio e referência para tanto está no papel singular que a Constituição – e, por óbvio, a interpretação constitucional – pode exercer em termos valorativos. Como o Direito Penal representa um subsistema jurídico, sua compreensão e aplicação devem respeitar os parâmetros sistemáticos gerais do sistema jurídico.

Sendo a normatividade estatal o núcleo da sedimentação das relações jurídicas e sendo a Constituição a base de conteúdo da normatividade do sistema jurídico como um todo, a direção de sentido do ordenamento jurídico-social, tem-se como conclusão que o fortalecimento da concepção de sistema jurídico passa pela clarificação da concepção de sistema constitucional.

A efetivação interpretativa jurídica, congregando a atuação do Judiciário e de todos os demais operadores jurídicos, para funcionar de fato na obtenção do Direito aplicável, serve-se de diversos fatores instrumentais, como as regras gramaticais, os processos histórico-legais, a dogmática jurídica e outros. Mas um fator se sobrepõe: a interpretação jurídica tem sempre um potencial de dimensionamento interpretativo axiológico e teleológico de toda a ordem jurídica.

Como visto, é exatamente essa fundamentação interpretativa da ordem jurídica através dos valores (axiologia) e/ou das finalidades (teleologia) que permite estruturar consistentemente o mundo jurídico sob a marca da concepção de sistema, sem o risco de cair em simplificações mecanicistas. Essa consistência sistemática contribui para se otimizar a efetividade das normas jurídicas – em suas duas dimensões: efetividade e eficiência[87].

---

87 A efetividade entendida como a razoavelmente constante aplicação da norma; a eficiência como um razoável atingimento das finalidades a que se destina.

Ou seja, para que a concepção de sistema perpasse de forma efetiva o universo jurídico em geral, e em específico o sistema jurídico-penal, seu dimensionamento deve ter como alicerce o sistema constitucional, pela potencialidade deste em penetrar pluralmente em todos os campos magnéticos[88] do Direito. Não basta, porém, tal construção teórica sem que se tenham bem claras a sua utilidade e aplicabilidade; ou seja, sem que se perceba a sua dimensão prática na interpretação e aplicação do Direito.

Com isso, firma-se, acima de tudo, a importância das diretrizes axio-teleológicas do sistema como norteadores da interpretação jurídica, e especialmente da interpretação jurisdicional constitucional. Via inversa, considerando-se que não há hierarquia normativa interna na Constituição, mas tão somente precedência operacional a partir de valores jusfundamentais, firma-se também a importância da interpretação jurídica para a concretização e operacionalização do sistema jurídico. Enfim, consagra-se a vinculação do sistema jurídico-penal aos valores superiores constitucionais, vinculação que se operacionaliza através dos princípios constitucionais de natureza penal.

A criação de sentidos específicos para as normas penais, com redefinição constante de conteúdos, sistematiza-se pela correlação destes com os princípios constitucionais, adequando os conteúdos específicos aos valores constitucionais.

4.4 CRITÉRIOS INTERPRETATIVOS DO DIREITO PENAL

4.4.1 Parâmetros gerais: interpretação sistemática

Toda interpretação jurídica deve ser balizada pela preponderância da Constituição. Com isso, a interpretação constitucional é referência

[88] A expressão campos magnéticos se refere às áreas específicas do Direito. Busca-se aqui ressaltar que não há no Direito (a não ser numa dimensão retórica) uma área (Direito Civil, Direito Penal etc) separada da outra de modo estanque. Umas e outras se interpenetram. Assim, melhor é pensá-las como campos de polarização de conteúdos em torno de regulações de direito privado civil, ou em torno de regulações de direito penal, ou em torno de direito tributário – enfim, pólos magnéticos que possibilitam caracterizar cada campo como um subsistema jurídico dialeticamente integrado no sistema jurídico.

obrigatória para as atividades hermenêuticas das diversas áreas do Direito. Pois, bem: o critério interpretativo a ser priorizado na interpretação constitucional deve caminhar no sentido de conjugar a normatividade e o inalienável conteúdo valorativo da Constituição. Isso impulsiona o interpretante no sentido da adoção de parâmetros axiológicos e principiológicos, que consagrem o papel hierárquico da Lei Maior. Conduz, pois, à imprescindibilidade da interpretação sistemática do texto normativo constitucional, calcada em valores e intencionalidades finalísticas. Afinal,

> toda a interpretação de uma norma tem de tomar em consideração, como vimos, a cadeia de significado, o contexto e a sede sistemática da norma, a sua função no contexto da regulação em causa. (...) o ordenamento jurídico no seu conjunto, ou pelo menos grande parte dele, está subordinado a determinadas ideias jurídicas diretivas, princípios ou pautas gerais de valoração, a alguns dos quais cabe hoje o escalão de Direito Constitucional. (...) A descoberta das conexões de sentido em que as normas e regulações particulares se encontram entre si e com os princípios diretivos do ordenamento jurídico, e a sua exposição de um modo ordenado, que possibilite a visão de conjunto – quer dizer, na forma de um sistema – é uma das tarefas mais importantes da Jurisprudência científica.[89]

É em tal esteira que Canaris refere-se à capacidade de 'derivação teleológica ou valorativa do sistema'[90], em que, através de procedimentos interpretativos sistemáticos, desdobra-se a norma constitucional em diversos sentidos específicos, possibilitando que os valores superiores nela consagrados sejam aplicáveis em todas as esferas possíveis de sua regulação jurídica.

Assim, no âmbito penal, partindo-se dos princípios da legalidade e da liberdade, insculpidos normativamente no artigo 5° da Constituição de 1988, chega-se a efeitos interpretativos penais específicos, como, por exemplo, a vedação do uso da analogia *in malam partem*.[91]

89 LARENZ, Karl. **Metodologia da ciência do direito**, p. 531-32.

90 CANARIS, Claus-Wilhelm. **Pensamento sistemático e conceito de sistema na ciência do Direito**. Trad. A. M. Cordeiro. Lisboa: Calouste Gulbenkian, 1989.

91 Vide FERRAJOLI, Luigi. **Direito e razão**, p. 308.

É de se alertar que a concepção de derivação não deve dirigir o entendimento para a ideia de dedução formalista, mas tão somente para as possibilidades de ordenação de sentido que a interpretação sistemática de caráter axioteleológico possibilita. Não há imperativos hierárquicos de sentido que imponham uma direção absoluta e exclusiva para o intérprete. Existem, sim, imperativos dialéticos – na forma de princípios – que indicam os caminhos justificados pela principiologia constitucional para o sistema jurídico.

Tem-se, assim, por um lado, uma perspectiva que, por um lado, parte dos valores consagrados constitucionalmente no sistema; mas que, por outro lado, parte das intenções e objetivos reconhecidos, das finalidades normativas, para se apontar novas valorações derivadas – seja em termos generalizadores, seja em termos concretizadores. Assim, em termos generalizadores o princípio da legalidade desembocaria, por exemplo, no subprincípio da irretroatividade legal em prejuízo do acusado ou condenado. Em termos concretizadores, o mesmo princípio impõe, por exemplo, que somente os crimes expressamente arrolados no artigo 1° da Lei 8.072/1990 sejam considerados hediondos.

Far-se-ia, assim, a leitura axiológico-normativa da Constituição, agregada de uma busca de racionalização valorativa calcada sobre o teleologismo constitucional, buscando se adequar as diversas áreas do Direito à matriz constitucional. Com isso, "em seus pontos fundamentais, toca-se, por assim dizer, a interpretação conforme a Constituição com a interpretação sistemática, vez que ambos os métodos têm em vista a manutenção da ausência de contradição no interior do sistema"[92].

A interpretação sistemática possibilita encarar a norma aplicada como parte de um contexto maior – possibilita encarar a norma como um fenômeno global, uma parte de um todo. Com isso, a hermenêutica das normas infraconstitucionais deve sempre ser feita com atenção ao conjunto normativo da Constituição, com o todo da Constituição.

Na obtenção do Direito aplicável, o sistema jurídico apresenta, ainda, dois papéis especialmente significativos no âmbito da interpretação sistemática de base constitucional:

92 FREITAS, Juarez. **A interpretação sistemática do Direito**, p. 53.

– uma função negativa, consistente na prevenção de contradições absolutas de valores, com a superação de antinomias; e

– uma função positiva, consistente na determinação e integração das lacunas.

A interpretação jurídica se efetiva pelo esclarecimento do significado correto (adequado) das enunciações de proposições jurídicas normativas, aplicáveis a outras proposições ou aplicáveis diretamente aos casos concretos, determinantes de soluções de problemas. A interpretação será tão sistematicamente satisfatória quanto as proposições dela decorrentes puderem ser incluídas como conformadas "no todo pré-existente da ordem jurídica"[93]. O sistema, assim, funciona como referência localizante da ligação de sentido da ordem jurídica, de modo que se possa apurar a sua aceitabilidade formal e material, ponderando a prevalência de valores no intuito de evitar contradição insolúvel entre eles.

A determinação e a integração de lacunas trazem à luz um aspecto primordial do sistema: a sua função positiva de "desenvolver o Direito de acordo com o peso interior dos seus princípios constitutivos ou 'gerais'"[94]. Significa, basicamente, que há uma sobredeterminação de sentido que implica a retirada de uma solução jurídica para um caso não regulado a partir de um princípio geral. O que gera um processo de movimentação de conteúdo, pois, se o princípio geral injeta uma direção valorativa na apreciação do caso lacunar, a partir das previsões singulares poder-se-á elaborar novos conteúdos jurídicos, ou dar partida a novos objetivos valorativos.

Há de se ter claro que o sistema jurídico, que não é completo, finito, imutável, também não é infenso a limitações. Pelo contrário: as limitações lhe são naturais. O sistema é, mesmo sob o propugnado prisma axioteleológico, um ponto de referência, destinado a dar um sentido direcionador e um ponto de ligação geral para o objeto Direito.

Mas seria ilusório imaginar que, com isso, se pudesse dar respostas imediatas a todas as necessidades práticas do universo jurídico-social,

---

93 Vide CANARIS, Claus-Wilhelm. **Pensamento sistemático e conceito de sistema na ciência do Direito**, p. 173

94 CANARIS, Claus-Wilhelm. **Pensamento sistemático e conceito de sistema na ciência do Direito**, p. 178.

pois estas se renovam constantemente, devendo o Direito adequar-se a elas. A concepção de sistema jurídico, mesmo quando concebida nesse prisma axiológico e teleológico aqui aplicado, tem, pois, seus limites, embora sejam eles mais operacionais do que necessariamente estruturais.

O sistema não é unívoco nem inequívoco, comportando 'quebras' de sentido valorativo. E não é absoluto em amplitude, contendo, assim, lacunas – embora sejam essas solucionáveis pelos seus próprios instrumentos interpretativos, calcados em suas dimensões axiológicas e teleológicas.

Se tudo isso vale para o sistema jurídico como um todo, vale para o sistema jurídico-penal como uma parte desse todo. O sistema jurídico -penal, assim, nos seus parâmetros hermenêuticos, tem como referencial o princípio da legalidade.

4.4.2 Parâmetros do Direito Penal para o conflito aparente de normas

Chama-se de conflito aparente de normas, ou antinomia normativa, a situação em que o fato criminoso enquadre-se em duas ou mais normas ao mesmo tempo, ocorrendo que apenas uma de tais haverá de se aplicar ao fato. Na realidade, como uma só das normas se aplica ao fato, o conflito é apenas aparente, pois a solução é previamente estabelecida no sistema jurídico.

Através de uma delimitação principiológica específica para o problema, determina-se a norma aplicável ao fato, impedindo-se a dupla incidência incriminadora – a qual poderia gerar o *bis in idem*. Diante da situação de concorrência de normas (expressão não usual, mas mais feliz do que 'conflito'), determina-se, seguindo alguns princípios, qual norma deverá ser aplicada.

Porém, quando efetivamente ocorre o conflito aparente? Ocorre quando estivermos diante de uma unidade de fato (um fato em análise), de uma pluralidade de normas incriminadoras de possível incidência sobre tal fato, e quando se verificar que tais normas eram vigentes ao tempo do fato (*tempus regit actum*).

Ocorrendo o conflito aparente, a teoria elenca e a jurisprudência brasileira adota três princípios específicos para o problema: princípios da especialidade, da subsidiariedade e da consunção. Diante de uma situação problemática, o intérprete deverá definir qual dos princípios tem aplicabilidade àquele caso. A partir dessa eleição, será aplicado o princípio escolhido como o adequado àquele caso, excluindo os demais. Evidentemente, tal eleição não é aleatória, ao bel prazer do intérprete/aplicador. Ele deverá eleger o princípio adequado tendo como fundamento as definições consagradas na teoria e na jurisprudência de cada um deles.

4.4.2.1 Princípio da especialidade

O princípio da especialidade indica que, no confronto entre uma norma geral e uma norma especial, prevalece a norma especial. É o principal critério para a solução dos conflitos aparentes de normas.

Uma norma geral traz uma definição de hipóteses jurídicas aplicáveis a determinados fatos. A prevalência da norma especial frente à norma geral decorre da circunstância de que a norma especial, frente à norma geral, acrescenta algum (ou alguns) elemento à definição típica contida na norma geral.

Com tal característica, a norma especial destaca da norma geral algumas situações, dando-lhes um tratamento jurídico próprio, específico e diferente. A abrangência da norma geral, portanto, ordinariamente compreenderia as situações previstas pela norma especial. Esta, entretanto, separa as situações que prevê da norma geral, dando-lhes tratamento jurídico específico e diferente.

O princípio da especialidade está previsto de forma expressa no artigo 12 do Código Penal.

4.4.2.2 Princípio da subsidiariedade

O princípio da subsidiariedade indica que em um confronto entre uma norma subsidiária e uma norma principal, aplica-se a norma principal.

A relação de subsidiariedade ocorre quando uma norma está ligada de forma subsidiária a outra norma, de maneira tal que somente se procederá à aplicação da norma subsidiária se a norma principal não for aplicável.

Trata-se de um contexto normativo em que a definição típica mais ampla ou mais grave abrange a definição típica mais restrita.

4.4.2.3 Princípio da consunção

O princípio da consunção indica que, se um fato previsto em uma norma está compreendido em outra, mais abrangente (consuntiva), se esta incidir ficará afastada a aplicação da norma consunta (a menos abrangente).

Há consunção, portanto, quando um fato, isoladamente já previsto como crime, é etapa de realização de outro crime, mais abrangente. A situação menos abrangente é englobada e absorvida pela situação mais abrangente, de forma que o indivíduo somente responde por esta última.

É o caso, por exemplo, da relação entre o *caput* do artigo 129 e o artigo 121 do Código Penal. A lesão corporal (artigo 129) é meio para o fim homicídio (artigo 121); este, mais abrangente, engloba e absorve aquela, menos abrangente. Não se confunda com o exemplo do item anterior. Lá se tratava do conflito aparente entre o §3º do artigo 129 (em que está prevista a morte da vítima) e o artigo 121. Aqui trata-se do *caput* do artigo 129, onde está prevista apenas a lesão corporal.

O mesmo se dá, também como exemplo, com a falsificação de documentos em relação ao crime de estelionato (artigo 171). Se a falsificação funciona exclusivamente como meio para a indução ou manutenção em erro que caracteriza o estelionato, será pelo estelionato absorvida. Este é o sentido da Súmula 17 do Superior Tribunal de Justiça: "Quando o falso se exaure no estelionato, sem mais potencialidade lesiva, é por este absorvido."

4.5 LEGALIDADE ESTRITA E DIGNIDADE HUMANA

O princípio da legalidade acaba, por fim, sendo um grande balizador da hermenêutica penal. Os conteúdos normativos penais têm sua origem formal e material nas normas legisladas, conforme se viu no capítulo anterior. Entretanto, isso não é, ainda, satisfatório diante dos problemas hermenêuticos que podem interferir nesses conteúdos.

Os espaços hermenêuticos do uso da linguagem geram, por si só, insegurança jurídica garantista. Há expressões como "outro meio cruel", "outro meio fraudulento", assim como aquelas que submetem sua definição de conteúdo a dispositivos que não são estabelecidos em lei, mas sim em atos normativos de outra natureza ("drogas", na Lei 11.343/06), que fragilizam o papel garantidor, que colocam em xeque até mesmo a anterioridade da lei penal.

Ora, quanto mais taxatividade (legalidade estrita) existir nos textos normativos, menores possibilidades existirão de juízos hermenêuticos subjetivos e pessoais. Como ensina Ferrajoli,

> a linguagem, isto é, o uso da língua, está tão vinculada quanto seja vinculante a língua, isto é, as regras de linguagem. Deste modo, quanto mais precisas sejam as definições dos pressupostos típicos abstratos ditados na lei, de conformidade com o princípio da legalidade estrita, tanto mais determinados serão os pressupostos típicos concretos aos quais aquelas se referem e tanto mais nelas subsumíveis mediante proposições verdadeiras ou falsas e, antes mesmo, verificáveis ou falseáveis.[95]

Em virtude disso, a maior taxatividade da lei significa maior proteção à dignidade dos indivíduos, frente à possibilidade de prisões cautelares indevidas, condenações sem suficiente lastro probatório, penas fixadas em quantidades desproporcionais.

Constituição e legislação infraconstitucional devem estar voltadas ao mesmo foco: a proteção do mais fraco, através da proteção e efetivação dos direitos fundamentais. Isso maximiza a potencial centralidade do ser humano para o sistema jurídico.

95 FERRAJOLI, Luigi. **Direito e razão**, p. 77.

Unidade II

Disposições Gerais sobre a Aplicabilidade da Lei Penal

Capítulo 5

Eficácia da Lei Penal no Tempo

Com a proeminência do princípio da legalidade, reafirma-se que o Direito Penal é baseado na normatividade – embora seus conteúdos não se reduzam às normas. Em face do princípio constitucional-penal da legalidade, há uma vinculação direta dos conteúdos penais às normas legisladas. Dentre elas, como se viu, separam-se analiticamente dois blocos: princípios (normas-princípio) e regras (normas). É de destacar que somente através de normas legisladas é que se pode criar e definir crimes.

Dentro do quadro geral de normas penais legisladas, um dos mais relevantes aspectos a serem analisados no Direito Penal são os problemas concernentes à sua aplicabilidade. A abordagem desses problemas pode se dar na análise da efetividade das normas, em suas possibilidades de obter eficácia social; ou na análise das possibilidades de sua aplicação em termos temporais e geográficos, em sua eficácia jurídica[96].

---

96 Seguindo a teoria garantista, pode-se dizer que a efetividade diz respeito à norma ser socialmente cumprida e aplicada, enquanto que a eficácia diz respeito a ter aplicabilidade jurídica (poder incidir, surtindo seus efeitos). Vide a respeito COELHO, Edihermes Marques.

Por questões metodológicas, a análise da efetividade social é feita através da Criminologia, enquanto que no Direito Penal se estudam os problemas atinentes à eficácia jurídica. Serão aqui analisadas primeiramente as questões referentes à aplicabilidade das normas penais no tempo. Visto isso, passar-se-á à análise de sua aplicabilidade territorial. Após, serão estudadas questões gerais sobre a aplicação da lei penal. Enfim, em unidades próprias, analisar-se-ão os aspectos concernentes à sua eficácia material (na teoria do crime e suas decorrências – teoria da pena, aspectos de punibilidade etc).

No que respeita à aplicabilidade temporal das normas penais, o critério básico é de transparência quanto às normas pelas quais pode o cidadão ser punido, agregado à ideia de que o indivíduo deve ser responsabilizado de acordo com o mais restrito grau punitivo estatal. Nesse sentido, têm especial importância os princípios da anterioridade e da irretroatividade normativa. Ensina Paulo de Souza Queiroz que, ao se adotar os "princípios da anterioridade e da irretroatividade das leis penais, objetiva-se, ademais, evitar que os seus destinatários sejam surpreendidos por disposições que incriminem fatos novos ou que os agravem, de modo que tais garantias constituem, também, uma exigência infranqueável de segurança jurídica.[97]

5.1 PRINCÍPIO *TEMPUS REGIT ACTUM*

O ponto de partida para a análise da eficácia da lei penal no tempo é o princípio *tempus regit actum*, que significa que, a priori, os fatos são regidos pela lei vigente quando foram praticados. Ou seja, identifica-se o momento da prática do fato, para, em sequência, se identificar qual a lei vigente neste momento – esta será, numa primeira análise, a lei aplicável ao fato.

Isso preserva os princípios da legalidade e da anterioridade penal, que são estreitamente relacionados. Afinal, a lei só adquire obrigatoriedade quando entra em vigor – o que não se confunde, normalmente,

Reflexões sobre vigência e eficácia, validade, efetividade e eficiência. In: http://www.boletimjuridico.com.br/doutrina/texto.asp?id=1817

97 QUEIROZ, Paulo de Souza. **Direito Penal introdução crítica**, p. 72.

com a data da sua publicação. A partir daí é aplicável aos fatos que ocorrerem durante sua vigência. Ou seja, se o fato ainda não está previsto em lei, ou se a lei que prevê o fato ainda não está em vigência, não há que se falar em crime.

Tal parâmetro conecta-se ao artigo 4° do Código Penal, que prevê que se considera o fato praticado no momento da ação ou omissão. Nesta lógica, a princípio aplica-se ao fato a lei vigente no momento de sua ação ou omissão. Para se verificar a lei aplicável a um fato deve-se verificar o momento em que ocorreu a ação ou omissão deste fato.

O Código Penal adota a teoria da atividade (também chamada teoria da ação)[98]: o crime é considerado cometido no momento em que é realizada a ação ou omissão, independente do momento em que ocorra o resultado. A importância do tema consiste, então, em fixar a lei vigente em relação ao delito cometido, além de questões com a imputabilidade do agente delitual (que se define pelo momento em que é cometida a ação), os elementos subjetivos do delito, a prescrição etc.

A regra de que ao fato deve se aplicar a lei vigente no momento de sua prática, no entanto, é somente um ponto de partida, uma regra geral. Na esfera penal impõe-se uma relativização de tal regra, pois em relação a um só fato podem existir duas possíveis leis, sucessivas, aplicáveis. Trata-se de um conflito aparente de leis penais no tempo. Impera o princípio da benignidade da lei penal – deve-se aplicar a lei que beneficiar ou menos prejudicar o acusado.

5.2 BENIGNIDADE DA LEI PENAL

Para além do princípio *tempus regit actum*, impera na esfera penal o pressuposto da benignidade da lei. Significa que, havendo conflito de preceitos legais, com o surgimento de novas cominações legais sobre o mesmo fato já previsto em norma anterior, deverá ser aplicável o dispositivo mais favorável ao indiciado, réu ou condenado. Nesse sentido, o princípio da irretroatividade da lei penal mais severa é um princípio pe-

[98] Sobre o assunto existem ainda as teorias do resultado (o momento da prática do crime é o momento de seu resultado) e a teoria mista (o momento da prática do crime é tanto o momento de sua ação quanto de seu resultado).

nal geral[99], condicionante das soluções de todos os conflitos aparentes da lei penal no tempo. Se, ocorrendo hoje um fato já previsto em lei vigente como crime, surgir algum tempo depois uma lei que altere, por exemplo, a pena prevista para tal crime, será aplicável ao fato a lei que favorecer o sujeito delitual, prevendo a menor pena para o crime.

A partir de tal ditame, define-se se as leis serão retroativas ou ultrativas. Retroatividade e ultratividade expressam questões jurídicas ligadas ao problema da vigência normativa. Ordinariamente, uma norma legislada é aplicável enquanto perdurar sua vigência a fatos ocorridos durante esse período. Excepcionalmente, porém, o Direito admite que a norma seja aplicável depois de cessada sua vigência (ultratividade) ou durante tal período, mas a fato ocorrido antes da vigência normativa ter iniciado.

Uma lei é retroativa, portanto, quando é aplicável a fato que aconteceu antes do início de sua vigência. Suponha-se que um indivíduo pratica um crime hoje, sob vigência de uma lei 'X', que prevê pena de 3 a 6 anos de detenção para tal crime. Se daqui a três meses ganhar vigência uma nova lei 'Z', que para o mesmo crime prevê pena de 2 a 4 anos de detenção, esta nova lei, por ocasião do julgamento, será aplicável ao crime praticado hoje, por ser mais benéfica. Será, portanto, *retroativa*, ou seja, será aplicável a fato ocorrido antes do início de sua vigência.

Uma lei é ultrativa quando é aplicável a um fato que aconteceu na sua vigência, mas depois de cessado tal período. Suponha-se que hoje é praticado um fato criminoso sob vigência da lei 'Y', que prevê para tal fato pena de 4 a 8 anos de reclusão. Se daqui a cinco meses ganhar vigência uma nova lei 'W', que prevê para o mesmo crime pena de 6 a 12 anos de reclusão, será aplicável ao crime praticado hoje, na ocasião do seu julgamento, a lei anterior, mais benéfica e vigente no momento da prática delitual. A lei 'Y' será, portanto, ultrativa, aplicável após o término de sua vigência a fato ocorrido durante ela.

Partindo-se daí, e considerando-se o artigo 5º, XXXIX, da Constituição, e o artigo 2º do Código Penal, existem quatro fundamentais situações a respeito da eficácia das leis penais no tempo:

---

99 Nesse mesmo sentido estão Zaffaroni e Pierangeli (ZAFFARONI, Eugênio Raúl; PIERANGELI, José Henrique. **Manual de Direito Penal brasileiro parte geral**. São Paulo: Editora Revista dos Tribunais, 1997, p. 229-231).

a) Lei nova incriminadora – ocorre quando a lei nova torna penalmente crime fato antes não criminalizado. Aplica-se a lei anterior, pois a aplicação da lei nova prejudicaria o sujeito (ultratividade da lei anterior).

b) Lei nova mais severa (*lex severior*) – ocorre quando um fato já descrito em lei anterior como delito, tem suas consequências penais agravadas ou aumentadas. Aplica-se a lei anterior (ultratividade da lei anterior).

c) Lei nova descriminalizante (*abolitio criminis*) – a lei nova deixa de considerar crime fato antes tido como tal. Funciona como causa de extinção da punibilidade, sendo aplicável tanto na fase indiciária (inquérito policial), quanto na fase judicial (processo penal) ou na fase executória da pena (retroatividade da lei nova).

d) Lei nova mais branda (*lex mitior*) – a lei nova atenua ou diminui as consequências penais de fato que continua incriminado. Isto pode se dar quanto à quantidade e à qualidade da pena (acrescentando circunstância atenuante, nova causa de exclusão de ilicitude etc). É caso de retroatividade da lei nova.

Importa perceber que a lei nova que cause benefício será aplicável até mesmo ao condenado, mesmo que ele esteja cumprindo pena, e ainda que a sentença condenatória já tenha transitado em julgado. Tal decorre do que dispõe o parágrafo único do artigo 2° do Código Penal: "A lei posterior, que de qualquer modo favorecer o agente, aplica-se aos fatos anteriores, ainda que decididos por sentença condenatória transitada em julgado.".

Interessante questão existe em torno da possibilidade de combinação de duas leis para beneficiar o acusado ou condenado. Imagine-se uma lei durante a qual ocorreu o fato foi revogada total ou parcialmente por outra lei que a substitui. Se ambas forem em um mesmo artigo de lei em parte mais favoráveis, em parte prejudiciais ao acusado ou condenado, pode-se combiná-las, aproveitando-se as partes benéficas de uma e outra?

Embora não seja a posição mais forte nos tribunais brasileiros, crê-se que a questão melhor se resolveria seguindo uma forma de raciocinar já utilizada em páginas anteriores: tendo em vista que a combinação possa trazer benefício ao indivíduo, em nome da mais ampla preservação possível do direito à liberdade deve ser admitida.

O inciso XL do artigo 5° da Constituição Federal de 1988 é claro: a lei penal mais severa não retroagirá; se for mais branda sim. Assim, o julgado, ao realizar a operação hermenêutica acima descrita não estaria inovando o texto legal, mas apenas o aplicaria seguindo o mandamento constitucional. Parte-se, assim, de que aquilo que na lei trouxer prejuízo ao acusado ou condenado, não poderá retroagir; já aquilo que o beneficiar deverá retroagir. Entende-se, desse modo, que a combinação é admissível, desde que fique demonstrado que beneficie ao indivíduo.

5.3 LEIS EXCEPCIONAIS E LEIS TEMPORÁRIAS

As leis excepcionais e as leis temporárias são regras de exceção frente ao pressuposto de benignidade da lei penal. Ocorrem em situações em que a norma deixa de ser vigente, mas continua – por exceção – aplicável. Dividem-se em duas hipóteses:

a) Lei excepcional – é aquela promulgada em casos de calamidade pública, guerras, revoluções, cataclismas, epidemias. Visa atender situações de anormalidade e emergência social.

b) Lei temporária – é aquela que possui vigência previamente fixada pelo legislador (de forma explícita ou implícita). Destina-se a situações emergenciais ou transitórias.

As leis excepcionais ou temporárias são ultrativas, sendo aplicáveis aos fatos praticados durante a sua vigência mesmo após a sua autorrevogação. A peculiaridade é que isso pode significar prejuízo para o acusado, mas se justifica como modo de evitar a impunidade de tais fatos. Tal decorre do disposto no artigo 3° do Código Penal, que prevê, assim, uma situação diferenciada frente ao princípio geral de irretroatividade da lei penal mais severa.

É de se destacar, entretanto, que pode surgir, após o término da vigência da norma excepcional ou temporária, uma lei nova que contradiga o conteúdo da lei 'auto-revogada' (por exemplo, uma lei que anistie os fatos praticados durante o período de vigência da lei temporária). Nesse caso, havendo tal tipo de conflito, a lei nova será retroativa

Um simples, mas interessante exemplo de caráter de vigência temporária tem-se na legislação eleitoral. Existem alguns fatos que somente serão considerados crimes se praticados em determinadas épocas, somente se forem praticados no período eleitoral, passando após a serem fatos comuns que não caracterizam ilícito penal. Se um indivíduo praticar tais fatos durante o período que for estabelecido como período eleitoral, de vigência de tais normas incriminadoras, estará sujeito à aplicação de lei penal eleitoral mesmo após o término de sua vigência temporária.

Capítulo 6

Eficácia da Lei Penal no Espaço

O conflito entre a soberania jurídica dos países é algo constante, permanente, embora permaneça em estado de latência. Sempre e sempre se está diante de situações que envolvem a relação jurídica entre os países – especialmente entre países vizinhos, fronteiriços. Tal conflito resolve-se através da aplicação de regras prévias, resultantes de acordos internacionais e adotadas em comum pelos países que possam estar envolvidos nas situações ligadas à soberania de sua lei penal.

Existem alguns parâmetros prévios, que pré-determinam o direito aplicável aos fatos, prevenindo a efetivação de conflitos jurídicos. Tais parâmetros referem-se às regras de territorialidade (regras gerais) e às regras de extraterritorialidade (exceções), todas decorrentes de princípios do Direito Internacional Público. Deve-se, então, identificar como se define a abrangência territorial da aplicabilidade das normas penais. Trata-se de se analisar a aplicabilidade da lei penal no espaço.

Os princípios atinentes à eficácia da lei penal no espaço dizem respeito às diretrizes para se definir a lei de que país será aplicável a um fato[100], e são: princípio da territorialidade (aplica-se ao fato a lei vigente no país em que foi praticado), da defesa (aplica-se ao fato a lei do país titular do bem jurídico lesado), da nacionalidade (aplica-se ao fato a lei penal do país da nacionalidade do agente), da universalidade (aplica-se a lei nacional a todos os fatos puníveis) e da bandeira (aplica-se ao fato a lei do Estado em que está registrada a embarcação ou aeronave). É da conjunção e adequação desses princípios que surgem as regras atinentes à eficácia da lei penal no tempo.

A eficácia da lei penal no espaço (ou eficácia territorial da lei penal) tem como ponto de referência o princípio da territorialidade. Com tal princípio, a regra geral é a de que se aplica ao fato a lei vigente no território (país) em que foi praticado. Ocorre que, partindo-se daí, há várias questões a serem respondidas: o que significa juridicamente o "território"; como se define onde foi praticado o fato quando a conduta se deu no território de um país e o resultado no território de outro; o que significa a extraterritorialidade.

6.1 PRINCÍPIO DA TERRITORIALIDADE

O tratamento legal da territorialidade encontra sua regra básica no artigo 5º do Código Penal: "Aplica-se a lei brasileira, sem prejuízo de convenções, tratados e regras de direito internacional, ao crime cometido no território nacional.". Tem-se, com tal regra geral sobre a territorialidade, que a lei penal aplica-se no espaço geográfico (território) onde se exerce a soberania do Estado nacional. Consequentemente, a princípio aplica-se a lei penal pátria a todos os delitos cometidos no território brasileiro.

A definição de território, entretanto, para efeitos penais, não se restringe a aspectos geográficos. Território é o espaço no qual o Estado nacional possui soberania jurídico política. Trata-se, assim, de definir juridicamente o âmbito no qual se aplica a lei penal brasileira. Para tanto, divide-se o território em natural (também chamado real, material ou

[100] A esse respeito vale à menção às lições de BITENCOURT, Cezar Roberto. **Tratado de Direito Penal:** parte geral. 8. ed. São Paulo: Saraiva, 2003, pp. 114-116.

geográfico) e ficto (também chamado de território por extensão legal ou pro ficção jurídica).

O território natural define-se por aspectos geográficos. Ele é composto primariamente pelo espaço de terra (solo e subsolo) até os limites de fronteira brasileira com outros países. Inclui, ainda, o mar territorial na extensão de 12 milhas (além de rios e lagos) e o espaço aéreo correspondente às terras e ao mar territorial.

Quanto ao mar territorial, segundo a Convenção Internacional sobre o Direito do Mar, tem-se a área de 12 milhas como área de soberania jurídico política do país, e a área de 200 milhas mar adentro a partir da costa como zona de exploração econômica[101].

Quanto ao espaço aéreo, entende-se como área de soberania do país o espaço sobre o seu território até a coluna atmosférica, na medida de sua capacidade de garantir a soberania. Estende-se por todo o espaço (até a coluna atmosférica) sobre a extensão do solo e do mar territorial.

O território ficto, por sua vez, define-se através de previsão legal, sendo por isso chamado de território por extensão legal. Compreende as embarcações, públicas ou privadas, que estejam em alto-mar[102] e as aeronaves brasileiras, públicas ou privadas, que se encontrem no espaço aéreo correspondente ao alto-mar. Compreende, ainda, as embarcações e as aeronaves brasileiras públicas que se encontrem em território de outro país.

É de se frisar que, se uma aeronave brasileira estiver em solo ou espaço aéreo brasileiro ou se uma embarcação brasileira estiver em águas territoriais brasileiras, não se tratará de espaço territorial ficto, mas sim de espaço territorial natural. Será solo brasileiro, espaço aéreo brasileiro, rios, lagos ou mar territorial brasileiro. Neste caso, predomina a ideia de território natural sobre a ideia de território ficto.

6.2 LUGAR DO CRIME

Excepcionalmente, pode ocorrer que um fato criminoso seja cometido ou surta seus efeitos em mais de um país. Para a definição do lugar do

101 Ver Lei 8.617/93 (artigos. 1º, 4º e 6º).

102 Para efeitos jurídicos, alto-mar é todo espaço geográfico que esteja fora do mar territorial (território natural) de qualquer país.

crime, em caso em que o crime possa ser disputado territorialmente por dois países, há três teorias principais: atividade, resultado e mista (ubiquidade). Pela primeira, lugar do crime seria o local em que ocorresse a ação ou omissão; pela segunda, lugar do crime seria o local em que ocorresse o resultado; já a teoria mista preconiza que o lugar do crime tanto poderá ser o local da atividade quanto o local do resultado.

Como regra geral para a aplicação da lei penal, basta que o delito tenha tocado o território brasileiro. Ocorrendo aqui o resultado, ou ocorrendo aqui a ação, aplica-se, em tese, a lei brasileira. Adotou-se, assim, a teoria mista (da ubiquidade). Com isso, diminui-se a facilidade de fugir da aplicação da lei no cometimento de crimes[103].

6.3 EXTRATERRITORIALIDADE

As regras de territorialidade são regras gerais sobre a eficácia da lei penal no espaço. A princípio define-se a lei de que país será aplicada ao fato seguindo-se as regras de territorialidade. Se o crime aconteceu em território brasileiro – seja natural ou ficto – aplicar-se-á, a princípio, a lei penal brasileira; se aconteceu no território de outro país, estará sujeito à legislação penal desse país.

Há, no entanto, um conjunto de regras que excepcionam a territorialidade, de modo que, mesmo um fato sendo praticado no território de outro país, poder-se-lhe-á aplicar a lei penal brasileira. São as chamadas regras de extraterritorialidade, previstas nos artigos 7° e 8° do Código Penal.

[103] Imagine-se um brasileiro que, na fronteira entre Brasil e Uruguai viesse a matar um uruguaio. Suponha-se que este brasileiro, na cidade de Livramento, em território brasileiro, desferisse dois tiros contra um uruguaio, que fosse atendido por amigos e levado para Rivera, território Uruguaio (Livramento e Rivera são cidades fronteiriças, lado a lado), onde ele morresse. A atividade teria ocorrido no Brasil e o resultado teria ocorrido no Uruguai. Fosse adotada a teoria da atividade pelos dois países, se o brasileiro fugisse para o Uruguai, em tese teria que ser extraditado para o Brasil para que fosse punido! Se fosse adotada a teoria do resultado, como o Brasil não pode extraditar seus nacionais, ter-se-ia que recorrer às regras de extraterritorialidade para punir tal brasileiro, pois se consideraria o crime cometido no Uruguai! Com a adoção da teoria da ubiquidade, o brasileiro tanto pode ser julgado aqui ou quanto, se for para o Uruguai, poderá ser julgado lá.

Tais regras estão baseadas num pressuposto de cooperação internacional no combate aos crimes, minimizando as possibilidades de que criminosos se valham das distâncias e limites territoriais dos países para evitar a punição penal. Nesse sentido, recorre-se a elas se não for possível se efetivar a aplicação da lei penal através das regras de territorialidade.

A extraterritorialidade divide-se em incondicionada e condicionada. A incondicionada está prevista nas hipóteses do inciso I do artigo 7º do Código Penal. A condicionada está prevista nas hipóteses do inciso II do mesmo artigo 7º.

São hipóteses de **extraterritorialidade incondicionada** (mediante as quais se deve aplicar a lei penal brasileira, embora os fatos tenham sido cometidos em outro país) os crimes:

– cometidos contra a vida ou a liberdade do Presidente da República (artigos 121, 122 e 146 a 154 do Código Penal);

– contra o patrimônio ou a fé pública da União, do Distrito Federal, de estado da federação, de município, de empresa de economia mista, autarquia ou fundação instituída pelo poder público (artigos 155 a 180 e 289 a 311 do Código Penal);

– contra a administração pública, por quem estiver a seu serviço (artigos 312 a 326 do Código Penal);

– de genocídio, se o agente for brasileiro ou, sendo estrangeiro, se for domiciliado no Brasil (Lei 2889/56, artigos 208 e 401 do Código Penal Militar).

Nesses casos, a aplicação da lei brasileira independe de qualquer condição, podendo-se e devendo-se aplicar ao fato a lei brasileira, julgando-o aqui ainda que tenha ocorrido o seu julgamento em outro país. Mesmo que, neste caso, no outro país ocorra a absolvição. Isso decorre da previsão do § 1º do artigo 7º do Código Penal.

Já o inciso II do artigo 7º prevê como hipóteses de **extraterritorialidade condicionada** (mediante as quais se deve aplicar a lei penal brasileira a fatos cometidos em outro país, desde que satisfeitas determinadas condições) os crimes:

a) que, por tratado ou convenção, o Brasil se obrigou a reprimir – trata-se de disposição genérica que envolve hipóteses criminais de interesse extranacional, especialmente quando da violação de direitos fundamentais ou em questões que envolvam o interesse público num plano extrafronteiriço;

b) praticados por brasileiro – trata-se de situação em que brasileiro, residente ou transitório no exterior, pratica crime em outro país e, após, retorna ao Brasil (conforme se verá a seguir, nas condições do § 2º deste art. 7º);

c) praticados em aeronaves ou embarcações brasileiras, mercantes ou de propriedade privada, quando em território estrangeiro e aí não forem julgadas – embarcações e aeronaves nestas condições, quando em território estrangeiro, não são consideradas extensão do território brasileiro. Entretanto, se nelas ocorrer um crime e não se utilizar o princípio da territorialidade, por inércia do país em questão ou por outro motivo, resguarda-se a possibilidade de aplicação da lei penal brasileira a tal crime.

Em tais casos de extraterritorialidade condicionada, entretanto, a aplicação da lei penal brasileira dependerá da ocorrência cinco condições, expostas no § 2º do artigo 7º:

– entrar o agente em território nacional;

– ser o fato punível também no país em que foi praticado;

– estar o crime incluído entre aqueles pelos quais a lei brasileira autoriza a extradição[104];

– não ter sido o agente absolvido no estrangeiro ou não ter aí cumprido a pena;

– não ter sido o agente perdoado no estrangeiro ou, por outro motivo, não estar extinta a punibilidade, segundo a lei mais favorável.

A aplicação da lei brasileira ao fato depende do implemento de todas as condições exigidas legalmente. Tal conclusão decorre da forma como está redigido o §2º do artigo 7º do Código Penal, que prevê que em casos de extraterritorialidade condicionada "a aplicação da lei brasileira depende do concurso das seguintes condições".

A expressão "concurso" indica que todas as condições elencadas em tal parágrafo deverão estar satisfeitas. Se uma delas não estiver satisfeita,

[104] A extradição consiste num ato de natureza jurisdicional, através do qual um Estado entrega ao Judiciário de outro Estado um indivíduo sujeito à lei penal deste. Está regulada pelas Leis 6.815/80 e 6.964/81, e limitada pelo artigo 5°, LI e LII, da Constituição Federal de 1988.

não se poderá aplicar a lei penal brasileira ao fato ocorrido em território de outro país.

Para se verificar a aplicabilidade da lei penal brasileira em casos de extraterritorialidade deve se seguir duas etapas de raciocínio. Primeiro, verifica-se se o fato se enquadra em pelo menos uma das hipóteses do inciso II do artigo 7º do Código Penal. Se isto ocorrer, passa-se à análise das condições previstas no §2º do mesmo artigo 7º. Se o fato preencher todas as condições ali previstas, ser-lhe-á aplicável a lei penal brasileira; se ao menos uma das condições não estiver satisfeita, não será possível tal aplicação da lei brasileira.

Tem-se, ainda, como situação de extraterritorilidade condicionada, aquela prevista no § 3º do mesmo artigo 7º do Código Penal: ser o crime praticado por estrangeiro contra brasileiro fora do Brasil, desde que reunidas as condições do § 2º e se:

– não foi pedida ou foi negada a extradição;

– houve requisição do Ministro da Justiça.

Importante questão que se coloca refere-se às regras de extradição, seja em casos de extraterritorialidade incondicionada, seja em casos de extraterritorialidade condicionada. Tais regras encontram sede na 6.815/80 (grifos nossos):

> Art. 77. **Não se concederá** a extradição quando:
>
> I – **se tratar de brasileiro**, salvo se a aquisição dessa nacionalidade verificar-se após o fato que motivar o pedido;
>
> II – o fato que motivar o pedido não for considerado crime no Brasil ou no Estado requerente;
>
> III – o Brasil for competente, segundo suas leis, para julgar o crime imputado ao extraditando;
>
> IV – a lei brasileira impuser ao crime a **pena de prisão igual ou inferior a 1 (um) ano**;
>
> V – o extraditando estiver a responder a processo ou já houver sido condenado ou absolvido no Brasil pelo mesmo fato em que se fundar o pedido;
>
> VI – estiver extinta a punibilidade pela prescrição segundo a lei brasileira ou a do Estado requerente;
>
> VII – o fato constituir **crime político**; e

> VIII – o extraditando houver de responder, no Estado requerente, perante Tribunal ou Juízo de exceção.
>
> [...]
>
> Art. 78. São **condições para concessão** da extradição:
>
> I – ter sido o crime cometido no território do Estado requerente ou serem aplicáveis ao extraditando as leis penais desse Estado; e
>
> II – existir sentença final de privação de liberdade, ou estar a prisão do extraditando autorizada por Juiz, Tribunal ou autoridade competente do Estado requerente, salvo o disposto no artigo 82.
>
> Art. 79. Quando mais de um Estado requerer a extradição da mesma pessoa, pelo mesmo fato, **terá preferência o pedido daquele em cujo território a infração foi cometida.**
>
> § 1º Tratando-se de crimes diversos, terão preferência, sucessivamente:
>
> I – o Estado requerente em cujo território haja sido cometido o crime mais grave, segundo a lei brasileira;
>
> II – o que em primeiro lugar houver pedido a entrega do extraditando, se a gravidade dos crimes for idêntica; e
>
> III – o Estado de origem, ou, na sua falta, o domiciliar do extraditando, se os pedidos forem simultâneos.
>
> [...]

É de se destacar, ainda, a previsão do artigo 8º do Código Penal: "A pena cumprida no estrangeiro atenua a pena imposta no Brasil pelo mesmo crime, quando diversas, ou nela é computada, quando idênticas". Trata-se de regra atinente aos casos de extraterritorialidade incondicionada, buscando evitar a possibilidade de ocorrência do *bis in idem* (dupla punição por um só fato). Prevê o legislador uma regra de compensação, total ou parcial, direta (penas idênticas) ou indireta (penas diversas).

Capítulo 7

Disposições Gerais do Código Penal

Existem algumas regras gerais, aplicáveis em tese a todos os crimes previstos na lei penal brasileira, das quais o Código trata de forma específica em seu início, antes de prever as regras atinentes à caracterização dos crimes. Dizem respeito à eficácia no Brasil de sentença penal estrangeira, à contagem de prazos penais, às frações não computáveis da pena e ao critério da especialidade no conflito aparente de normas.

7.1 EFICÁCIA DE SENTENÇA PENAL ESTRANGEIRA

A sentença penal estrangeira pode produzir efeitos no Brasil de modo automático ou dependendo de homologação. Ela produz efeitos automáticos para: casos de reincidência (artigo 63, Código Penal); impedimento do sursis (artigo 77, I, Código Penal); prorrogação do prazo para o livramento condicional (artigo 83, II, Código Penal); e como negativa de condição da extraterritorialidade condicionada (artigo 7º, §2º, *d)* e *e)*, Código Penal).

Depende de homologação a sentença penal estrangeira nos casos do artigo 9º, I e II do Código Penal. Assim, é necessária homologação para:

I – impor ao condenado a obrigação de reparar o dano, a restituir bens e outros efeitos civis;

II – sujeitar o condenado à medida de segurança.

Tal homologação pode se dar de duas formas. Tratando-se das hipóteses do inciso I do artigo 9º, dependerá de requerimento da parte interessada. Tal se justifica pelo fato de que as reparações civis têm cunho patrimonial ou, ao menos, pessoal. Assim, a vontade da parte interessada é que determinará a possibilidade, oportunidade e conveniência de tal homologação.

Tratando-se, entretanto, da hipótese do inciso II do artigo 9º, deve haver prévio tratado de extradição do Brasil como país em que foi prolatada a sentença – ou, se não houver tratado, deverá existir requisição do Ministro da Justiça brasileiro. Tal se deve à circunstância de que a imposição de medida de segurança representa, mal ou bem, uma restrição (tratamento ambulatorial) ou privação (internação) da liberdade do indivíduo.

Em qualquer das situações, competia ao Supremo Tribunal Federal homologar ou não sentença estrangeira, conforme previa o inciso I, alínea *h*, do artigo 102 da Constituição Federal de 1988 (combinado com os artigos 787 a 790 do Código de Processo Penal). Ocorre que a Emenda Constitucional 45 trouxe mudança nessa definição de competência, estabelecendo nova redação para o artigo 105 (inciso I, alínea 'i'), da Constituição Federal de 1988. Alterou-se, por consequência, o já referido artigo 102 da Constituição, ao prever que compete ao Superior Tribunal de Justiça a homologação de sentenças estrangeiras, penais ou não penais.

7.2 PRAZOS PENAIS

Dentre as diversas regras do Direito Penal, algumas dizem respeito a situações ligadas a períodos de tempo. Veja-se, por exemplo, o caso das regras de prescrição: são regras que determinam a extinção da punibilidade, desde que transcorrido determinado período de tempo sem que o Estado tome providências punitivas. Para essas situações existe um modo específico de se contar o tempo, destinado à área penal – seja no âmbito penal, seja no âmbito processual penal (neste em questões que afetam o direito material à liberdade).

A contagem dos prazos penais, entretanto, segue regras próprias, diferenciadas das regras dos prazos processuais. Assim, primeiramente, não se deve confundir prazo penal e prazo processual penal. Os prazos penais se referem aos períodos de tempo a serem considerados na constituição, existência ou garantia de direitos (seja na ótica do poder de punir, seja na ótica do direito de liberdade). Já os prazos processuais penais se referem à contagem do tempo para a produção de atos processuais.

O critério geral para a contagem dos prazos penais nos é dado pelo artigo 10 do Código Penal, que prevê: "O dia do começo inclui-se no cômputo do prazo. Contam-se os dias, os meses e os anos pelo calendário comum".

Em decorrência, o dia do começo inclui-se na contagem do prazo. Vale dizer que, mesmo que a circunstância que dá início à contagem do prazo se dê na metade de um dia, aquele dia será incluído – por inteiro, saliente-se – na contagem do prazo. Assim, um prazo de dez dias, a iniciar a partir de uma prisão em flagrante no dia 01 de abril, estará encerrado no dia 10 de abril, às 24 horas.

Além disso, prevê o mesmo artigo 10 que dias, meses e anos contam-se pelo calendário comum. Ora, calendário comum, aquele que é usado cotidianamente por quase todos no mundo ocidental, é o chamado calendário gregoriano, com anos de 365 dias e um ano bissexto (com 366 dias) em cada série de 04 anos.

Ao se contar os dias, segue-se o calendário. Assim, no mês de fevereiro, um prazo de dez dias iniciado em 25 de fevereiro, ordinariamente acabaria em 06 de março. Em ano bissexto, porém, em que o mês de fevereiro possui 29 dias, o prazo acabaria em 05 de março.

Ao se contar os meses, segue-se o calendário. De que modo? Conta-se o mês do dia de início até o dia anterior no mês seguinte. Assim, um hipotético prazo de um mês, iniciado no dia 10 de outubro, encerrar-se-á no dia 09 de novembro, às 24 horas. Aqui, um cuidado: em função disto, um mês não é necessariamente um período de 30 dias. Portanto, um hipotético prazo de um mês iniciado no mês de março terá 31 dias; iniciado no mês abril terá 30 dias[105].

De modo semelhante se procede quanto aos anos. Conta-se o prazo do dia de início até o dia anterior no ano seguinte. Assim, um hipotético prazo de um ano, iniciado em 07 de fevereiro, estará concluído no dia 06 de fevereiro do ano seguinte, às 24 horas.

7.3 FRAÇÕES NÃO COMPUTÁVEIS NAS PENAS

O cálculo da pena que um indivíduo deverá receber pela prática de um crime é um procedimento que deve seguir três etapas, previstas no artigo 68 do Código Penal. Ao se quantificar a pena seguindo tais etapas, pode ocorrer que o juiz chegue a uma quantidade final não exata, com frações.

O artigo 11 do Código Penal trata de tais eventuais frações no cálculo da pena: "Desprezam-se, nas penas privativas de liberdade e nas restritivas de direitos, as frações de dia, e, na pena de multa, as frações de cruzeiro" – aqui não se trata mais de cruzeiro, mas sim de real, moeda vigente.

Isso significa que, caso o juiz ao calcular a pena obtenha um número final que contenha horas, que são frações de dia – por mera hipótese didática, 1 ano, 3 meses, 12 dias e 06 horas – , tais horas deverão ser desconsideradas. Se ocorrer um valor final fracionado em centavos no cálculo da pena de multa – por mera hipótese didática, R$ 300,50 (trezentos reais e cinquenta centavos)-, a fração deverá ser desprezada, desconsiderando-se os centavos.

---

105 Nesse sentido, cite-se decisão do Tribunal Regional Federal da 3ª Região: "1. Nada obsta que a queixa-crime interposta pelo querelante seja reconhecida como representação para ação penal pública condicionada. 2. Ocorre a decadência se o direito de representação não foi exercido no prazo, ou seja 06 (seis) meses, contados a partir do dia em que tomar conhecimento dos fatos (*dies a quo*) encerrando-se na última hora do dia correspondente ao imediatamente anterior ao sexto mês, nos termos do art. 10 do Código Penal. 3. Recurso improvido." (Tribunal Regional Federal da 3ª Região – Apelação Criminal nº 1999.03.99.036878-0 – 1ª Turma – Relator Roberto Haddad – DJU 10.10.2000).

7.4 LEGISLAÇÃO ESPECIAL

As regras do Código Penal são regras gerais para todo o Direito Penal. Suas definições condicionam a aplicação de todas as leis que versem sobre questões penais. Isso se dá, inclusive, dentro do próprio Código, no sentido de que as regras da parte geral condicionam a aplicação a aplicação das regras da parte especial.

Isso não vale, porém, de modo absoluto. Se uma lei que contenha matéria penal tiver regras especiais que contradigam regras gerais previstas no Decreto-Lei 2.848/40 (com as alterações que sofreu desde o início de sua vigência), essas suas regras serão aplicáveis aos crimes a que tal lei destiná-las.

Trata-se aqui da aplicação do princípio da especialidade (vide adiante capítulo 6 da Unidade II). Norberto Bobbio, em elucidativa lição sobre o conflito aparente entre regras gerais e regras especiais, ensina que o critério da especialidade

> é aquele pelo qual, de duas normas incompatíveis, uma geral e uma especial (ou excepcional), prevalece a segunda: *lex especialis derogat generali*. Também aqui a razão do critério não é obscura: lei especial é aquela que anula uma lei mais geral, ou que subtrai de uma norma uma parte de sua matéria para submetê-la a uma regulamentação diferente (contrária e contraditória).[106]

É, por outros termos, o que prevê o artigo 12 do Código Penal: "As regras gerais deste Código aplicam-se aos fatos incriminados por lei especial, se esta não dispuser de modo diverso". Elucidativo exemplo encontra-se na correlação entre o artigo 121 do Código Penal brasileiro – regra geral – e o artigo 302 da Lei 9.503/97 (Código de Trânsito Brasileiro) – regra especial: se o homicídio praticado na direção de veículo automotor for culposo, aplica-se a regra especial; se for doloso ou não for praticado (dolosa ou culposamente) na direção de veículo automotor, aplica-se a regra geral.

---

[106] BOBBIO, Norberto. **Teoria do ordenamento jurídico**. Trad. C. de Cicco e M. C. C. J. Santos. São Paulo: Polis; Brasília: UnB, 1991, p. 95-96.

Isso não significa que a regra geral perde sua validade diante da regra especial, mas sim que sua vigência fica restringida a situações que não aquelas previstas em regras especiais. Dessa forma, para as situações em geral aplicam-se as regras gerais, válidas e eficazes; para as situações erigidas como especiais pelo legislador, aplicam-se as regras especiais, válidas e eficazes no âmbito de seu objeto de regulação.

Unidade III

Teoria do Crime

Capítulo 8

Pressupostos Gerais do Conceito Jurídico de Crime

O Direito é, enquanto regulador das relações sociais, âmbito de tutela de bens jurídicos. No âmbito do papel desempenhado pelo Direito no Estado Democrático de Direito – controle social e proteção de bens jurídicos -, cada norma protetiva e/ou reguladora vai ter um bem jurídico no seu âmago, na sua essência – há algo individual ou socialmente relevante que está sendo garantido por tal norma. Nesse sentido, ensina Roxin que

> em cada situação histórica e social de um grupo humano os pressupostos imprescindíveis para uma existência em comum se concretizam numa série de condições valiosas como, por exemplo, a vida, a integridade física, a liberdade de atuação ou a propriedade, as quais todo o mundo conhece; numa palavra os chamados bens jurídicos; e o direito penal tem que assegurar esses bens jurídicos, punindo sua violação em determinadas condições.[107]

[107] ROXIN, Claus. **Problemas fundamentais de direito penal**, p. 27-28.

Cada previsão legal de um fato como crime está a proteger bens jurídicos relevantes – na maioria dos casos para todos e cada um dos cidadãos – e está destinada a fazer cumprir diretrizes de política criminal. A justificativa para a aplicação de uma pena radica exatamente na ideia de que a ofensa relevante ao bem jurídico protegido penalmente justifica a sanção penal, cumprindo a dupla função: proteger bens jurídicos exercendo o controle social.

Conforme já se viu no Capítulo 1, não se tem aqui a ingênua concepção de que o controle social possa ser em prol do "bem comum", ou da "paz social". O que se preconiza é que é possível um controle social ancorado em um direito penal de base jusfundamental. Em virtude, sobretudo, deste último foco é que se pode legitimar a ideia de que existem condutas a serem consideradas crime, e que estes devem ser punidos pelo Estado, justificando-se a própria existência do Direito Penal.

8.1 O CRIME

Ao se levantar o questionamento sobre o que é crime, deve-se de imediato fazer uma ressalva: trata-se aqui – diversamente das abordagens insertas na Unidade I – de uma questão que tem como dimensão básica a análise dos aspectos técnicos e jurídicos (dogmáticos) que envolvem o crime, para, a partir disso, possibilitar o desvendar da seleção valorativa de bens jurídicos, contida nas normas e renovada pelas diversas instâncias do sistema penal, para, enfim, possibilitar o questionamento sobre a relevância da lesão jurídica a tais bens. Tudo isso tem como pano de fundo a interpretação jurídica com foco na centralidade do ser humano no mundo, em virtude da vinculação de qualquer área do Direito aos direitos fundamentais. Enfim, novamente enfatiza-se a importância da legalidade para o Direito Penal no âmbito do estado democrático de direito: representa limite e direção de segurança jurídica, ao funcionar como balizadora do que é ou não crime.

Não se trata, portanto, de uma reflexão de cunho ontológico, que busque descobrir a essência de cada crime, porque se entende que não há algo que seja crime por si só. Qualquer conduta só é crime em virtude de um conjunto de seleções e valorações procedidas pelo Estado no sopesamento de diversos interesses existentes no âmago da sociedade – seleções e valorações que emergem através da elaboração de leis criminalizantes. Evidentemente, o Estado reflete os problemas sociais e econômicos na criação dessas leis. Por decorrência, a concepção de crime é uma construção cultural, em que dos fatos sociais 'naturais' se depreende, por opção de política criminal, quais comportamentos devem ser criminalizados. O ensinamento de Christie é significativo nesse sentido:

> Atos não são, eles *se tornam* alguma coisa. O mesmo acontece com o crime. O crime não existe. É criado. Primeiro, existem atos. Seguese depois um longo processo de atribuir significado a esses atos. A distância social tem uma importância particular. A distância aumenta a tendência de atribuir a certos atos o significado de crimes, e às pessoas o simples atributo de criminosas.[108]

Trata-se de um processo político-cultural de atribuição de significado aos atos sociais, que começa no próprio âmbito familiar, passa pelas relações sociais em geral e chega às relações ideológicas do âmbito político[109].

De qualquer modo, no âmbito das competências de exercício do Poder é o Estado – através do Poder Legislativo – que determina quais situações, quais condutas humanas deverão ser categorizadas juridicamente como crimes. É claro que tal determinação poderá corresponder mais intensamente ou menos intensamente a interesses e a expectativas socialmente disseminados. Porém, o que identificará em termos finais a situação 'X' ou 'Y' como crime é a seleção político valorativa realizada pelo Estado ao elaborar as leis.

É dentro dessa lógica que se pode entender porque uma conduta hoje considerada crime, amanhã poderá não o ser, e vice-e-versa. Bem afirma Fernando Galvão que

---

[108] CHRISTIE, NILS. **A indústria do controle do crime**, p. 13.

[109] RIPOLLÉS realiza rica abordagem (não obstante algumas posições controversas) dos aspectos que envolvem as definições de conteúdos criminalizados: RIPOLLÉS, José Luis Dìez. **A racionalidade das leis penais: teoria e prática**. Trad. L. R. Prado. São Paulo: Editora Revista dos Tribunais, 2005.

> é necessário perceber que a escolha dos bens e interesses a serem juridicamente tutelados depende dos juízos de valor próprios do legislador, posto que um ato não é criminoso em si mesmo, só o passando a ser em virtude da norma jurídica que o qualifica como tal.[110]

Assim, nesse contexto se define formalmente o crime como toda conduta para a qual a lei prevê pena, ordinariamente pena de reclusão ou de detenção – conceito formal de crime. Ressalta-se novamente, entretanto, a importância de parâmetros externos vinculadores da legitimidade do Direito Penal, criando limitações constitucionais aos conteúdos regulatórios das normas incriminadoras. Bem assevera Luiz Flávio Gomes (com base em Luigi Ferrajoli) que:

> o conceito formal de delito, evidentemente, apenas expressa uma vontade do legislador. Ele revela o *ius puniendi*, ou seja, é a exteriorização do direito de ameaçar com penas. Outra coisa distinta é saber se essa decisão político-criminal acha-se ou não justificada. Para isso devemos nos valer de 'critérios valorativos externos', que são os únicos que podem assegurar ao Direito Penal uma fundamentação ético política.[111]

Seja como for, no plano dos fatos sociais, o crime se constitui como um fato jurídico, ou seja, como um acontecimento no mundo sobre o qual incide uma norma jurídica, produzindo ou podendo produzir consequências jurídicas. É um fato comum, um fato da vida a que o Direito atribui efeitos especiais: os efeitos jurídicos. Os fatos têm tais efeitos jurídicos à medida que provoquem a aquisição, modificação ou a extinção de direitos. Pode-se falar em fatos jurídicos humanos, decorrentes de ação humana; fatos jurídicos naturais, como, por exemplo, um desabamento; e em fatos jurídicos decorrentes de ações humanas deliberadas, onde se situam os atos jurídicos.

Um ato jurídico é um fato jurídico humano, definível como ato humano voluntário, deliberado, que produz por força da vontade huma-

---

110 GALVÃO, Fernando. **Política criminal**, p. 18.

111 GOMES, Luiz Flávio. **Princípio da ofensividade no Direito Penal**. São Paulo: Editora Revista dos Tribunais, 2002, p. 77.

na efeitos jurídicos permitidos em lei. Os atos jurídicos caracterizam-se como atos lícitos que tenham por fim imediato adquirir, resguardar, transferir, modificar ou extinguir direitos. São espécie do gênero fatos jurídicos.

O crime é uma conduta humana enquadrada como **fato jurídico ilícito**. Em sentido amplo, o crime é conduta voluntária, é ato humano. Porém, quanto ao estrito sentido das suas consequências jurídicas específicas, o crime constitui-se como involuntário, pois a consequência maior, o efeito jurídico maior do crime é a aplicação de sancionamento punitivo pelo Estado, em função da lei penal. Tendo em vista que tal sancionamento não decorre da vontade do agente do delito, mas sim do poder-dever do Estado, não é possível entender o crime como ato jurídico, mas apenas como ato ilícito. Em virtude disso se identifica como fato jurídico ilícito.

Caracterizado o crime no âmbito de seu conteúdo normativo como uma criação do poder estatal e no âmbito das relações jurídicas como um fato jurídico, interessa agora, então, que se dimensione o seu conteúdo enquanto conceito central do Direito Penal. Trata-se da abordagem daquilo que é conhecido na teoria penal como conceito analítico de crime – que aqui será tratado como um conceito dogmático jurídico-operacional. Jurídico sob o ponto de vista teórico-legal de que compreende as definições da lei e da teoria jurídica subjacente às previsões legais; operacional porque é através dele que se poderá definir se uma conduta do mundo real estará ou não caracterizada efetivamente como crime.

Para tanto, parte-se da teoria finalista do crime como referência, por ter sido tal teoria a base principal da legislação brasileira vigente, e por ser ainda, dentro da teoria penal brasileira, a teoria mais utilizada. Assim, trata-se da teoria que funcionou como principal influência para as definições legais referentes ao crime no Brasil, ao menos ao que predomina nas definições legais vigentes e válidas[112]. Sua utilização como referência para a explicação de conceitos, entretanto, não inviabiliza a análise crítica

[112] Quanto ao conceito de vigência e validade, segue-se aqui a linha teórica de FERRAJOLI (FERRAJOLI, Luigi. **Direito e Razão**, p. 696-702). Devido a isso, em especial no que respeita ao aspecto validade, os parâmetros utilizados referem-se à vinculação material da legislação ao conteúdo das normas constitucionais.

sobre os limites de sua aplicação. Utiliza-se, ainda, por razões adiante expostas, o conceito tripartido de crime: é o fato típico, ilícito e culpável.

8.2 A CONDUTA HUMANA PENALMENTE RELEVANTE

O fato criminoso é um fenômeno social, ocorrente no âmbito das relações e dos conflitos sociais. Como fato social, é praticado individualmente ou em grupo, caracterizado a partir de uma conduta humana.

Para que haja crime, portanto, o primeiro fator necessário é a existência de uma conduta humana, positiva (comissiva) ou negativa (omissiva). É imprescindível, embora não suficiente, a existência de uma conduta humana voluntária. Fatos humanos que não sejam decorrentes de condutas voluntárias (os casos fortuitos) seriam penalmente irrelevantes; assim, também, fatos da natureza que não tenham ao menos num segundo plano uma conduta humana finalística.

A definição jurídico-teórica do que é uma conduta humana penalmente relevante, entretanto, não é pacífica. Ao longo do século XX, predominou, na teoria do crime, o debate em torno da prevalência da causalidade ou da finalidade. Por um lado, a teoria clássica e a teoria neoclássica trataram a causalidade como elemento determinante da caracterização da tipicidade criminosa. Posteriormente, a teoria finalista apontou a finalidade da conduta como elemento referencial da tipicidade. Pode-se resumir a sequência histórica e teórica a ser compreendida em: teoria causalista, teoria social da ação (esta com menor destaque), teoria finalista da conduta e, mais recentemente, a teoria funcionalista.

8.2.1 Causalismo

Pelo pensamento causalista, a ação a ser valorada na esfera penal seria uma reação mecânica do corpo humano. O relevante seria a identificação da relação causal entre o comportamento humano e o resultado de alteração do mundo. Em função disso, a ação seria o impulso mecânico voluntário que causa modificação no mundo exterior. Seria "uma 'enervação muscular', isto é, um movimento voluntário – não reflexo

–, mas no qual é irrelevante ou prescindível o fim a que esta vontade se dirige".[113]

Ocorre que, a partir disso, o conceito de crime seria composto pela tipicidade objetiva, entendida como simples correspondência da ação à norma incriminadora; pela ilicitude – contrariedade da conduta ao ordenamento; e pela culpabilidade – ser a conduta dolosa ou culposa e, portanto, censurável. Para o causalismo – ao se destinar a análise objetiva da conduta para a tipicidade e a análise subjetiva do dolo e da culpa para a culpabilidade – há uma cisão do momento de análise jurídica da ação e do momento de análise jurídica da vontade. Separação esta que é de todo artificial, pois a conduta é inseparável da vontade que a guia, sob pena de ficar sem sentido.

Segundo a crítica que lhe dirigiu o pensamento finalista, o causalismo apresenta teses artificiais sobre a conduta humana, que não se sustentam diante da realidade da vida. Afinal, só interessaria ao Direito aquilo que causasse uma alteração do mundo exterior de acordo com o conteúdo da vontade que guia o comportamento humano.

8.2.2 Finalismo

O finalismo aponta que a conduta humana se distingue da de outros animais por ser guiada pela vontade racional. Esta vontade é indissociável da ação humana, de forma que interessa à esfera penal a ação humana direcionada para uma finalidade proibida (dolo), ou mal direcionada para uma finalidade lícita (culpa). De qualquer forma, a conduta é reprovável penalmente por ser conduta voluntária, por trazer em si a vontade humana. Ou seja, nesse contexto,

> A ação humana é exercício de uma atividade final. A ação é, portanto, um acontecimento final e não apenas causal. A finalidade, o caráter final da ação, baseia-se no fato de que o homem, graças ao seu saber causal, pode prever, dentro de certos limites, as possíveis consequências de sua conduta, designar-lhe fins diversos e dirigir sua atividade, conforme um plano, à consecução desses fins.[114]

---

[113] ZAFFARONI, Eugenio Raúl; PIERANGELI, José Henrique. **Manual de direito penal brasileiro:** parte geral, 1997, p. 423-424.

[114] WELZEL, Hans. **O novo sistema jurídico-penal:** uma introdução à doutrina da ação

Perceba-se desde já que Welzel não despreza a importância da consideração das consequências da conduta, dos seus possíveis resultados. Tal consideração é importante na própria caracterização da ação como "ação final":

> Não existem, portanto, ações finais em si, ou 'em absoluto', mas apenas em relação às consequências compreendidas pela vontade de realização. Essa relação com determinadas consequências produzidas voluntariamente é o que caracteriza uma ação final, por exemplo, como 'construir', 'escrever', 'matar', 'ferir' etc.[115]

Não obstante a teoria finalista não seja infensa a críticas[116], com sua concepção do que significa a conduta humana ela ainda é a referência predominante no Direito Penal ocidental. Para o finalismo, o dolo e a culpa não pertencem à culpabilidade como no causalismo, mas sim à tipicidade (subjetiva). Assim, a tipicidade seria a correspondência de uma conduta dolosa ou culposa à descrição de um crime em uma norma penal incriminadora. As análises jurídicas da conduta e da vontade coincidem na tipicidade, que deve ser sempre objetivo-subjetiva.

8.2.3 Teoria social da ação

A teoria social da ação, por sua vez, entendia que somente poderiam ser objeto de proibição penal as ações que têm sentido social, que integram as inter-relações humanas, envolvendo terceiros. A relevância social da ação seria um critério básico para a identificação de um comportamento como crime, pois "como o Direito Penal só comina pena às condutas socialmente danosas e como socialmente relevante é toda a conduta que afeta a relação do indivíduo para com seu meio, sem relevância social não há relevância jurídico-penal".[117]

Uma crítica incisiva da teoria social da ação é encontrada em Zafaroni e Pierangeli:

---

finalista. São Paulo: Editora Revista dos Tribunais, 2001, p. 27.

115 WELZEL, Hans. **O novo sistema jurídico-penal**, p. 31.

116 Por todos os críticos ao finalismo, vide: ROXIN, Claus. **Problemas fundamentais de direito penal**, p. 91-143.

117 MIRABETE, Julio Fabbrini. **Manual de direito penal**, v. I, p. 103-104.

A exigência da 'relevância social' como lesividade social é inadmissível. Uma conduta é uma conduta, embora não seja socialmente lesiva. Por outra parte, a lesividade social no plano pré-típico não pode ser outra coisa além de um juízo ético, o que em uma sociedade pluralista é extremamente difícil e, ademais, excessivamente perigoso. Implica um sociologismo demasiadamente apressado, cujas consequências são imprevisíveis.[118]

A imprecisão e vagueza de tal teoria são evidentes[119]. Além disso, uma conduta humana seria uma conduta, independente de sua lesividade social – dá-se razão a Zafaroni e Pierangeli. Desse modo, pode-se afirmar que a teoria social da ação poderia servir como um complemento à teoria finalista da ação[120].

8.2.4 Funcionalismo

A teoria funcionalista (da imputação objetiva de um resultado a uma conduta) não tem um marco único de seu começo de construção. Ordinariamente, identificam-se dois momentos do século XX como os mais importantes: o final da década de 20, com obras de Karl Larenz e Richard Honig; e a partir de 1970, com as obras de Claus Roxin. No primeiro momento, as reflexões voltavam-se, no pensamento de Larenz, mais ao âmbito do Direito Civil; com Honig, entrou-se no âmbito penal; com Roxin a preocupação era destinada diretamente ao Direito Penal.

A visão funcionalista penal, a partir especialmente do pensamento de Roxin[121], procurou superar o pensamento finalista. Apresentou, para isso, críticas ao finalismo voltadas à conduta enquanto fenômeno de

[118] ZAFFARONI, Eugenio Raúl; PIERANGELI, José Henrique. **Manual de direito penal brasileiro:** parte geral, p. 429.

[119] MIRABETE, Julio Fabbrini. **Manual de direito penal**, v. I, p. 104.

[120] BITENCOURT, Cezar Roberto. **Tratado de direito penal:** parte geral, p. 158-162.

[121] Não há como datar essa influência, mas uma 'pequena grande obra' foi de fundamental importância para que o pensamento de Roxin ganhasse maior repercussão: **Kriminalpolitik und Strafrechtssystem**, de 1970 – edição brasileira traduzida por Luís Greco: ROXIN, Claus. **Política criminal e sistema jurídico-penal**. Rio de Janeiro: Renovar, 2002; também ROXIN, Claus. **Estudos de direito penal**, p. 123-125. Por outro lado, outros autores, sobretudo na Alemanha, desenvolveram teses tendo como base o pensamento funcionalista, destacando-se Gunther Jacobs, que desenvolveu uma visão sistemática funcionalista própria (funcionalismo sistêmico), partindo das concepções de sistema social de Niklas Luhman.

fato, enquanto conceito ontológico, e buscando concentrar as reflexões penais mais para o problema da imputação de resultado e menos para o problema da conduta[122]. Conforme afirmou o próprio Roxin,

> Cada vez mais ganha terreno a concepção de que para o direito penal é menos importante averiguar se e com que requisitos se pode qualificar como 'ação' uma conduta humana, do que estabelecer quando e até que ponto se pode imputar como fundamento da responsabilidade, um resultado a determinada pessoa.[123]

O pensamento de Roxin baseia-se em uma concepção de que política criminal e dogmática penal são disciplinas que se correlacionam[124]. Sua concepção político-criminal, nesse sentido, parte da finalidade e função do Direito Penal de proteger bens jurídicos individuais e da coletividade contra riscos socialmente intoleráveis (funcionalismo teleológico).

Uma fórmula básica do pensamento funcionalista é a de que a imputação típica será possível quando a ação de uma pessoa causar ou incrementar um risco juridicamente desaprovado que reflita no resultado típico, situação em que o resultado poderá ser imputado ao causador do risco[125]. Para Luís Greco, "o conteúdo básico da teoria pode ser resumido numa única ideia: *a imputação objetiva enuncia o conjunto de pressupostos genéricos que fazem de causação uma causação objetivamente típica*".[126]

Tais pressupostos genéricos redimensionariam a discussão do tipo objetivo, ampliando seu conteúdo em relação ao conceito finalista, implicando dois requisitos caracterizadores da imputação objetiva[127]:

---

122 A agudeza crítica não impossibilitou Roxin de reconhecer os avanços propiciados pelo finalismo na teoria do crime: "o finalismo contribuiu de modo decisivo para o descobrimento do desvalor da ação enquanto um elemento constitutivo do injusto penal, e para a delimitação da culpabilidade e de outros pressupostos da responsabilidade penal" (ROXIN, Claus. **Estudos de direito penal**, p. 59).

123 ROXIN, Claus. **Problemas fundamentais de direito penal**, p. 168.

124 Conforme ROXIN, Claus. **Estudos de direito penal**, p. 67-71.

125 Nesse sentido, CAMARGO, Antonio Luis Chaves. **Imputação objetiva e direito penal brasileiro**. São Paulo: Cultural Paulista, 2001, p. 69-71.

126 GRECO Luís. **Um panorama da teoria da imputação objetiva**. Rio de Janeiro: Lumen Juris, 2005, p. 05.

127 Conforme ensina Luís Greco, na ampla introdução de ROXIN, Claus. **Funcionalismo e imputação objetiva no direito penal**, p. 07-09.

I – criação de um risco juridicamente desaprovado – para que a ação seja penalmente considerada deve ser caracteristicamente perigosa em relação ao bem jurídico protegido no tipo penal, e tal perigo, tal risco, deve ser ilegítimo frente ao direito;

II – realização do risco na produção do resultado típico – o risco criado pela conduta perigosa deve ser determinante (ou ao menos deve contribuir relevantemente) para que o resultado típico ocorra.

Em síntese: o comportamento de alguém que cria um risco juridicamente desaprovado deve determinar ou contribuir para a realização do resultado, permitindo que o resultado lhe seja imputado. Essa conduta humana, que cria ou incrementa o risco não admitido, é que tem relevância jurídico-penal.

8.2.5 Considerações gerais

O contexto atual das análises inerentes à teoria da conduta gira em torno das teorias finalista e funcionalista. Não obstante as críticas recíprocas entre os adeptos das duas linhas de pensamento é inquestionável a contribuição do finalismo ao conceito dogmático de crime e ao desenvolvimento da concepção de conduta dentro da tipicidade.

Afinal, a tipicidade, primeiro elemento analítico do crime, é centrada na conduta humana – na ação primariamente, mas também na omissão. Trata-se de conduta humana geradora de fato que corresponde ao tipo penal incriminador, de forma dolosa ou culposa. O comportamento (ação ou omissão) ocupa uma posição central garantidora, pois o Direito

> pretende regular conduta humana, não podendo ser o delito outra coisa além de uma conduta. Se admitíssemos que o delito é algo diferente de uma conduta, o direito penal pretenderia regular algo distinto da conduta e, portanto, não seria direito, pois romperia o atual horizonte de projeção de nossa ciência. O princípio *nullum crimen sine conduta* é uma garantia jurídica elementar.[128]

A punição do crime justifica-se teleologicamente enquanto punição de uma conduta humana, no intuito de proteger os bens jurídicos mais

[128] ZAFARONI, Eugenio Raúl; PIERANGELI, José Henrique. **Manual de direito penal:** parte geral. São Paulo: Editora Revista dos Tribunais, 1997, p. 411.

relevantes à sociedade e legitimados no contexto dos direitos fundamentais. Afinal,

> No plano da tipicidade da conduta humana intensifica-se imensamente a função crítica do sistema do fato punível. Este plano (que naturalmente pressupõe a primeira etapa da ação; somente a conduta humana pode ser tipificada) determina os limites da punibilidade – como o fazem todas as etapas do sistema do fato punível sucessivamente. A tarefa específica da etapa do tipo é indicar o relevo (*Relief*) da proteção dos bens jurídicos, que constitui a especificidade de toda cultura jurídico-penal.[129]

A conduta, então, é um aspecto essencial, ainda que não suficiente, da análise do crime. Sua posição na estrutura da tipicidade configura-se como ação ou omissão (conduta) típica. Com isso, seu papel inicial é negativo: não há tipicidade (e não há crime) se não existir conduta. Num segundo prisma, seu papel é positivo, estruturante: típicas são as condutas que correspondem aos tipos penais.

8.3 CONCEITO ANALÍTICO DE CRIME[130]

Vistos os pressupostos teóricos gerais da teoria do crime, deve-se ingressar de modo específico nas características dogmáticas do crime, nas quais define-se o crime como fato típico, ilícito e culpável. Nesse sentido, o primeiro aspecto para que a conduta humana seja considerada crime, é que ela deverá corresponder a um fato descrito como crime em uma norma penal incriminadora (**tipicidade objetiva**), sendo movida pelo dolo ou caracterizada pela culpa (**tipicidade subjetiva**). Ou seja, para existir um crime, deverá existir tipicidade da conduta humana.

A **tipicidade** traduz-se, então, como a correspondência de uma conduta a um **tipo penal incriminador**, dirigida tal conduta a um fim ilícito

---

129 HASSEMER, Winfried. **Introdução aos fundamentos do direito penal**, p. 282.

130 Por razões já apontadas quando da análise do princípio da intervenção mínima, entende-se que as contravenções deveriam ser eliminadas da legislação penal. Em razão disso, a abordagem aqui desenvolvida faz menção apenas ao crime. A grosso modo, entretanto, os aspectos técnico-operacionais referentes à caracterização dos crimes seriam aplicáveis às contravenções.

(dolo) ou ao menos produzida em rompimento do dever objetivo de cuidado (dolo eventual ou culpa).

Uma advertência: descuido muito comum é apenas se mencionar a existência de tipos penais, pressupondo-os como incriminadores. Ocorre que o tipo normativo consiste num modelo de conduta que permite o enquadramento de um fato na definição legal, permite a subsunção fático-normativa. E existem normas que trazem tais modelos de conduta sem ter caráter incriminador. Exemplos claros disso são as normas permissivo-justificantes do caput do artigo 24 e do artigo 25 do Código Penal: são verdadeiros tipos penais que não incriminam, mas sim justificam a conduta que a eles corresponder. Para fins analíticos, no entanto, como os tipos penais incriminadores são mais comuns, são designados apenas como 'tipos penais'; os demais, se necessário, são designados de forma específica ('tipo permissivo', 'tipo exculpante' etc).

Mas, no que consiste o tipo penal incriminador? Ele pode ser definido como o conjunto de elementos definidores da conduta criminosa, contido em lei penal. É a síntese jurídica de cada crime, a essência das normas penais incriminadoras. Representa o ponto de partida de toda a construção jurídico-penal, enquanto descrição abstrata da ação proibida – em crimes omissivos, descrição da omissão indesejada.

O tipo penal, como **modelo do comportamento proibido**, exprime os elementos essenciais específicos que uma conduta deve conter para ser considerada crime. Descreve uma ação ou omissão em todos os seus detalhes relevantes para a previsibilidade criminal – seja para o indivíduo, seja para o Estado.

Tem, pois, uma função especificadora – dizendo como e quando as condutas serão delitos – e uma função generalizante – pois toda conduta que não encontrar correspondência no tipo penal será penalmente permitida. Por decorrência, o tipo penal já traz em si a base jurídica da concepção de ilicitude, pois é um pressuposto lógico desta.

O tipo penal é, assim, um tipo de injusto, uma previsão de comportamento proibido. Pode-se falar assim, com Francisco de Assis Toledo[131], em um **tipo legal**, um tipo incriminador formal e abstrato; e em um **tipo**

[131] TOLEDO, Francisco de Assis. **Princípios básicos de direito penal**. 5. ed. São Paulo: Saraiva, 1994, p. 119-125.

de injusto, contendo todos os elementos essenciais do tipo legal, mas já agregando a nota da ilicitude. O injusto, em termos penais, é a própria conduta valorada como ilícita, como antijurídica, é o algo que não nos é permitido fazer ou deixar de fazer. Desse modo, pode-se afirmar que a tipicidade e a ilicitude referem-se às características exigidas abstratamente para a configuração do injusto penal, que seria a conduta real que agrega tais características.

Importa frisar que a tipicidade, embora única, deve ser caracterizada analiticamente como formal e material. O aspecto formal diz respeito a que a conduta corresponda às elementares típicas[132] do crime. O aspecto material indica que a conduta que corresponde às elementares do crime deve lesionar (de forma relevante) o bem jurídico protegido em tal norma penal incriminadora, ou ao menos deve ser capaz de lesioná-lo. O somatório dos dois aspectos dá conteúdo à tipicidade: o aspecto formal delineia os requisitos do crime; o aspecto material determina o âmbito de proteção da norma incriminadora.

Além disso, para a existência de um crime é preciso que a conduta considerada típica seja **ilícita** (antijurídica), contrária ao Direito, não permitida pelo conjunto das normas jurídico-penais – em específico **que seja contrária às proteções conferidas pelo ordenamento jurídico**. Isso é verificável quando a conduta típica **não** estiver sob o abrigo de uma norma penal não incriminadora justificante – que exclui a ilicitude[133]. Se a conduta for típica, a princípio será ilícita, a não ser que se prove o contrário, através da incidência de uma norma que contenha uma excludente da ilicitude.

Por fim, considerando-se uma conduta típica e ilícita, para que esteja completa a ideia de crime, tal conduta deverá ser **culpável**. É preciso que sobre a conduta em si e sobre o seu agente recaia (*in casu*) um juízo de reprovabilidade, de censurabilidade, decorrente de ser o indivíduo

---

132 Como já se mencionou, as elementares típicas são as características peculiares de cada definição de crime, de cada tipo penal contido em uma norma penal incriminadora.

133 As hipóteses legais de exclusão da ilicitude dividem-se em gerais e específicas. As hipóteses gerais estão elencadas nos artigos 23, 24 e 25 do Código Penal, sendo aplicáveis em tese a todos os grupos de crimes, desde que haja compatibilidade lógica; as hipóteses específicas estão dispersas no Código (como, por exemplo, o artigo 128), sendo aplicáveis a um grupo determinado de crimes.

que pratica o fato ilícito destinatário potencial de normas penais. Tal juízo se caracteriza quando o agente, ao praticar o fato, era imputável, quando havia possibilidade real que o agente tivesse consciência da ilicitude de sua conduta e quando lhe fosse exigível, nas circunstâncias, conduta diversa da que teve.

Agrega-se a isso, na perspectiva funcionalista, que a apuração desses aspectos se aperfeiçoa com a necessidade punitiva, vinculada aos fins da pena. Assevera Hassemer que

> Em face do tradicional caráter de censura do juízo penal de culpabilidade alega-se a racionalidade da sensata persecução de fins. O juízo de culpabilidade não expressa mais que o autor "infringiu", senão, sobretudo, que se pode fazer algo razoável com ele na execução penal (ressocialização) ou que a pena executada por ele tenha um sentido razoável para os demais (intimidação, estabilização da norma).[134]

Em síntese, há um crime quando a conduta humana é típica, ilícita e culpável. Cada aspecto, cada elemento, dessa definição do crime possui um papel político-criminal, de forma que o conceito analítico funciona como concretização de diretrizes político-criminais. Assim,

> o *tipo* está sob a influência da ideia de determinação legal, à qual a legitimação da dogmática por muitas vezes é reduzida; os tipos servem, na verdade, ao cumprimento do princípio *nullum crimen*, devendo ser estruturados dogmaticamente a partir deles. A antijuridicidade, pelo contrário, é o âmbito da solução social dos conflitos, o campo no qual os interesses individuais conflitantes ou necessidades sociais globais entram em choque com as individuais.[135]

Já a culpabilidade "importa-se muito mais com a questão normativa de como e até que ponto é preciso aplicar a pena a um comportamento em princípio punível, se for ele praticado em circunstâncias excepcionais".[136]

É de se observar que tal análise operacional dos elementos do crime é posterior à ocorrência do fato, e por rigor lógico, **deve ser feita de**

134 HASSEMER, Winfried. **Introdução aos fundamentos do direito penal**, p. 313.

135 ROXIN, Claus. **Política criminal e sistema jurídico-penal**, p. 29-30.

136 ROXIN, Claus. **Política criminal e sistema jurídico-penal**, p. 31.

maneira sequencial e encadeada. Isso não significa uma separação estanque entre os elementos do crime: trata-se apenas de uma separação operacional, de cunho analítico, cuja abordagem, entretanto, envolve condicionamentos entre os elementos do crime.

Dessa forma, verifica-se: se o fato é típico; sendo ele típico, verifica-se se sobre ele (não) incidiu nenhuma causa excludente da ilicitude; sendo típico e ilícito, verifica-se se sobre ele (não) incidiu nenhuma hipótese excludente da culpabilidade.

A sequência lógica de raciocínio recém exposta não indica que o fato seja primeiro típico, após ilícito e após culpável. O fato é uma coisa só já no próprio momento em que ocorre. A análise que se faz desse fato, sendo posterior à sua ocorrência, é que pode analiticamente (por isso a expressão 'conceito analítico de crime') ser dividida em etapas lógicas, decompondo a ideia de crime.

É verificável, ainda, que a análise operacional da tipicidade se faz através de um **raciocínio por inclusão jurídica**: se o fato preencher a hipótese normativa incriminadora, se ele corresponder ao tipo penal previsto na norma penal incriminadora – sempre combinada com o artigo 18 do Código Penal (dolo ou culpa) -, haverá tipicidade. Ou seja, há tipicidade se o fato corresponde ao que está previsto nas normas.

Já as análises operacionais da ilicitude e da culpabilidade se baseiam em um **raciocínio por exclusão jurídica**. Se houver tipicidade, a princípio o fato será ilícito; mas não o será se preencher uma hipótese prevista em lei, em norma penal não incriminadora justificante, excludente da ilicitude. Se houver tipicidade e ilicitude, a princípio o fato será culpável; mas não o será se sobre ele incidir uma hipótese prevista em norma penal não incriminadora exculpante, norma de exclusão da culpabilidade.

Por decorrência, o fato típico é, a princípio, ilícito e culpável. Será ilícito se **não** preencher o que está previsto na(s) norma(s) que tratam da exclusão da ilicitude; e será culpável se **não** preencher o que está previsto na(s) norma(s) que tratam da exclusão da culpabilidade.

8.4 CARACTERÍSTICAS GERAIS DOS CRIMES

As linhas de pensamento que balizam as definições jurídico-penais sofreram influências diversas, mas que podem ser sintetizadas atualmente em duas vertentes principais dominantes: finalismo e funcionalismo. Por um ou outro viés, o conceito analítico de crime – conceito dogmático que é instrumentalizado para a análise jurídica de fatos reais – continua girando em torno da tipicidade, da ilicitude e da culpabilidade.

Discute-se, porém, se a culpabilidade comporia o próprio conceito analítico de crime ou se seria apenas um pressuposto da pena. Trata-se da cizânia entre os adeptos do conceito tripartido de crime e os adeptos do conceito bipartido.

8.4.1 Conceitos bipartido e tripartido de crime

Existe na teoria penal brasileira um dissenso teórico a respeito dos elementos que compõem o conceito analítico (jurídico-operacional) de crime. Alguns entendem que a análise jurídica do crime deve se dar sobre dois elementos – conceito bipartido; outros defendem que deve se dar sobre três elementos – conceito tripartido.[137]

Para autores como Damásio de Jesus, Julio Mirabete, Romeu de Almeida Salles Jr. e Flávio Monteiro de Barros, o conceito a se adotar – bipartido – deve ser composto por apenas dois elementos, ou seja, o crime como fato típico e ilícito, sendo a culpabilidade mero pressuposto para aplicação da pena.

Veja-se, por todos, Damásio Evangelista de Jesus, o qual entende que a culpabilidade não compõe o conceito analítico de crime[138]. Para ele, ela funciona como mero pressuposto da pena, um aspecto externo ao crime em si, a ser analisado após se fazer um juízo de reprovabilidade sobre o fato que é crime. Afirmou Mirabete que "Pode existir, portanto, crime sem que haja culpabilidade, ou seja, censurabilidade ou

[137] Há, ainda, quem entenda o crime como fato típico, antijurídico, culpável e punível (por todos, Francisco Muñoz Conde).

[138] JESUS, Damásio de. **Direito Penal parte geral**. v. 1. 21. ed. São Paulo: Saraiva, 1998.

reprovabilidade da conduta, não existindo a condição indispensável à imposição de pena"[139].

Assevera Damásio que o Código Penal sustenta essa conclusão, pois, quando trata da exclusão da ilicitude, utiliza expressões como "não há crime" (artigo 23), "não se pune o aborto" (artigo 128), "não constituem injúria ou difamação punível" (artigo 142) e "não constitui crime" (artigo 150, §3º), ao passo que, para tratar da exclusão da culpabilidade as expressões usadas são "é isento de pena" (artigos. 26, caput, e 28, §1º) e "só é punível o autor da coação ou da ordem" (artigo 22). Conclui que na primeira hipótese quer a lei dizer que não existe o crime, e, na segunda, que o agente não é culpável, mas o crime existe.

Porém, quanto à afirmação de a legislação penal "adota" o conceito bipartido, tal afirmação caracteriza-se como mero recurso retórico. Ora, ao se analisar a legislação vigente, vê-se que não há uma direção inequívoca em um ou outro sentido. Em alguns aspectos, como exemplos, pareceria predominar a visão bipartida: tratamento da imputabilidade em separado das normas referentes à tipicidade e à ilicitude; redação do artigo 180 do Código Penal conformada ao conceito bipartido.

Entretanto, em outros importantes aspectos, também exemplificativos, a legislação apontaria em outra direção. Cite-se em específico a definição do fato típico cometido por menor inimputável como infração penal e não como crime (Estatuto da Criança e do Adolescente, Lei 8.069/90); previsão legal das questões sobre culpabilidade em separado das questões referentes às penas.

Na concepção de autores como César Bittencourt, Francisco Toledo, Guilherme de Souza Nucci, Ney Moura Teles e Luiz Régis Prado, entre outros, deve-se adotar o conceito tripartido de crime, entendendo-o como fato humano típico, ilícito e culpável. Não é correto afirmar que a culpabilidade seja apenas um pressuposto da imposição da pena, pois tanto a tipicidade como a ilicitude são, igualmente, pressupostos de aplicação da sanção penal. Bem aduz Moura Teles que

---

139 MIRABETE, Júlio Fabbrini; FABRINNI, Renato N.. **Manual de Direito Penal: parte geral.** v. 1. 29. ed. São Paulo: Atlas, 2013, p. 81.

> não é correto dizer que a culpabilidade é apenas um pressuposto da imposição da pena, pois tanto a tipicidade como a ilicitude são, igualmente, pressupostos de aplicação da sanção penal. São pressupostos de aplicação da pena as três notas características do crime. Este, sim, é pressuposto da pena.[140]

Interessa perceber, nesta mesma linha de raciocínio, que o próprio Welzel, importante referência teórica do Direito Penal contemporâneo, no decorrer de toda a evolução de suas teorias, buscando um conceito de delito, não deixou de demonstrar que o crime só está completo com a presença da culpabilidade[141].

Outra questão relevante existe quanto a se afirmar que a culpabilidade recai sobre o agente e não sobre o fato. Entende-se que a reprovação incide sobre o comportamento do sujeito, e não sobre ele, isoladamente, até porque não é possível isolar o agente de um fato que cometeu. O agente só deve interessar às instâncias jurídico-penais por ter cometido um fato criminosa – direito penal do fato. Analisando o fato criminoso sob esse aspecto, não podemos dizer que a culpabilidade não é elemento integrante do crime.

Enquanto a ilicitude é um juízo de desvalor sobre um fato típico, dando base ao **injusto penal**, a culpabilidade é um juízo de censura ou de reprovação pessoal endereçado ao agente por não ter agido conforme a norma, quando podia fazê-lo, dando base à **reprovação penal**. Dessa forma, a culpabilidade constitui o fundamento e o limite da reprovabilidade do fato. Trata-se de uma culpabilidade pelo fato individual, que repousa sobre a conduta criminosa do autor, e não uma culpabilidade pelo modo como conduz sua vida. Como afirma Toledo,

> em um direito penal do fato, a culpabilidade deverá ser, antes de tudo, culpabilidade pelo fato singular [...]. Em qualquer hipótese, o juízo de culpabilidade jurídico-penal, embora considere as características do agente, não deve desligar-se dos limites objetivos do fato, contidos na conduta criminosa.[142]

---

140 TELLES, Ney Moura. **Direito penal**: parte geral. v. 1. São Paulo: Atlas, 2006, p. 278.

141 WELZEL, Hans. **O novo sistema jurídico-penal**, p. 47.

142 TOLEDO, Francisco de Assis. **Princípios básicos de direito penal**, p. 88.

Existente uma conduta típica e ilícita, para que seja completa a ideia de crime, tal conduta deverá ser culpável. Ou seja, é preciso que sobre a conduta em si e sobre seu agente recaia (*in casu*) um juízo de reprovabilidade, de censurabilidade. Tal juízo se caracteriza se o agente, ao praticar o fato, era imputável: quando havia possibilidade fática de que o agente tivesse consciência da ilicitude de sua conduta e que lhe fosse exigível, nas circunstâncias, conduta diversa da que teve. Dir-se-ia, então, que o fato é reprovável, por ser a própria conduta do agente, *in casu*, reprovável. Como bem afirma Nucci,

> A importância da culpabilidade se alarga no direito penal moderno, e não diminui, de forma que é inconsistente deixa-la de fora do conceito de crime. Não fosse assim e poderíamos trivializar totalmente o conceito de delito, lembrando-se que, levado ao extremo esse processo de esvaziamento, até mesmo tipicidade e antijuridicidade – incluam-se nisso as condições objetivas de punibilidade -, não deixam de ser pressupostos de aplicação da pena, pois, sem eles, não há delito, nem tampouco punição.[143]

Vê-se, assim, que a postura mais adequada é aquela que adota o conceito tripartido de crime, pois apreende o crime como fato individual, em toda a sua complexidade. Por decorrência, o crime pode ser esquematicamente representado como fato típico, ilícito e culpável.

8.4.2 Características gerais dos crimes

Um fato criminoso possui vários aspectos técnico-dogmáticos a serem considerados. Alguns desses aspectos dizem respeito à própria constituição técnico-jurídica dos elementos do crime. Assim, por exemplo, está a relação causal (ou de imputação) entre conduta e resultado criminoso que compõe o fato típico. Assim a circunstância de a tipicidade ser completa (consumação) ou incompleta (tentativa). Estes e outros aspectos técnico-jurídicos serão analisados adiante, no estudo dos elementos do crime.

---

143 NUCCI, Guilherme de Souza. **Manual de direito penal:** parte geral/parte especial. 2. ed. São Paulo: Editora Revista dos Tribunais, 2006, p. 160.

Há alguns aspectos, entretanto, que indicam características gerais que um fato deve possuir para que seja considerado crime. Essas características identificam-se como pressupostos lógicos da análise jurídico-penal do fato, embora não sejam aspectos técnico-dogmáticos propriamente ditos. Destacam-se os requisitos genéricos do crime, os requisitos específicos, seu objeto e seus sujeitos.

I – Requisitos genéricos do crime

Somente a conduta humana pode ser considerada crime. Mesmo nos casos em que se discute a responsabilidade penal da pessoa jurídica, uma conduta humana precisa estar na base do problema concreto a ser analisado. Nesse sentido, salvaguardada a percepção de que a essência do Direito não é, no pano normativo, um mero espelho da realidade social, é, por outro lado, imperioso concordar com Guaragni, ao defender que como base do fato criminoso deve se manter a conduta real, social:

> a categoria da conduta, ponto de partida da teoria analítica do crime, deve manter-se fiel ao universo ontológico dentro do qual se situa, para que se restrinja, através do conceito de ação humana, a possibilidade de manjar-se um direito penal de autor, bem para que se apresente um instrumento a mais de garantia de um direito penal inteligível para seus destinatários e vinculado ao mundo tangível da realidade em que pretende operar seu discurso acerca de como devem ser os comportamentos humanos.[144]

Qualquer fato, para ser considerado crime, deve ter por base, portanto, uma conduta humana que deve caracterizar, analiticamente, a tipicidade, a ilicitude e a culpabilidade. São requisitos gerais para que qualquer fato possa ser caracterizado como criminoso. Se um fato não for típico, não haverá crime; se for típico, mas não for ilícito, não haverá crime; se for típico e ilícito, mas não for culpável, não haverá crime.

Assim, para além de qual seja a definição criminal específica que o tipo penal trouxer – mas também em virtude dessa definição, o fato

[144] GUARAGNI, Fábio André. **As teorias da conduta em direito penal.** São Paulo: Editora Revista dos Tribunais, 2005, p. 334.

deverá possuir tipicidade, ilicitude e culpabilidade para ser considerado crime: são os três requisitos genéricos dos crimes.

II – Requisitos específicos do crime

Os tipos penais trazem descrições específicas de cada crime. Cada crime tem um conjunto de características específicas, que servem em conjunto como um 'modelo' do fato a ser incriminado, e que devem ser consideradas ao se analisar sua tipicidade.

Tais características, chamadas de **elementares típicas**, funcionam como requisitos específicos de cada crime. Através de sua identificação e da análise de seu conteúdo é que se verifica a ocorrência ou não da subsunção normativa típica.

Para que um fato 'X' seja considerado típico, deverá preencher os requisitos específicos de um tipo penal 'Y', deverá preencher as elementares típicas desse tipo penal. Assim, por exemplo, para que um fato possa ser juridicamente considerado furto deverá preencher as seguintes elementares típicas (a partir do caput do artigo 155 do Código Penal): subtrair / para si ou para outrem / coisa alheia / móvel. Dessa forma, genericamente o fato deverá ser típico, ilícito e culpável; especificamente, a tipicidade somente ocorrerá se o fato preencher as elementares típicas (requisitos específicos) do crime.

III – Objeto do crime

O Direito, em especial no âmbito de um 'estado democrático de direito', destina-se a proteger interesses jurídicos que possibilitem um controle social democrático, voltado à tutela dos direitos fundamentais. Não é diferente no Direito Penal: os tipos penais existem como formas jurídicas de proteção de algum **bem socialmente relevante**.

Por compreender que o Direito Penal destina-se a garantir pressupostos de uma convivência pacífica entre os seres humanos, Roxin defende que isso deve ocorrer segundo a proteção subsidiária de bens jurídicos:

> São chamados bens jurídicos todos os dados que são pressupostos de um convívio pacífico entre os homens, fundado na liberdade e na igualdade; e subsidiariedade significa a preferência a medidas sócio-políticas menos gravosas. De maneira substancialmente análoga diz-se também que o direito penal tem a finalidade de impedir danos sociais, que não podem ser evitados com outros meios, menos gravosos. Proteção de bens jurídicos significa, assim, impedir danos sociais.[145]

Não é suficiente para a justificação da previsão legal de um fato como delito que esse fato atente contra algum princípio ético. Algum interesse real – individual ou coletivo – deve ser protegido de possíveis lesões. Como ensina Hassemer,

> A reprovabilidade à violação de uma norma (moral ou ética) não pode ser suficiente ao legislador como fundamento da conduta humana merecedora de pena. Ele precisa antes provar a lesão de um bem jurídico: apresentar uma vítima desta conduta e indicar quanto a esta a lesão de bens, de interesses.[146]

Tal concepção de bem jurídico, segunda a teoria do Direito Penal nas últimas décadas, não seria de mera identificação do substrato de previsões legislativas. Estaria, isso sim, vinculada à apuração da lesividade social, reportando-se a supostas necessidades e interesses do sistema social. Lesividade social que

> estabelece claramente que nem toda lesão de um interesse humano (de um bem jurídico) provoca uma reação do Direito Penal, senão somente algumas que do mesmo modo também têm *caráter socialmente*

145 ROXIN, Claus. **Estudos de direito penal**, p. 35.

146 HASSEMER, Winfried. **Introdução aos fundamentos do direito penal**, p. 56. Na defesa da insuficiência de tal concepção para servir como base legislativa, vide RIPOLLÉS, José Luis Díez. **A racionalidade das leis penais**. São Paulo: Editora Revista dos Tribunais, 2005, p. 146-149. O autor espanhol propõe que o critério último para a definição de uma racionalidade legislativa penal resida nas "convicções gerais como critério de resolução das questões controvertidas nos níveis de racionalidade legislativa subsequentes à ética" (**A racionalidade das leis penais**, p. 200-201). Num outro viés, compatível com a postura de Ripollés, está a ideia de expansão do Direito Penal (por todos, vide SÁNCHEZ, Jesús-María Silva. **A expansão do direito penal:** aspectos da política criminal nas sociedades pós-industriais. São Paulo: Editora revista dos Tribunais, 2002, *passim*) diante de uma *sociedade de riscos*, gerando o surgimento de bens de interesse coletivo, cuja lesividade é marcadamente social.

prejudicial, que, portanto, excedem o conflito entre o autor e a vítima, os prejuízos individuais da vítima.[147]

Por decorrência, todo tipo penal traz um objeto de proteção jurídica, cuja definição final de relevância estaria vinculada à lesividade social do comportamento proibido – seja no plano legislativo prévio à criação da norma incriminadora, seja no plano da operacionalidade do sistema jurídico-penal.

Objeto do crime, então, seria o interesse que está protegido pelo tipo penal, contra o qual se dirige a conduta humana criminosa. Pode ser analiticamente dividido em:

a) Objeto material – o objeto material do crime é a pessoa ou coisa física sobre a qual recai a conduta criminosa. Por exemplo, o objeto material do crime de homicídio é o corpo humano atingido; no furto, é o objeto subtraído etc.

b) Objeto jurídico-formal – o objeto jurídico do crime é o bem ou interesse protegido pela lei penal, lesionado ou posto em perigo pela conduta criminosa Por exemplo, o objeto jurídico do crime de homicídio é a vida humana, do crime de furto a propriedade e posse do bem; do crime de estupro a liberdade sexual da vítima etc.

Importa destacar que todos os crimes possuem um objeto jurídico, pois toda definição legal de crime se dá em torno da proteção de um bem ou interesse jurídico. Porém, nem todo crime possui objeto material. Isso porque, como se verá nas classificações dos crimes, há os crimes formais, cujo tipo penal exige apenas a conduta para sua caracterização. Ademais, não se pode perder de vista a circunstância de que existem condutas que se destinam a preservar bens de interesse coletivo, o que nem sempre reflete em um dano material – assim, por exemplo, algumas figuras criminais referentes às relações de consumo ou econômicas.

Nos crimes formais, em que a consumação independe da obtenção de um resultado naturalístico, independem de uma alteração física efetiva do mundo exterior, dispensa-se o atingimento de um objeto material. Mais, ainda: há crimes formais que não possuem objeto material, como

---

147 HASSEMER, Winfried. **Introdução aos fundamentos do direito penal**, p. 57.

é o caso dos crimes contra a honra. Assim, por exemplo, um crime de difamação (artigo 139 do Código Penal) possui apenas objeto jurídico.

Por decorrência, o objeto material é elemento característico essencial dos crimes materiais. Tanto assim o é que, agindo o indivíduo e não chegando a atingir como pretendia o objeto material da definição legal do crime, tratar-se-á de crime tentado.

IV – Sujeitos do crime

A prática de um crime possuirá o sujeito ativo e o sujeito passivo. O sujeito ativo será sempre pessoa física determinada[148]. Já o sujeito passivo poderá ser pessoa física, jurídica ou um ente abstrato[149].

O sujeito ativo é aquele que pratica o fato descrito no tipo penal, aquele que realiza a conduta típica. Caracteriza-se como agente, quando o tipo penal tem como elementar típica uma ação, ou omitente, quando o tipo penal tem como elementar típica uma omissão. Pode ocorrer, entretanto, que existam vários sujeitos ativos em um mesmo e único crime. Neste caso, mesmo realizando condutas diversas, desde que ligados por objetivos comuns na realização típica, todos serão sujeitos ativos do crime.

O sujeito passivo caracteriza-se como aquele que é atingido pela conduta criminosa. Pode ser sujeito passivo determinado (pessoa física ou jurídica) ou indeterminado (coletividade). Não se trata necessariamente, porém, de quem sofre os efeitos do crime – por exemplo, no homicídio o sujeito passivo é a vítima morta ou ferida, mas não sua família, embora esta sofra os efeitos sócio-afetivos crime. Refere-se, portanto, ao titular do bem jurídico lesionado ou posto em perigo pelo crime.

8.4.3 Principais classificações dos crimes

Os crimes podem ser agrupados em diversas classificações, cujo número varia de acordo com o critério adotado. Metodologicamente, ado-

---

148 Ressalve-se a hipótese polêmica de responsabilização de pessoa jurídica por crime ambiental.

149 Assim, num homicídio, o sujeito passivo é a pessoa física cuja vida foi retirada; num furto de uma empresa, é a pessoa jurídica; no peculato, a União, o Estado da federação ou o município.

ta-se aqui o critério de definição típica. Vale dizer: as classificações que serão expostas seguem como critério a análise dos tipos penais, tais quais estão descritos nas normas penais incriminadoras.

Com isso, algumas "classificações" expostas por alguns autores não são aqui incluídas, pois não dizem respeito a tal aspecto normativo. É o caso, por exemplo, da consumação e da tentativa. Há quem as elenque como classificação dos crimes (consumados ou tentados). Na realidade, trata-se de disposição normativa sobre como os tipos penais podem ser realizados de fato – de forma completa ou incompleta -, no mundo da vida, no plano da realidade. Para se afirmar que um crime foi consumado, tem-se de verificar como ele de fato ocorreu. Portanto, a análise já não é do tipo penal, mas do fato da vida.

Portanto, serão vistas agora as classificações dos crimes, partindo-se dos tipos penais, contidos em normas penais – campo normativo do 'dever ser'.

I – Crimes ou contravenções

Não existe diferença ontológica entre crimes e contravenções. Ambos representam infrações à lei penal, as quais são formalmente sancionadas na lei. A diferença reside apenas no tratamento legal dispensado: a lei penal prevê espécies diversas de penas para um e outro tipo de prática criminosa.

Em essência, a contravenção é um tipo de crime (em sentido lato), mas um crime menos grave. Devido a tal gravidade, para os crimes é cominada pena de reclusão ou detenção **e** multa. Para as contravenções, é cominada pena de prisão simples ou multa (Lei 3.688/41).

Entende-se aqui que o mais correto seria a descriminalização das contravenções penais, em nome de princípios de política criminal racionalizadores e minimalistas. As contravenções possibilitam a intervenção penal em fatos de pouca relevância jurídica e social, com soluções punitivas insignificantes, de forma que se mostra um despropósito mantê-las existentes na esfera penal. Servem hoje apenas para inflacionar o sistema penal, contribuindo para sua atrofia. Melhor seria se proceder como já se fez, por exemplo, com o porte de arma, transformado em crime: se for um tipo de conduta relevante, que se a transforme em crime; se não, que se a exclua do âmbito penal.

II – Crimes comissivos ou omissivos

Comissivo indica cometimento, estando ligada à ação: crimes comissivos são aqueles cuja caracterização típica depende de serem praticados através de uma ação, um fazer, um comportamento positivo do agente. Verifica-se isso através do modo como está redigido o tipo penal, que descreve um fazer (por exemplo, artigos 121, 129, 155 e 157 do Código Penal).

Crimes omissivos próprios são os que ocorrem mediante uma 'não ação' do sujeito criminoso, um não fazer aquilo que é imposto por lei, um comportamento negativo do indivíduo que contraria uma explícita obrigação legal. O próprio tipo penal aqui descreve um não fazer (por exemplo, artigos 135 e 269 do Código Penal).

Costuma-se falar, ainda, em crimes comissivos por omissão, ou omissivos impróprios: consistem na transgressão de um dever jurídico genérico, num dever de impedir o resultado (vide adiante análise do §2° do artigo 13 do Código Penal). Em tais casos, a omissão representa um meio de provocar um resultado criminoso, previsto em um tipo penal comissivo, não consistindo – *a priori* – ela mesma num delito. A omissão, nesses casos, é um meio de cometer o delito, respondendo o sujeito pelo delito de resultado. Na realidade, portanto, não há nos tipos penais um crime comissivo por omissão, mas sim crimes comissivos que podem ser realizados através de uma omissão.

III – Crimes materiais ou formais

A distinção dos crimes materiais e formais está relacionada aos requisitos exigidos pelo tipo penal para que o crime esteja consumado (completo).

Crimes materiais são aqueles cujo tipo penal exige, para sua consumação, a ocorrência de um resultado 'externo' à ação (por exemplo, artigos 121, 155 e 157 do Código Penal), de uma efetiva e determinada alteração no mundo.

Crimes formais são aqueles cujo tipo penal prevê apenas uma determinada conduta como necessária para que ocorra a consumação, independendo da ocorrência ou não de um resultado externo à conduta (por exemplo, artigos 140, 147 e 158 do Código Penal). Podem ser plurissubsistentes ou unissubsistentes.

Há autores (por todos, Damásio E. de Jesus e Júlio F. Mirabete) que apontam uma terceira classificação: crimes de mera conduta. Estes seriam os crimes cuja ação ou omissão é, em si, o delito, dela não decorrendo no mundo dos fatos um resultado externo (exs. artigos 150 e 233 do Código Penal).

Entende-se aqui que os crimes de mera conduta se tratam de crimes formais unissubsistentes, cuja lógica típica é a mesma: consumam-se no momento em que a conduta descrita é concluída, já que o tipo penal exige apenas a conduta descrita para a consumação.

IV – Crimes principais ou acessórios

A ocorrência de um crime pode ou não depender da ocorrência de outro crime. Se um crime depender da ocorrência de outro crime, em este não ocorrendo, aquele também não ocorrerá. A partir disso, os crimes podem ser principais ou acessórios.

Crimes principais são os que independem da ocorrência de um delito anterior. A grande maioria dos crimes se enquadra aqui (por exemplo, artigos 121, 129, 155, 157 do Código Penal).

Crimes acessórios são aqueles cuja ocorrência pressupõe a existência de um delito anterior, sem o qual sua tipicidade não se configura (por exemplo, artigos 180 e 304 do Código Penal).

V – Crimes simples ou complexos

A maioria dos crimes traz uma definição baseada em uma só conduta, que aparece originalmente na definição do crime. Há casos, entretanto, em que o legislador compõe a definição de um crime englobando condutas que já estão contidas em outros tipos penais.

Crimes simples são aqueles cuja definição não engloba duas ou mais outras figuras típicas.

Crimes complexos são aqueles cujos tipos penais englobam, em suas definições, duas ou mais outras figuras típicas, absorvendo-as. Nesses casos, o indivíduo responde apenas pelo crime complexo.

VI – Crimes de dano ou de perigo

Como se viu na Unidade I, existe a previsão de crimes na legislação para que se possa adequadamente proteger determinados bens jurídicos. Tal previsão de crimes se dá através da definição de condutas a serem consideradas ilícitas, conforme causem um dano ou um perigo ao bem jurídico protegido através da norma penal.

Crimes de dano são aqueles cuja norma incriminadora descreve (prevendo como necessária) a causação de um dano ao bem jurídico protegido, de forma que somente se caracterizam com uma efetiva lesão ao bem protegido (por exemplo, artigos 121, 125, 129 do Código Penal).

Crimes de perigo são aqueles cuja norma incriminadora descreve uma conduta potencialmente danosa, de forma que se caracterizam com o simples perigo causado ao bem protegido penalmente (por exemplo, artigos 130, 132, 250, 251 e 254 do Código Penal).

VII – Crimes dolosos, culposos ou preterdolosos

Os tipos penais têm seu papel identificado em torno da caracterização objetiva e subjetiva do crime. Neste último aspecto há o foco no aspecto vontade, seja no próprio conteúdo da vontade ou no modo como ela é externalizada no mundo, caracterizando-se os crimes como dolosos ou culposos.

Dolosos são os crimes em que o agente quer o resultado ou assume o risco de produzi-lo. Ordinariamente, portanto, no crime doloso o indivíduo age intencionalmente para cometer o delito (ou ao menos para cometer uma conduta que sabe ser de alto risco para terceiros).

Culposos são os crimes em que o agente dá causa ao resultado por imprudência, imperícia ou negligência. Não há a intenção de praticar o delito, mas a conduta do indivíduo é descuidada, de modo que ele responderá criminalmente pelo resultado culposamente causado.

Os crimes são preterdolosos quando a ação causa um resultado mais grave do que desejava o agente criminoso. Trata-se de uma situação em que se conjugam, em um só fato criminoso, o dolo e a culpa: dolo quanto à conduta básica e culpa quanto a um resultado mais grave do que o agente pretendia – dolo no antecedente, culpa na consequência (por exemplo, artigos 127 e 129, §3° do Código Penal[150]).

VIII – Crimes unissubjetivos ou plurissubjetivos

No que respeita ao número de agentes exigido pelos tipos penais para que ocorram os crimes, eles podem ser divididos em unissubjetivos ou plurissubjetivos.

Os crimes plurissubjetivos são aqueles em que o tipo penal exige (explícita ou implicitamente) a prática criminosa por duas ou mais pessoas – crimes de concurso de pessoas necessário. O tipo penal indica, então, um número mínimo de pessoas para que o crime ocorra, e tal número seria sempre plural. Caso um fato não preencha o número mínimo de pessoas indicado para um crime pelo tipo penal, tal crime não ocorrerá, por 'atipicidade' do fato (por exemplo, artigos 137 e 288 do Código Penal).

Os crimes unissubjetivos – que são a maioria entre os crimes – são aqueles em que o tipo penal não se refere ao número de agentes, sendo irrelevante, para a tipicidade de tais crimes, que eles sejam praticados por uma ou mais pessoas. Bastará que uma só pessoa, isoladamente, pratique um crime unissubjetivo e já haverá, quanto ao sujeito ativo, tipicidade do fato (por exemplo, artigos 121, 129, 213 do Código Penal).

[150] Há quem entenda que o artigo 127 trata de um crime qualificado pelo resultado (com o que há de se concordar), e que isto seria diverso do preterdolo. Trata-se de um equívoco, a não ser que se admitisse a responsabilidade penal objetiva pelo resultado. Explique-se, com o próprio artigo 127 do Código Penal: o indivíduo tem dolo em relação ao aborto, quer causar o abortamento; sua conduta, no entanto, extrapola seu desejo, e ele gera lesão corporal ou a morte da gestante. Pois bem: seu comportamento, ao gerar o resultado mais grave do que pretendia, será culposo, caracterizando o preterdolo. Se houver de sua parte dolo quanto, por exemplo, à morte da gestante, responderá por dois crimes: aborto (artigo 125 do Código Penal) e homicídio (artigo 121 do Código Penal); ou seja, o artigo 127 torna-se não incidente sobre o fato. Em síntese, o artigo 127 incidirá se houver preterdolo.

IX – Crimes comuns ou próprios

Ainda quanto ao sujeito ativo dos crimes (quanto à exigência ou não de características peculiares do sujeito ativo), eles se dividem em comuns ou próprios.

Nos crimes próprios, o tipo penal exige para que haja a tipicidade, explícita ou implicitamente, que o agente possua uma determinada condição especial. Desse modo, somente as pessoas que possuírem tais condições típicas poderão preencher a tipicidade desses crimes (por exemplo, artigos 123 e 312 do Código Penal).

Os crimes comuns – que são a maioria entre os crimes – são aqueles em que os tipos penais não possuem nenhum requisito especial quanto ao sujeito ativo, não exigem nenhuma condição especial do agente. Dessa forma, qualquer pessoa, a princípio, poderá praticar tais crimes (por exemplo, artigos 126, 129 e 158 do Código Penal).

X – Crimes unissubsistentes ou plurissubsistentes

Os crimes unissubsistentes são aqueles cuja conduta descrita no tipo penal não é fracionável no tempo, ou seja, dá-se em um momento único, que não pode ser dividida a conduta em vários atos. Ou existe a ação ou omissão por inteiro, e o crime estará completo, ou não haverá aquele crime (por exemplo, artigos 135, *caput*, 140, na forma verbal, e 150, todos do Código Penal).

Os crimes plurissubsistentes – que são a maioria – são aqueles cuja conduta descrita no tipo penal comporta uma divisão em vários atos, em vários momentos na execução do tipo. Portanto, pode-se iniciar a execução do tipo e não se chegar até sua conclusão (por exemplo, artigos 126, 213 e 312 do Código Penal).

XI – Crimes simples, qualificados, majorados, privilegiados ou minorados

Tal classificação tem por base o formato da sanção prevista para o crime.

O crime simples é aquele que preenche apenas o tipo penal básico ("matar alguém"), com a pena que a ele corresponde (por exemplo, *caput* do artigo 121 do Código Penal e *caput* do artigo 157 do Código Penal).

O crime qualificado é aquele que preenche o tipo penal básico e mais um dispositivo que o torna mais grave, prevendo-lhe um novo mínimo e um novo máximo de pena, maiores do que o tipo penal básico (por exemplo, *caput* do artigo 121 mais seu §2°, I, Código Penal e *caput* do artigo 157 mais seu §3°, Código Penal).

O crime majorado[151] é aquele que preenche o tipo penal básico mais um dispositivo que o torna mais grave aumentando sua pena através de frações (por exemplo, *caput* do artigo 155 mais seu §1°, Código Penal e *caput* do artigo 157 mais seu §2°, Código Penal). É de ressalvar que as majorantes podem ser genéricas, como o caso do §2° do artigo 29 do Código Penal brasileiro, não se referindo a um só crime.

O crime privilegiado é aquele que preenche o tipo básico mais um dispositivo que prevê novo mínimo e novo máximo de pena, menores do que o tipo penal básico (por exemplo, *caput* do artigo 317 mais seu §2°, Código Penal).

O crime minorado é aquele que preenche o tipo penal básico mais um dispositivo que diminui sua pena em frações (por exemplo, *caput* do artigo 121 mais seu §1°, Código Penal). É de ressalvar que as minorantes podem ser genéricas, como o caso do parágrafo único do artigo 14 do Código Penal brasileiro, não se referindo a um só crime em específico.

---

[151] Por precisão técnica, que reflete em termos práticos no cálculo da pena – o qual se dá de modo diferente no caso de qualificadoras e majorantes -, opta-se aqui por tratar o termo "qualificado" e o termo "majorado" de modo diverso, como hipóteses normativas diversas que são. O mesmo se diga de "privilegiadoras" e "minorantes".

Capítulo 9

Elementos Analíticos do Crime

Todos os aspectos abordados no capítulo anterior conjugam preocupações dogmáticas correlacionadas às anteriormente abordadas preocupações de política criminal.

As definições introdutórias à concepção analítica do crime (e esta mesma) ganham sentido no âmbito da proteção de bens jurídicos, sob a máxima da centralidade do ser humano para o sistema jurídico. Isso se consagra com a importância da proteção constitucional aos direitos fundamentais.

Em desdobramento, porém, é imperioso que se analise os elementos que possibilitam a avaliação dos fatos como crimes. Tratam-se dos elementos analíticos do crime: tipicidade, ilicitude e culpabilidade.

9.1 TIPICIDADE (FATO TÍPICO)

Conforme se asseverou no item 8.3, a tipicidade define-se como a correspondência de uma conduta a um tipo penal incriminador, dirigida tal conduta a um fim ilícito ou ao menos produzida em rompimento do dever objetivo de cuidado (ainda que de forma não 'intencional'). Ela é a base, o ponto de partida e referência de todo o raciocínio penal dogmático sobre o que é e o que não é crime. Consequentemente, o estudo do crime deve partir do estudo do fato típico.

Na análise da tipicidade, há, de um ângulo, uma conduta de um ser humano na sua vida real; de outro, um tipo legal de crime (incluindo-se o dolo ou a culpa), previsto na lei penal. A tipicidade consiste primariamente na **correspondência que exista entre a conduta real e a conduta descrita abstratamente no tipo**. Por outros termos, um fato da vida real, consistente em conduta humana, será típico à medida que apresentar as características essenciais descritas em algum tipo penal de crime, à medida que houver a subsunção fática à norma. A falta de tipicidade penal não significa ausência de interesse jurídico do fato – afinal, um fato pode ser ilícito em outras esferas do Direito sem que seja relevante para o Direito Penal. Como assevera Mir Puig,

> a falta de tipicidade penal pode decorrer da mera redação literal dos tipos – quando a conduta não é subsumível a nenhum tipo penal -, mas também de uma interpretação restritiva que exclua a conduta do tipo, apesar dela se ajustar literalmente ao mesmo.[152]

Ocorre, sobretudo, que a subsunção envolve um plexo de aspectos encadeados, em que a análise técnico-jurídica da tipicidade é composta por aspectos dogmático-normativos que serão agora analisados: causalidade, dolo e culpa, consumação e tentativa, arrependimento eficaz e desistência voluntária, crime impossível, concurso de pessoas.

9.1.1 Causalidade e imputação objetiva

A tipicidade é uma composição de aspectos objetivos e aspectos subjetivos. Os aspectos objetivos, atinentes ao fato em si, compõem a tipicidade objetiva; os aspectos subjetivos, atinentes à consciência e vontade da prática do fato, compõem a tipicidade subjetiva. Um fato somente será típico se os dois aspectos estiverem presentes.

[152] PUIG, Santiago Mir. **Direito Penal: fundamentos e teoria do delito**. Trad. C. V. Garcia; J. C. N. Porciúncula Neto. São Paulo: Editora Revista dos Tribunais, 2007, p 137-138.

Para se verificar a responsabilização objetiva de um indivíduo por evento danoso penal, parte-se de dois fatores como elementos iniciais de análise: a) ter o indivíduo cometido a conduta específica, prevista em um tipo penal como crime; b) a conduta cometida ter dado causa ao resultado danoso. Nos crimes formais, basta a primeira análise, pois a ocorrência da conduta já importa na consumação do delito[153]. Nos crimes materiais, ambas as análises deverão ser feitas.

I – Causalidade

No Código Penal brasileiro, o tema da causalidade é tratado no artigo 13: "O resultado, de que depende a existência do crime, somente é imputável a quem lhe deu causa. Considera-se causa a ação ou omissão sem a qual o resultado não teria ocorrido.".

Importa de imediato salientar a distinção entre resultado naturalístico e resultado jurídico. Este último quando se atinge a proteção que a norma dá ao bem jurídico tutelado. O resultado naturalístico traduz-se como efetiva alteração do mundo através da conduta criminosa. Ordinariamente, os dois estão juntos; mas há crimes (formais) em que basta a existência de um resultado jurídico.

Na primeira parte do caput do artigo 13 o legislador faz menção à relação de causalidade, impondo-a como requisito da tipicidade. A causalidade não é originalmente uma questão jurídica, mas sim uma questão da filosofia e da física ('tudo que ocorre, ocorre a partir de algo').

Trata-se de um pressuposto jurídico para a tipicidade: o resultado tem que ser causado pela conduta em análise, tem que decorrer dessa conduta. A relação de causalidade, então, é primariamente a relação de causa e efeito entre a conduta e o resultado.

Mas para efeitos jurídicos a relação de causalidade não se limita à relação direta entre uma conduta e um resultado. A segunda parte do caput do artigo 13 faz uso da 'teoria da equivalência dos antecedentes causais' para indicar que também será considerada juridicamente causa as condutas que, embora sem relação direta de causa e efeito, alterariam

153 (ao tema se voltará adiante, no item 3.3 desta Unidade).

o resultado se fossem eliminadas hipoteticamente como antecedentes causais.

Essa segunda parte do artigo 13 tem como base do raciocínio causal a antes mencionada teoria da equivalência dos antecedentes. Por essa teoria, todo fato e situação antecedente à ocorrência do resultado danoso, sem o qual este não teria se dado, é considerado causa. Como explica Roxin (embora tal autor advogue críticas à teoria),

> a jurisprudência e a doutrina majoritária utilizam-se, para determinar o nexo causal, da teoria da equivalência. Esta teoria trabalha principalmente com a fórmula segundo a qual deve considerar-se causa toda condição de um resultado que não pode ser excluída mentalmente sem o resultado concreta desapareça.[154]

A teoria da equivalência importa dois raciocínios jurídicos: o primeiro diz respeito à verificação do que pode ser considerado causa de um resultado típico. Tudo o que, sendo hipoteticamente eliminado, mudar negativamente a ocorrência do resultado, é deste considerado causa.

O segundo raciocínio jurídico é mais complexo: importa definir limites à cadeia causal formada pelo raciocínio de eliminação hipotética. Quanto a isso, a teoria finalista do crime propõe que a limitação à relevância causal típica das condutas deve ser dada não estritamente no âmbito da tipicidade objetiva, mas sim no âmbito subjetivo da tipicidade[155]. Inicialmente, interessará tipicamente a conduta causal que tenha relevância para o fato típico. Mas, para tal conduta tenha relevância causal típica, além de ser identificável objetivamente como causa, deverá ser decorrente de conduta humana cuja geração do resultado seja previsível, e a partir disso possa a conduta ser identificada como dolosa ou culposa.

A eliminação hipotética dos antecedentes causais, corolário da teoria da equivalência dos antecedentes causais, padece de um problema amplamente diagnosticado na teoria penal: sua adoção pura e simples permite o regresso ao infinito[156].

---

154 ROXIN, Claus. **Funcionalismo e imputação objetiva no direito penal**, p. 273.

155 Nesse sentido, BITENCOURT, Cezar Roberto. **Tratado de direito penal:** parte geral, p. 183; PRADO, Luiz Regis. **Curso de direito penal brasileiro:** parte geral, p. 323-328.

156 Vide BUSATO, Paulo César. **Fatos e mitos sobre a teoria da imputação objetiva**. Rio de Janeiro: Lumen Juris, 2008, p. 14-26. Ressalta-se a didática exposição do autor sobre a teoria

Registre-se já aqui a aposição de Roxin, que de forma contundente, contrapõe-se à pura e simples adoção da teoria da equivalência dos antecedentes causais. Ele propõe como alternativa a **teoria da imputação objetiva** (vide adiante item 9.1.1.4), a qual é baseada, entre outros aspectos, na avaliação:

– de a conduta causal ter ou não ampliado o risco para o bem jurídico;

– se este risco maior contribuiu ou não para a ocorrência do fato danoso;

– se este risco era ou não um risco permitido.

A relação de causalidade seria apenas base da imputação objetiva e implicaria, em decorrência, uma sequência específica de análises: I – se há uma conduta humana; II – se ocorreu um resultado (naturalístico ou formal) relevante tipicamente; III – se existe correlação entre a conduta e o resultado, de forma que este decorra daquela; IV – se o resultado decorre de risco não permitido da conduta causal.

O primeiro aspecto refere-se à existência de uma ação ou omissão atribuíveis a alguém. O segundo aspecto pressupõe que ocorreu de fato algo que atinge o bem jurídico protegido por uma norma penal incriminadora e, se for o caso, que isso alterou o mundo fisicamente. O terceiro aspecto pede a demonstração de relação causal (nos termos jurídicos) entre conduta e resultado. Enfim, para a imputação jurídica do resultado à conduta esta deve representar uma conduta de risco não permitido, do qual advém a ocorrência do resultado.

II – Concausas (causas concorrentes)

Nos crimes materiais, o problema maior surge quando, além da conduta que estivermos analisando, houver outro fato – humano ou natural – que possa ter contribuído para a consecução do resultado. Neste caso, têm-se ao menos duas causas concorrendo para o mesmo resultado, duas possíveis causas de um mesmo resultado. Tais causas são chamadas de concausas (causas concorrentes).

---

da causalidade adequada como preconizado limitador do regresso ao infinito.

A partir das regras contidas no artigo 13 do Código Penal, especialmente em seu §1°, poderemos traçar as seguintes hipóteses básicas de definição da relação de causalidade nos casos de causas concorrentes, com seus respectivos exemplos:

– causa pré-existente relativamente independente (em relação à outra possível causa do mesmo resultado) => 'A', sabedor que 'B' é diabético, faz-lhe ingerir considerável quantidade de açúcar. 'B' vem a morrer (diabete x ingestão de açúcar);

– causa pré-existente absolutamente independente => 'A' atira em 'B', que morre por ter ingerido veneno anteriormente (ingestão de veneno x tiros);

– causa concomitante relativamente independente => 'A' espanca 'B', no mesmo momento em que este está sofrendo um colapso cardíaco que tem êxito letal, para o quê o espancamento contribuiu (colapso cardíaco x espancamento);

– causa concomitante absolutamente independente => 'A' atira em 'B' no mesmo momento em que este é atingido por um raio, sendo este o motivo letal (raio versus tiros);

– causa superveniente relativamente independente => 'A' atira em 'B', que, no hospital, em função de cirurgia a que é submetido para cura dos ferimentos, sofre colapso cardíaco, vindo a morrer (tiros x colapso cardíaco);

– causa superveniente absolutamente independente (em desdobramento lógico com a causa anterior) => 'A' ministra veneno a 'B'. Este fica em estado letárgico. Chega, então, 'C', que, sem saber da conduta de 'A', desfere três facadas em 'B', tendo sido estas a causa da morte (ingestão de veneno x facadas);

– causa superveniente relativamente independente que **por si só** causa o resultado => 'A' atira em 'B', que, no hospital, vem a falecer em virtude de um incêndio (tiros x incêndio).

A solução para os problemas atinentes às concausas refere-se a uma indagação: "as duas situações somam-se para o resultado final ou uma exclui o vínculo causal da outra?". Para responder a esta questão, o ponto de partida é o artigo 13 do Código Penal, no seu *caput*, somado ao §1° do mesmo artigo. As regras que solucionam as relações causais concorrentes, segundo a visão predominante, podem ser representadas através da seguinte tabela[157]:

Concausa	Absolutamente Independente	Relativamente Independente
Antecedente	Afasta o nexo causal	Não afasta o nexo causal
Concomitante	Afasta o nexo causal	Não afasta o nexo causal
Superveniente	Afasta o nexo causal	Não afasta o nexo causal
Superveniente		*Que por si só causa o resultado*: afasta a imputação do nexo causal

Em síntese, as causas incidentes absolutamente independentes afastam o possível nexo causal da conduta em análise com o resultado. As causas incidentes relativamente independentes não afastam o nexo causal da conduta em análise em relação ao resultado.

Já as causas incidentes supervenientes relativamente independentes que por si só tenham causado o resultado afastam a imputação do nexo causal da conduta em análise frente ao resultado. Neste caso, existe a causalidade, nos termos da segunda parte do caput do artigo 13 do Código Penal, mas a imputação do resultado é afastada devido à incidência do § 1° do mesmo artigo.

III – Causalidade nos crimes omissivos

Nos crimes omissivos próprios, prescinde-se do nexo causal naturalístico; basta a conduta para a imputação criminosa – resultado meramente jurídico. São crimes formais, em que o tipo penal descreve a conduta sem prever a necessidade da ocorrência do resultado naturalístico.

[157] Para se utilizar a tabela deve-se identificar quais são as concausas. Em seguida, deve-se identificar qual das concausas indubitavelmente gerou o resultado. Após, 'encaixa-se' na tabela a concausa que gerou o resultado, caracterizando-a em relação à outra concausa. A solução está na própria tabela.

Já nos crimes omissivos impróprios tem-se a chamada causalidade normativa – tipicamente são crimes comissivos, mas são realizados através de uma omissão. Tendo o agente o dever de agir em um determinado sentido (no mais das vezes identificável como dever do ofício, como no caso do médico, do salva-vidas, dos enfermeiros etc), pode-se afirmar que o evento danoso se concretizou porque o indivíduo não atuou de modo a impedi-lo.

Não há, pois, uma causalidade física, impondo-se o resultado à conduta através da previsão normativa, decorrendo a atribuição de responsabilidade da incidência da norma e não da relação direta (inexistente) entre a omissão e o resultado. Se o indivíduo que se omitiu tivesse agido, o evento danoso possivelmente não teria ocorrido ou seus efeitos possivelmente seriam minimizados – mas o resultado somente lhe é atribuível porque existe expressa disposição legal neste sentido.

Partindo-se do disposto no §2º do artigo 13 do Código Penal, têm-se três situações de omissão penalmente relevante:

A primeira hipótese de imputação omissiva ocorre quando o omitente possui um dever de agir decorrente de mandamento legal. São situações decorrentes de obrigação de cuidado (como exemplos o pátrio poder, a curatela, o casamento).

A segunda hipótese ocorre quando o omitente assume o papel de garantidor da não ocorrência do resultado (como exemplos o enfermeiro e o doente; o salva-vidas e o banhista; o médico e o paciente).

A terceira hipótese ocorre quando o omitente, por um seu comportamento anterior, causou a situação de perigo (como exemplo o sujeito que empurra para a piscina um amigo que não sabe nadar).

Em qualquer das três situações, o indivíduo tem a obrigação de agir diante da situação de perigo por que passa a outra pessoa. Seu dever, nas circunstâncias, é prestar auxílio para tentar evitar o possível dano que a outra pessoa pode sofrer. Em não agindo, ocorrendo o resultado danoso, sua omissão terá relevância penal, de tal modo que ele responderá pelo dano causado (crime comissivo por omissão).

IV – Teoria da imputação objetiva

A partir de críticas à visão tradicional sobre a equivalência dos antecedentes causais, centradas na circunstância de que os aspectos objetivos da tipicidade não seriam satisfatoriamente trabalhados, desenvolveu-se a chamada teoria da imputação objetiva. Ela decorre, no âmbito jurídico penal, especialmente do pensamento funcionalista teleológico de Claus Roxin.

O pressuposto geral da teoria da imputação objetiva é de que a vida em sociedade é uma vida de riscos: coexistir, exercendo a liberdade, representa sempre gerar algum risco a bens jurídicos de outras pessoas. Se tais riscos estiverem dentro do tolerável, mesmo que gerem danos reais a outrem, não serão tais danos penalmente imputáveis a quem os causou. Isso se dá porque a proteção de bens jurídicos deve ocorrer dentro de parâmetros que não impeçam o exercício da liberdade, embora, ao mesmo tempo, limitem tal exercício.

A partir dessa concepção social, Roxin se debruça sobre a caracterização da tipicidade sob o manto da teoria do risco. Nessa perspectiva, a tipicidade objetiva seria condicionada pela possibilidade de imputação (objetiva) do resultado a quem praticou uma conduta de risco não permitido.

É de se alertar desde já que a imputação objetiva do resultado, situada no âmbito da tipicidade, não esgota o problema da imputação na teoria do crime. Somada a ela deve ser trabalhada a imputação subjetiva do crime, centrada nos aspectos anímicos – dolo e culpa – e na condição de destinatário de normas penais – culpabilidade. O que o funcionalismo penal advoga é que a tipicidade objetiva não pode ser condicionada aos aspectos subjetivos da tipicidade, mas sim vinculado objetivamente aos problemas do risco intolerável gerado elo comportamento humano.

Uma fórmula básica do pensamento funcionalista da imputação objetiva é a de que ela ocorrerá quando a ação de uma pessoa causar um risco juridicamente desaprovado que reflita no resultado típico, situação em que o resultado poderá ser imputado ao causador do risco[158].

---

158 Nesse sentido, CAMARGO, Antonio Luis Chaves. **Imputação objetiva e direito penal brasileiro.** São Paulo: Cultural Paulista, 2001, p. 69-71.

Ensina Luís Greco que "o conteúdo básico da teoria pode ser resumido numa única ideia: *a imputação objetiva enuncia o conjunto de pressupostos genéricos que fazem de causação uma causação objetivamente típica*."[159] Tais pressupostos genéricos apontados pelo autor redimensionariam a discussão do tipo objetivo, ampliando seu conteúdo (em relação ao conceito finalista), implicando dois requisitos caracterizadores da imputação objetiva[160]: criação de um risco não permitido e realização do risco na produção do resultado típico.

a) Criação de um risco juridicamente desaprovado

Para que a ação seja penalmente considerada deve ser caracteristicamente perigosa em relação ao bem jurídico protegido no tipo penal, e tal perigo, tal risco, deve ser ilegítimo frente ao direito.

Esse aspecto relevante para a caracterização das condições que permitem a imputação objetiva do resultado determina que a conduta de alguém tenha gerado (ou, ao menos, incrementado) um perigo, um risco para direito/bem jurídico de alguém.

É certo que algum nível de risco é inerente às próprias relações humanas. Entretanto, parte-se do **princípio da confiança**, que sugere que se pode confiar que os outros indivíduos se comportarão conforme as regras de direito[161]. Tal princípio somente cessaria diante da existência de uma reconhecível disposição para a realização de um fato típico, perceptível apenas em face de situações concretas.

É preciso, então, que a conduta seja determinante real para a situação de risco para o objeto da ação típica, e que esse risco extrapole os limites do tolerável, do permitido.

b) Realização do risco na produção do resultado típico

O risco criado pela conduta perigosa deve ser determinante, ou ao menos deve contribuir relevantemente para que o resultado típico ocorra. O risco não permitido gerado pelo comportamento do autor deve se realizar no resultado. É imprescindível que objetivamente se configure

---

159 GRECO Luís. **Um panorama da teoria da imputação objetiva**. Rio de Janeiro: Lumen Juris, 2005, p. 05.

160 Conforme ensina Luís Greco, na ampla introdução de ROXIN, Claus. **Funcionalismo e imputação objetiva no direito penal**. Rio de Janeiro: Renovar, 2002, p. 7-9.

161 ROXIN, Claus. **Estudos de direito penal**, p. 105.

essa relação entre risco e resultado para que este seja imputável tipicamente ao comportamento humano.

Em síntese: o comportamento de alguém que cria um risco juridicamente desaprovado deve determinar ou contribuir para a realização do resultado, permitindo que o resultado lhe seja imputado, atribuído. Nos termos de Roxin,

> o resultado causado pelo autor só deve ser imputado ao tipo objetivo unicamente se o comportamento do autor cria um perigo ara o objeto da ação, não compreendido no risco permitido e este perigo se realizar no resultado concreto.[162]

Ressalte-se, ainda, que a situação de risco que se realiza no resultado deve estar abrangida pelo **alcance do tipo**, pela extensão da figura típica. A definição legal do crime importa uma abrangência protetiva para os bens jurídicos, que precisa ser considerada para que se possa imputar objetivamente o resultado a alguém. Desse modo, por mais que uma conduta humana gere um risco não permitido e corresponda à descrição formal do crime, se a lesão ou perigo de lesão ao bem jurídico tutelado é insignificante, tal conduta não é compreendida pelo fim de proteção da norma incriminadora.

V – A imputação jurídica e o artigo 13 do Código Penal brasileiro

O artigo 13 do Código Penal brasileiro estabelece os parâmetros legais para a caracterização da tipicidade no seu aspecto objetivo. Enuncia o legislador que o resultado típico somente será **imputado** a quem lhe deu **causa**. Isso indica que existe, no próprio dispositivo legal, uma distinção entre causalidade – que diz respeito ao plano fático – e imputação – que diz respeito à atribuição jurídica do resultado à conduta humana. Ao referir separadamente as palavras "causa" e "imputável" (o resultado) no *caput* do artigo 13 do Código Penal, acabou o legislador por possibilitar que casuisticamente uma conduta humana possa ser causa de um resultado no plano fático sem que esse resultado seja atribuível juridicamente à conduta no âmbito penal. Embora seja discutível

162 ROXIN, Claus. **Funcionalismo e imputação objetiva no direito penal**, p. 308.

a intenção do legislador ao elaborar o texto normativo, não há como desprezar que causa e imputação são dois aspectos diversos – embora complementares – para a incidência de tal dispositivo sobre situações fático-jurídicas reais.

Assim, para a imputação é necessário, primeiramente, que a conduta humana seja causa do resultado típico. A causalidade é elemento necessário – embora não suficiente – para que se possa caracterizar objetivamente a tipicidade. Uma conduta interessará ao Direito Penal se for causa de um resultado típico, seja tal resultado meramente jurídico, seja ele também naturalístico.

Existindo a causalidade, pode-se passar a um segundo momento de análise: o resultado pode ser tipicamente atribuído (imputado) à conduta em questão? Neste ponto é que poderiam ser inseridos os aspectos do risco anteriormente abordados. Se o resultado, causado pela conduta humana, decorrer de um risco não permitido inerente a esta conduta, será ele atribuível a quem a praticou. Caso não seja decorrente do risco não permitido, embora exista causalidade, não é possível a imputação e, com isso, estará afastada a tipicidade.

Com isso, consagra-se o caráter complementar entre causalidade e imputação:

> A causalidade deve servir como limite negativo de responsabilização do sistema de imputação, com vistas a eliminar a possibilidade de incriminação de casos fortuitos, distinguindo-os de fatos delitivos, bem como para definir os conceitos de perigo e lesão de bens jurídicos. [...] Nesse diapasão, defendemos que a moderna formulação da imputação objetiva e a relação de causalidade não são critérios mutuamente excludentes, mas sim complementares.[163]

Já no §1° do mesmo artigo 13 do Código, indica o legislador, ao tratar da superveniência de fato que por si só cause o resultado, que a atribuição pode se desprender parcialmente da causalidade: a conduta anterior, mesmo sendo causa fática indireta do resultado[164], não terá este

[163] BUSATO, Paulo César. **Fatos e mitos sobre a imputação objetiva**, p. 28-29.

[164] Para se chegar a tal conclusão (causa fática indireta do resultado), basta que se proceda à eliminação hipotética da causa antecedente, e se verificará que sem ela o resultado não teria ocorrido.

resultado a ela atribuído. O legislador opta por definir um critério imputação, no sentido de que esta ficará restrita ao fato causal superveniente, pois este fato é que seria determinante para o resultado[165]. Por decorrência, não se poderia afirmar que o resultado seria realização do risco não permitido da primeira causa.

Enfim, o §2°, ao tratar da omissão penalmente relevante cuida precisamente da imputação de resultado. A omissão não é causa de alteração do mundo sob o ponto de vista naturalístico. Desse modo, não há causalidade efetiva quando o indivíduo se omite. O legislador, porém, definiu um critério de imputação: se o indivíduo estiver na posição de garantidor, terá o dever de agir para impedir o dano a direito de outrem. Caso não o faça, tal dano ser-lhe-á objetivamente imputável, pois ele, com sua omissão, incrementou a situação de risco (já que esta, se ele agisse seguindo seu dever, seria menor).

9.1.2 Dolo e culpa

Verificada a relação de causalidade e imputação entre uma conduta e um resultado típico, o aspecto seguinte para que a conduta humana seja relevante para o Direito Penal é que ela seja dirigida a um fim, que ela seja uma manifestação da vontade humana. É exemplar o ensinamento de Zaffaroni e Pierangeli: "a vontade implica sempre uma finalidade, porque não se concebe que haja vontade de nada ou vontade para nada; a vontade sempre é vontade de algo, isto é, a vontade sempre tem um conteúdo, que é uma finalidade"[166]. A voluntariedade, caracterizável por ser a ação ou omissão determinada pela vontade de quem age, é, pois, um requisito lógico para que possa recair sobre a conduta um juízo negativo, de censura jurídica.

---

165 Em sentido semelhante, Luís Greco em: ROXIN, Claus. **Funcionalismo e imputação objetiva no direito penal.**, p. 171-174. Tal autor, entretanto, entende que a distinção entre as combinações de concausas seria desnecessária e equivocada, pois apontaria para uma responsabilidade meramente objetiva pelo resultado. Entendemos, entretanto, que a combinação entre concausas não se mostra inadequada à análise, desde que condicionada ao critério de vinculação ao risco não permitido.

166 ZAFFARONI, Eugenio Raúl; PIERANGELI, José Henrique. **Manual de direito penal brasileiro:** parte geral, p. 415.

Tal voluntariedade não significa, porém, que necessariamente o indivíduo tinha a intenção, a finalidade específica de gerar o fato típico. Sendo sua conduta voluntária, interessará ela à esfera penal tanto quando o sujeito desejar o fato típico, como quando ele o gerar por ausência de cuidado em sua conduta. No primeiro caso, fala-se do dolo; no segundo, da culpa, ambos previstos no artigo 18 do Código Penal.

De qualquer modo, de imediato deve-se perceber que, para que haja a tipicidade, não basta a correspondência do fato à descrição contida na norma incriminadora: é indispensável que tal correspondência se dê de forma dolosa ou culposa. Tanto assim que os tipos penais ou são dolosos ou são culposos – sem dolo ou sem culpa não há tipicidade, e, não havendo tipicidade, não há crime.

Tanto no crime doloso quanto no crime culposo, o núcleo criminoso é uma ação humana. Ocorre, porém, que nos delitos dolosos a ação humana criminosa é dirigida a um fim ilícito, enquanto que nos crimes culposos, o fulcral é uma ação humana mal dirigida a um fim que, na maioria dos casos, é lícito.

Salienta Francisco de Assis Toledo[167] que a tônica sobre o comportamento humano não afasta o fato de que nos crimes culposos há complementaridade, somatório entre o desvalor da ação (a ação como penalmente relevante) e o desvalor do resultado (o resultado como penalmente relevante), um não prescindindo do outro. Pune-se a ação que se encontra mal dirigida a um determinado fim, mas rompendo com o dever de cuidado.

Isso se dará se a conduta efetivamente causar uma lesão jurídica que era potencialmente previsível. Por decorrência, se houver uma conduta culposa de alguém (por exemplo, dirigir em excesso de velocidade), mas não houver um resultado danoso a alguém, não haverá crime culposo – a ação é negativa, mas a lei exige um resultado danoso. Nesse sentido, Luís Greco ensina que "a culpa não se esgota na violação do cuidado devido (desvalor da ação); é preciso a causação do resultado lesivo e um nexo entre a ação descuidadosa e a lesão (desvalor do resultado)".[168] É a partir

---

[167] TOLEDO, Francisco de Assis. **Princípios básicos de direito penal**, p. 295-299.

[168] Na Introdução de ROXIN, Claus. **Funcionalismo e imputação objetiva do direito penal**. Rio de Janeiro: Renovar, 2002, p. 43.

disso que se delineia o papel do dolo e da culpa no âmbito da imputação subjetiva.

Dolo e culpa têm dois pressupostos que lhes são comuns: rompimento do dever objetivo de cuidado e criação de um risco não permitido.

O rompimento do dever objetivo de cuidado decorre de um pressuposto geral de convivência humana: todos e cada um devemos agir, no exercício de nossa liberdade, de forma a não prejudicar os direitos dos demais. Nesse agir, portanto, deve-se ter o cuidado cotidiano de usufruir direitos sem violar direitos. Quando nosso agir não respeita tal pressuposto e gera perigo ou lesão a direito de outrem, rompe com o referido dever. Restará a indagação de ter sido este rompimento intencional ou não; e, no caso de ter sido intencional, restará ainda verificar se era destinado à lesão de direito ou não.

A criação de um risco não permitido está intimamente ligada ao rompimento do dever de cuidado. Os comportamentos relevantes para o direito penal são aqueles que preenchem os tipos penais em virtude do risco não permitido inerente ao agir. O rompimento do dever de cuidado ocorre no âmbito de um quadro de risco, risco este que se mostra não permitido diante da ordem jurídica.[169]

I – O dolo

A palavra dolo é utilizada em larga escala no Direito, em suas diversas áreas. Não há, portanto, exclusividade do Direito Penal na abordagem do tema, embora nessa área estejam as reflexões mais profundas e mais complexas a respeito do tema. Em linhas iniciais, tratar-se-á do dolo como dolo direto.

O dolo direto identifica-se como o somatório da previsão do resultado com a intencionalidade do agente de praticar a conduta. Pode ser definido como o desejo de concretizar os elementos fáticos que caracterizam o tipo penal[170]. Consiste, assim, na consciência do resultado e na

[169] Conforme PUPPE, Ingeborg. **A distinção entre dolo e culpa**. Trad. Luís Greco. Barueri/SP: Manole, 2004, p. 07-11.

[170] Novamente é de destacar Zaffaroni e Pierangeli, para quem o dolo é definível como "a vontade realizadora do tipo objetivo, guiada pelo conhecimento dos elementos deste no caso concreto. Dito de forma mais breve, o dolo é uma vontade determinada que, como qualquer

vontade de realizar a conduta e, se for o caso, chegar até à produção desse resultado. Embora o resultado possa estar incluído no próprio *animus* do agente, o que é decisivo na caracterização do dolo é a determinação do indivíduo de realizar o fato que se mostrará típico.

A posição técnico-operacional do dolo no conceito de crime é de fundamental importância político jurídica. Representa a consagração de uma ideia de garantia de determinação dos tipos, a partir do pressuposto de que a tipicidade não pode ser meramente objetiva, mas o somatório de aspectos objetivos e subjetivos. Como bem afirma Claus Roxin, "ações e violações de dever não se deixam descrever como um mero acontecer causal. Somente o dolo dá limites claros a um fato".[171]

a) Elementos do dolo

A existência do dolo é caracterizada, em um fato concreto, pela ocorrência de alguns elementos que o compõem. São eles:

– consciência do risco não permitido inerente ao comportamento – o indivíduo sabe o que está fazendo;

– consciência do nexo causal potencialmente existente entre o comportamento e o resultado – o indivíduo sabe o que pode causar se agir daquele modo;

– determinação de vontade para realizar o comportamento típico – sabendo o que está fazendo e o que pode causar, ele de modo voluntário realiza sua conduta, incorporando, se for o caso, a realização do resultado.

Partindo-se de tal identificação dos elementos do dolo, tem-se, em sequência lógica de raciocínio: 1º) tipos penais que descrevem crimes; 2º) bens que são prioritariamente protegidos em normas penais; 3º) conduta humana potencialmente geradora de risco de lesão de tais bens ou de direitos a eles concernentes; 4º) a determinação de vontade impulsionando intencionalmente a conduta humana de modo consciente para produzir a situação de risco e gerar o resultado.

b) Dolo direto e dolo eventual

---

vontade, pressupõe um conhecimento determinado" (ZAFFARONI, Eugenio Raúl; PIERANGELI, José Henrique. **Manual de direito penal brasileiro:** parte geral, p. 483).

171 ROXIN, Claus. **Política criminal e sistema jurídico-penal**, p. 43.

Com o que foi exposto, tem-se que para a configuração típica do crime é ordinariamente necessária mais do que uma ação lesiva: é necessária uma conduta intencional e conscientemente lesiva da proteção penal a bens jurídicos de terceiros. Não obstante isso, para a caracterização típica não é imprescindível a vontade de lesionar direitos de terceiros. Construiu-se, na teoria e na legislação penal, uma gradação de comportamentos subjetivamente recrimináveis, a começar pelo dolo direto. No outro pólo estaria a culpa. Num ponto intermediário, entretanto, estaria um comportamento mais grave que a culpa e não tão insidioso como o dolo direto.

Na legislação brasileira adota-se a distinção entre duas formas gerais do dolo:

I – dolo direto – ocorre quando o agente quer objetivamente realizar a conduta e, sendo o caso (lembre-se que há os crimes formais), produzir o resultado. Ex.: um indivíduo 'A', vendo um indivíduo 'B' – que é um desafeto seu, a quem jurara a morte -, desfere três tiros contra o peito da vítima, matando-o. Nesse caso, o indivíduo tem uma conduta intencional e conscientemente voltada à lesão de bens jurídicos de terceiros.

Há o dolo direto de primeiro grau, em que o indivíduo dirige sua conduta ao resultado pretendido, e o dolo direito de segundo grau, em que o indivíduo pretende determinado resultado típico, sabe que irá gerar com sua conduta outro(s) resultado(s) típico(s) e mesmo assim age.

II – dolo indireto – caracteriza-se o dolo indireto quando o agente sem ter vontade especificamente dirigida a um resultado criminoso, assume o risco de produzi-lo. Divide-se em dolo indireto alternativo e dolo eventual. O dolo indireto alternativo ocorre quando o agente age de modo a chegar a um ou outro resultado, alternativamente (por exemplo, o indivíduo acelera seu carro contra um grupo de pessoas na beira da calçada, matando um e ferindo outro – queria matar ou ferir). O dolo eventual ocorre quando o agente não busca produzir diretamente o resultado, mas antevê a possibilidade (e probabilidade, como adiante se verá) de causá-lo e, mesmo assim, realiza sua conduta. Ex.: um indivíduo, que trafega por rua movimentada, em horário de saída de crianças de uma grande escola, em uma velocidade – por hipótese – de 90 km/h (onde seria permitido no máximo 50 km), vindo a atropelar e matar uma criança.

O dolo eventual, pela complexidade e amplitude de suas hipóteses, sobressai em importância. No dolo eventual, o indivíduo demonstra desinteresse quanto ao possível resultado ocorrer ou não. É como se, ao decidir agir, prevendo a possibilidade de o resultado ocorrer, pensasse: se eu agir assim, o resultado poderá ocorrer, mas "tanto faz como tanto fez". Ao se mostrar indiferente, desinteressado quanto à possibilidade de que o resultado ocorra, consente na sua produção (teoria do consentimento, base do Código Penal vigente).

Importa perceber que, não obstante o Código Penal, no seu artigo 18, distinga dolo direto e dolo eventual, o enquadramento jurídico do sujeito, na maioria dos casos, não muda sendo um ou outro. A diferença tem significação para se caracterizar a tipicidade subjetiva e, em especial, no caso da tentativa. Tratando-se de dolo direto, o indivíduo teria determinação de conduta, vontade dirigida a um fim, o qual, no entanto, poderia não ser atingido, caracterizando a tentativa. Já no dolo eventual, o indivíduo teria vontade de realizar a conduta, mas – embora indiferente quanto ao resultado – não teria vontade de produzir o resultado. Dessa forma, ordinariamente o indivíduo que age com dolo eventual responde por aquilo que tiver causado, não se caracterizando a tentativa. No exemplo antes referido sobre dolo eventual na condução de veículo automotor, se o indivíduo, em vez de matar a criança a tivesse ferido, não responderia por homicídio tentado, mas sim por lesões corporais consumadas.

Tratando-se, no entanto, da morte de alguém, seja ela causada por dolo direto, seja ela causada por dolo eventual, o enquadramento típico básico é o mesmo: *caput* do artigo 121 do Código Penal[172].

II – A culpa

Na culpa, ao contrário do dolo, o agente não dirige sua conduta de modo intencional, deliberado a um resultado, nem mesmo assume o

[172] Atente-se que o enquadramento típico básico é o mesmo. Algumas das hipóteses do §2º do artigo 121 do Código Penal poderão ocorrer exclusivamente na presença de dolo direto (por exemplo, o inciso V do referido parágrafo).

risco de produzi-lo. O que ocorre é que o agente deixa de observar devidamente as cautelas necessárias (dever de cuidado objetivo) para que do seu comportamento não resultem danos a bens jurídicos alheios. É tal não observância que caracterizará a culpa.

Isso não significa que em condutas dolosas diretas o desmazelo com o dever de cuidado seja irrelevante. É que na conduta culposa esse rompimento do dever objetivo de cuidado é o determinante para atipicidade subjetiva, enquanto que na conduta dolosa é indispensável que se tenha uma determinação consciente de conduta para a realização do fato que se mostrará típico.

Para Welzel, os delitos culposos pressupõem o resultado, como lesão ou perigo de lesão a um bem jurídico. Há um somatório necessário entre o desvalor da ação e o desvalor do resultado. Ademais, a produção de resultado não poderia ser intencional, pois esta é uma característica dos delitos dolosos. Dessa forma, "a produção do resultado deve ser consequência, precisamente, da *falta de observância* do cuidado"[173]. A relevância do resultado culposo para o tipo, portanto, estaria vinculada a essa violação do dever de observância do cuidado.

Tal violação deve, ainda, estar relacionada à previsibilidade objetiva de que o resultado possa ocorrer. Seria objetiva a previsibilidade quando um homem inteligente, no momento de realizar o juízo pessoal de adequação de sua conduta no mundo, pudesse prever que agindo de determinada maneira, seria possível um resultado danoso a um bem jurídico de terceiro. Essa percepção, entretanto, somente é verificável diante de situações de risco que denotem que agir significa romper o dever de cuidado objetivo.

No plano normativo, por um lado a forma culposa compõe o próprio tipo formal específico do crime (tipo legal), pois deve estar prevista na própria norma penal incriminadora, como elemento do crime, sob pena de não existir crime culposo (conforme o parágrafo único do artigo 18 do Código Penal).

Por outro lado, porém, a definição da forma culposa se dá de maneira genérica no artigo 18, II, do Código Penal, enunciando uma definição

---

173 WELZEL, Hans. **O novo sistema jurídico penal**, p. 83.

que valora negativamente a vontade, no modo como esta é externalizada no mundo da vida (um modo imprudente, negligente ou imperito). Assim, a forma culposa é, ao mesmo tempo, um elemento normativo formal do tipo penal, vinculado a um resultado típico, e um elemento que denota um juízo negativo geral sobre a inadequada externalização subjetiva da vontade.

a) Elementos da culpa

Para que se verifique a ocorrência da culpa estrito senso, é necessário:

– uma conduta dominada ou dominável pela vontade humana, conduta que poderá ser comissiva ou omissiva, devendo ser voluntária;

– rompimento do dever de cuidado objetivo – os seres humanos em sociedade devem se preocupar com as possíveis consequências danosas de suas condutas e orientar seu comportamento no sentido de evitar tais consequências. O exercício da liberdade individual deve, portanto, dar-se de modo a não causar danos a terceiros[174]. Esse dever de cautela é chamado "dever objetivo de cuidado";

– resultado decorrente da conduta – da conduta deve sobrevir um resultado, entendido este como lesão à proteção penal dada a um bem ou interesse jurídico. A simples inobservância do dever de cuidado não constitui conduta típica, pois não há tentativa em crime culposo: é imprescindível a existência do resultado;

– evitabilidade do fato – o fato criminosa culposo seria evitável se o agente tivesse se conduzido de outro modo, pois se fosse inevitável não haveria crime (caso fortuito);

– previsibilidade do resultado – o resultado deve ser previsível para o agente. Isto significa a possibilidade de antevisão da sua ocorrência. Ao agente deve ser possível prever a possibilidade de ocorrência de uma lesão jurídica a terceiros caso ele aja de certo modo. Assim, consequen-

[174] Exemplificativamente, registre-se a decisão do Tribunal de Justiça do Rio Grande do Sul: "Acidente de trânsito. Imprudência do motorista ao cruzar pista de trânsito rápido. Colisão com motocicleta que vinha em sentido contrário. Morte do motociclista. Quebra do dever objetivo de cuidado. Inexistência de compensação de culpas em direito penal. Apelo improvido." (Tribunal de Justiça do Rio Grande do Sul – Apelação nº 70001350404 – Relator Manoel José Martinez Lucas – 15/08/01).

temente, não há crime se a ocorrência do resultado está além da previsibilidade do agente;

– tipicidade – os aspectos característicos do fato devem estar previstos como elementos típicos de um crime culposo. Tal necessidade deriva da interpretação lógica do parágrafo único do artigo 18 do Código Penal: em regra, todos os crimes são dolosos; podem ser culposos, no entanto, somente se existir expressa previsão legal da forma típica culposa.

b) Modalidades de culpa

Em relação ao modo de conduta, divide-se a culpa em imprudência, negligência e imperícia. Pode-se afirmar que a imprudência e a imperícia traduzem uma conduta comissiva – a imperícia nada mais é do que uma imprudência especialmente caracterizada -, enquanto que a negligência traduz uma conduta omissiva.

Reafirma-se que aquilo que a lei penal proíbe não é, isoladamente, uma conduta de imprudência ou negligência, nem apenas um resultado. A tipicidade do delito culposo dirige-se ao comportamento causador de um resultado lesivo. É partindo disso que se chega à caracterização das modalidades de culpa:

– imprudência – é a prática de uma ação perigosa. O agente atua com precipitação, afoiteza, ou sem cautelas (exemplos: caçar em local de excursões; dirigir sem óculos, sendo míope, etc).

– imperícia – é a prática de uma conduta característica de profissão ou arte sem ter conhecimentos técnicos apropriados para tal (exemplos: motorista de carro que, sem habilitação técnica específica, dirige caminhão; 'médico' não habilitado que expede receitas etc).

– negligência – é a ausência de precaução ou indiferença em relação a uma situação fática (exemplos: deixar automóvel estacionado em declive com o freio de mão desengatado; deixar substância tóxica ao alcance crianças etc).

É de se destacar que a técnica do legislador penal brasileiro, ao definir o crime culposo como aquele em que há imprudência, negligência ou imperícia, é com razão alvo de críticas[175]. Por um lado, afirma-se que

[175] Por todos, cite-se GALVÃO, Fernando. **Direito penal:** parte geral. Belo Horizonte: Del Rey, 2007, p. 184-185.

uma conduta pode ser ao mesmo tempo imprudente, imperita e negligente. Por outro lado, indica-se que tal opção legislativa não traduz nem caracteriza devidamente o que é fulcral no crime culposo: a forma recriminável de rompimento do dever objetivo de cuidado.

c) Espécies de culpa

Para efeitos analíticos, a culpa pode ainda ser dividida em consciente ou inconsciente, e grave, leve ou levíssima.

– Culpa consciente e inconsciente – na culpa inconsciente, o resultado não é previsto pelo agente, mas lhe seria previsível; na culpa consciente, o agente prevê o resultado, mas espera efetivamente que ele não ocorra.

– Culpa grave, leve e levíssima – importam apenas para a aplicação em concreto da pena, pois abstratamente a pena será a mesma. Diz respeito ao grau de rompimento do dever de cuida, ao grau de (i)responsabilidade do sujeito em relação ao fato.

d) Distinção entre culpa consciente e dolo eventual

Insistente questão tem perturbado a doutrina e a jurisprudência brasileiras: como distinguir culpa consciente e dolo eventual. A dificuldade prática decorre da proximidade teórica dos seus conceitos: na culpa consciente, o indivíduo prevê o resultado, mas acredita e confia que ele não ocorrerá; no dolo eventual, o indivíduo prevê o resultado, mas é indiferente se este ocorrerá ou não. Assim, o aspecto distintivo entre as duas figuras jurídicas seria que na culpa consciente o indivíduo não quer nem admite a possibilidade do resultado, enquanto que no dolo eventual ele não quer mas admite a possibilidade do resultado.

Porém, diante de uma situação concreta, como se pode identificar a diferenciação entre culpa consciente e dolo eventual, com a caracterização de um ou outro? Não há, como bem observa Juarez Tavares, consenso na jurisprudência brasileira a esse respeito, havendo três principais caminhos:

> o primeiro, que representa a maioria, é de exigir que, além de haver o agente realizado uma atividade perigosa ou arriscada, tenha aceitado o resultado ou nele consentido. O segundo acolhendo a teoria da

indiferença e o terceiro com o entendimento lastreado no âmbito da teoria da probabilidade.[176].

Crê-se, entretanto, que em tal diferenciação o recurso de que se dispõe é a análise dos dados objetivos que cercam o fato, fazendo com que as teorias da indiferença e da probabilidade sirvam como base para a teoria do consentimento. Assim, se os dados indicam que quando o indivíduo decidiu agir havia intensa probabilidade de que o resultado ocorresse, ele terá aceitado (consentido) com indiferença a possibilidade de sua ocorrência – caracterizando o dolo eventual. Se, no entanto, os dados indicam que quando o indivíduo decidiu agir a probabilidade de que o resultado ocorresse não era muito intensa (embora possível), ele não terá aceitado, consentido na possibilidade de sua ocorrência – caracterizando apenas a culpa consciente. Vê-se, pois, que a análise se torna mais objetiva, embora permaneça tendo que ser feita caso a caso, e sem desconsiderar a teoria de consentimento, que serviu de referência para o legislador[177].

9.1.3 Consumação e tentativa

A realização de um tipo penal incriminador, de um crime, no mundo dos fatos, pode se dar de forma completa ou incompleta. Tal ideia de completude é avaliada levando-se em consideração as características típicas do crime. Analisa-se o tipo penal no plano normativo, quanto ao modo específico como está definido pelo legislador, verificando-se quais

---

176 TAVARES, Juarez. **Teoria do injusto penal**, p. 345-346. Tal autor, entretanto, aposta na teoria da indiferença (vide a respeito, na mesma obra, p. 346-354).

177 Devido a isso, situações que aparentemente configurariam o dolo eventual ou a culpa consciente, podem ganhar outra conotação de acordo com o caso concreto. Ilustre-se com uma singular posição do Tribunal de Justiça do Rio Grande do Sul: "Não configura o tipo do artigo 121, caput, dolo eventual, quando o condutor, mesmo que embriagado, ultrapasse o sinal que trocava para o vermelho, colhendo a moto que arrancou, iniciando a travessia, tão logo liberado o verde, ante a circunstância de que encoberta pelo coletivo, que percebendo a manobra perigosa do caminhão parou. 2 – Delitos cometidos na circulação do transito são, em regra, culposos, sendo necessário mais do que embriaguez ao volante, alta velocidade para que a conduta desloque-se para o tipo doloso e indique que, além de previsível o resultado, o agente a ela aquiesceu. Refoge a conduta delituosa de competência do júri, permanecendo a culpa (Terceira Câmara Criminal do Tribunal de Justiça do Rio Grande do Sul – Recurso em Sentido Estrito nº 70004510871 – Relatora Elba Aparecida Nicolli Bastos – 10/10/2002)".

são os aspectos que deverão ocorrer no plano fático para que tal definição seja preenchida por completo.

Tal análise do tipo penal determina o *iter criminis*, ou seja, qual o caminho, o percurso que a conduta deve seguir do início da execução típica até a consumação. Assim, o *iter criminis* passa pela cognição (concepção), pela preparação, pela execução e chega à consumação.

Por decorrência, a figura jurídica da consumação e a figura jurídica da tentativa estão ligadas à tipicidade. Na consumação, trata-se de tipicidade completa, percorrendo o *iter criminis* por inteiro. Já na tentativa, trata-se de tipicidade incompleta, pois o fato entra na fase de execução típica, mas não a completa.

O crime estará consumado se o fato criminosa preencher por completo todas as características do tipo penal – tal qual estiverem descritas em lei. Entretanto, será apenas tentado quando houver realização do tipo – há tipicidade, portanto -, mas algum dos seus elementos típicos não for preenchido por completo.

A consumação e a tentativa estão previstas no artigo 14 do Código Penal. Reza o Código que se considera o crime consumado "quando nele reúnem-se todas as circunstâncias de sua definição legal". Quando, no fato, todos os elementos do tipo penal, as circunstâncias de sua definição legal, forem preenchidos pelo fato concreto, haverá consumação. Assim, num crime material somente estará configurada a consumação se o resultado naturalístico for produzido, nos termos que o tipo penal exige. Num crime formal, em que o tipo incriminador não exige a ocorrência do resultado naturalístico, bastará a conduta típica completa para configurar a consumação.

No mesmo artigo 14, a tentativa é prevista como a situação em que o resultado não ocorre por circunstâncias alheias à vontade do agente criminosa. Ou seja, o indivíduo pratica sua conduta consciente do que está fazendo, com determinação de chegar ao fim ilícito. Porém, devido a fatores contrários ao seu desejo, não consegue completar a realização dos elementos típicos do crime. Apesar da sua vontade, o resultado típico não ocorre.

Como exemplo da tentativa em crime material, tem-se o homicídio (artigo 129, Código Penal): por maiores que sejam as lesões sofridas pela vítima, se ela não morrer não estará consumado o crime, pois o tipo incriminador exige o resultado naturalístico – a morte – para a consumação. Já num crime formal, como a extorsão mediante sequestro (artigo 159, Código Penal), o tipo incriminador não exige a ocorrência do resultado naturalístico final – a obtenção da vantagem indevida: basta que o indivíduo pratique o sequestro com induvidosa intenção de obter a vantagem como condição ou preço do resgate da vítima e o crime estará consumado. Neste caso, porém, cabe a tentativa, nas circunstâncias em que o indivíduo inicia a atividade de sequestro – com a intenção de vantagem indevida – mas não consegue, por circunstâncias alheias à sua vontade, concluir tal ação.

A tentativa pressupõe que o agente deseje realizar a conduta típica e inicie a execução, mas haja interrupção do *iter criminis*. Tal início da execução, para que possa configurar o crime tentado, deve se dar de tal modo que se caracterize como relevante e inequívoco frente ao fato previsto no tipo penal (sob pena de atipicidade do fato)[178]. O agente deve efetivamente estar realizando atos executórios do tipo penal para que se possa falar em tentativa.

Ademais, tal desejo de realizar a conduta típica caracteriza já a necessidade do dolo para que haja a caracterização da tentativa – para que se caracterize, pois, as "circunstâncias alheias à **vontade** do agente"[179]. Caso contrário, não haverá a tipicidade da tentativa, será um fato atípico.

Deve-se de imediato ressaltar a impossibilidade da tentativa em situação de conduta culposa – os crimes culposos somente se dão na forma consumada. Afinal, se o crime não se consuma por circunstâncias alheias à vontade do agente, é porque é necessária a vontade de produzir a con-

---

178 Esse entendimento já foi esposado pelo Tribunal de Justiça do Rio Grande do Sul: "Tentativa de furto. Ausente o objeto material da subtração, não há falar em crime de furto na forma tentada. O direito penal não se compadece com probabilidades. A quebra do vidro de uma porta, não sucedida da apreensão de algum bem, pode configurar, no máximo, crime de dano. Ação penal privada não ajuizada. Sentença absolutória mantida." (Tribunal de Justiça do Rio Grande do Sul – Apelação nº 70003537842 – Relator Paulo Moacir Aguiar Vieira – 05/12/01).

179 Em sentido contrário, vide ZAFFARONI, Eugenio Raúl; PIERANGELI, José Henrique. **Manual de direito penal brasileiro:** parte geral, p. 702-703.

duta típica (e o resultado, pressupõe-se). O crime culposo exatamente caracteriza-se por não existir a vontade de produzir a conduta típica, mas tão somente o rompimento do dever de cuidado (conforme já visto).

Mais complexa é a questão da compatibilidade do dolo eventual com a tentativa. Crê-se que há incompatibilidade legal do artigo 14 do Código Penal com a figura do dolo eventual prevista no artigo 18. Neste fala-se em querer o resultado ou assumir o risco de produzi-lo: a expressão "ou" indica que quem assume o risco de produzir o resultado não o quer diretamente**, não tinha a vontade** de produzi-lo (caso contrário, existiria dolo direto). Já o artigo 14 se refere a circunstâncias alheias à **vontade** do agente, e tal vontade só poder ser, por rigor lógico, de produzir o resultado. Assim, se o artigo 14 exige para a tentativa (por sua redação) vontade de realizar a conduta típica e produzir o resultado, e se o artigo 18, por rigor lógico, prevê que no dolo eventual não há essa específica vontade, aplicando-se o princípio da legalidade (numa perspectiva garantista) deve-se concluir que havendo conduta dolosa eventual não é possível a configuração da tentativa, sob pena de afronta ao disposto previamente em lei.

Deve-se perceber que há diferença no modo como se configura a tentativa em crimes materiais e em crimes formais. Nos crimes materiais, haverá consumação apenas quando **e** se ocorrer o resultado naturalístico previsto no tipo. Por decorrência, se houver a conduta pretendida pelo agente de maneira incompleta e sem que ocorra o resultado, haverá caracterização da tentativa – a chamada tentativa imperfeita. Se ocorrer a conduta pretendida pelo agente de maneira completa, mas o resultado não ocorrer, igualmente haverá caracterização da tentativa – a chamada tentativa perfeita.

Já os crimes formais, que não dependem da ocorrência do resultado, consumam-se quando a conduta típica é realizada por completo. Em decorrência, só haveria a tentativa se a conduta descrita no tipo penal for iniciada, mas não se concluir – não haveria completude da tipicidade.

Interessa, também, distinguir a tentativa branca da tentativa cruenta. Tal distinção importa na caracterização da tentativa e no cálculo da pena em crimes de homicídio, assim como naqueles em que a morte funciona como elemento qualificador do crime. Branca é a tentativa em que o indivíduo ao menos inicia a prática intencional da conduta, buscando o resultado, mas não chega a atingir fisicamente a vítima. Cruenta é a tentativa quando o indivíduo inicia a prática intencional da conduta, chega a atingir fisicamente a vítima, lesionando-a, mas não chega ao resultado final pretendido.

Uma última questão ainda deve ser esclarecida: o critério para se calcular a pena no caso de tentativa. Isso porque o artigo 14 prevê uma margem de redução de 1 a 2/3 da pena no caso de tentativa. Mas, como se procede ao cálculo? Segue-se o previsto pelo artigo 68 do Código Penal: pena-base (como se o crime tivesse sido consumado); atenuantes e agravantes; e, enfim, causas de diminuição ou de aumento da pena. Dentre estas últimas estará a tentativa, aplicada, portanto, na terceira etapa de cálculo da pena.

Para se definir se a redução da pena, no caso da tentativa, ficará mais próxima do mínimo ou do máximo de redução da pena, deve-se considerar o quanto a conduta típica esteve próxima da consumação. Trata-se, portanto, de um critério objetivo, ligado 'a proximidade de realização plena do tipo penal. Se a conduta aproximou-se da consumação, deve-se se reduzir a pena aproximando-se ou chegando ao mínimo legal (1/3), conforme o caso; se a conduta ficou distante da consumação, a redução deve se aproximar ou equivaler ao máximo legal (2/3), conforme o caso.

9.1.4 Desistência voluntária e arrependimento eficaz

Existem duas situações semelhantes à tentativa para as quais o Código prevê um tratamento diferenciado: a desistência voluntária e o arrependimento eficaz. Em vez do critério de punição do parágrafo único do artigo 14, tem-se no artigo 15 uma norma de desclassificação típica: diminui-se ou se eliminam as possíveis consequências punitivas que o agente do crime sofreria, devido a um comportamento específico seu (que o legislador quer incentivar). Esse comportamento mostra uma mudança no *animus* do agente, que inicialmente pretendia a consumação, mas muda de ideia.

A desistência voluntária se caracteriza como a situação em que o indivíduo, após ter iniciado a execução da conduta típica, desiste de concluí-la – assemelha-se à tentativa imperfeita. Já o arrependimento eficaz se caracteriza como uma situação em que o indivíduo, após ter completado a realização da conduta típica, pratica nova ação, destinada a impedir que o resultado ocorra – assemelha-se à tentativa perfeita.

Embora os aspectos objetivos de uma e outra situação sejam similares à tentativa criminosa, há uma diferença significativa. Na tentativa, o indivíduo busca, até o final do seu comportamento, consumar o delito, o que só não ocorre porque aspectos externos à sua vontade (a interferência de alguém, a fuga da vítima etc) impedem que isso se efetive. Já na desistência voluntária e no arrependimento eficaz, o próprio indivíduo muda o conteúdo de sua vontade, muda de ideia, e devido a essa mudança (ou, ao menos, também devido a essa mudança) o delito não se consuma. Assim, na tentativa a consumação não ocorre apesar da vontade do agente, enquanto que na desistência voluntária e no arrependimento eficaz ela não ocorre devido à vontade do agente – ou, ao menos, também devido à vontade do agente.

Deve se ressaltar, então, que tanto a desistência quanto o arrependimento devem ser voluntários. A decisão de não completar a conduta típica já iniciada ou de tentar impedir que o resultado ocorra deve se dar por decisão livre do agente, demonstrando a mudança no conteúdo de sua manifestação de vontade. Não se confunda, porém, voluntariedade com espontaneidade. Voluntário é aquilo que se dá por decisão livre de alguém; espontâneo é aquilo que se dá por ideia da própria pessoa.

De outra parte, nas duas situações a consumação não pode ocorrer, o resultado deve ser impedido. Para que possa incidir o artigo 15 do Código Penal a desistência ou o arrependimento devem ser eficazes. Se o resultado ocorrer, não obstante o indivíduo tiver desistido ou se arrependido, tratar-se-á de crime consumado.

Caracterizados, no fato, a desistência ou o arrependimento, incide o artigo 15 do Código Penal. Com isso, o indivíduo somente responderá "pelos atos já praticados". Isso significa que fica descaracterizada a tentativa do crime inicialmente pretendido, respondendo por aquilo que já causou com sua conduta: se pretendia matar, por exemplo, não responderá por homicídio tentado, mas poderá responder por lesão corporal – isso se chegou a efetivamente lesionar a vítima.

9.1.5 Crime impossível

O artigo 17 do Código Penal prevê a figura jurídica do crime impossível. Trata-se de situação de hipotética tentativa, a qual não se pode consumar, por ser objetivamente inviável.

Primeiramente, é de se ressaltar ser inadequada a expressão "crime impossível". Há casos em que o meio é aparente ineficaz, mas o indivíduo obtém o resultado. Assim, não há tentativa impossível, mas sim tentativa inviável, tentativa que se demonstrou inviável frente ao resultado pretendido pelo agente. A adjetivação "impossível" é taxativa, não abre brechas; a adjetivação "inviável" indica a circunstancialidade, possibilita exceções. Não obstante isso, não se deve confundir o crime tentado com a tentativa inviável[180].

Tem-se, então, a partir do artigo 17 do Código Penal, uma tentativa inviável, um crime tentado inviável. Há dolo do agente, intenção de causar o resultado típico. Porém, a tipicidade objetiva não tinha como se completar, devido a uma de duas hipóteses: ineficácia absoluta do meio e impropriedade absoluta do objeto.

A ineficácia absoluta do meio verifica-se quando o meio utilizado pelo agente para a prática do crime que desejava consumar é absolutamente incapaz, nas circunstâncias do fato, de provocar o resultado pretendido. Perceba-se novamente que a intenção criminosa, que é aspecto subjetivo da tipicidade, existe, mas a tipicidade objetiva não tem como se configurar.

É de se destacar que a ineficácia absoluta do meio somente pode ser verificada nas circunstâncias do fato. Isso significa, primeiramente, que somente se falará em tal ineficácia se o indivíduo, através de sua

---

180 Nesse sentido, há exemplar decisão do antigo Tribunal de Alçada Criminal de São Paulo: "No crime impossível, enquanto se desenrola a ação do agente ela não sofre interferência alheia, ao passo que na tentativa quase sempre a ação é interrompida por injunção interna. Nesta, também, o resultado delituoso é sempre possível porque os meios empregados são, por sua natureza, idôneos, e o objeto contra o qual se dirigiu a sua conduta é 'um bem jurídico suscetível de sofrer lesão ou perigo de lesão', ao passo que, naquele, o emprego de meios ineficazes ou o ataque a objetos impróprios, isto é, a bens jurídicos que não comportam ofensa ou perigo de ofensa, inviabiliza o resultado delituoso." (Apelação Criminal – Relator José Habice – Revista de Jurisprudência e Doutrina do Tribunal de Alçada Criminal de São Paulo, 8/100).

conduta, mesmo que indiretamente, não causou o resultado; se causou o resultado, não se falará da incidência do artigo 17, mas sim de crime consumado.

Assim, imagine-se que um indivíduo, com dolo homicida, saca de um revólver que está descarregado, sem que ele tenha conhecimento disto, e puxa o gatilho, com a arma apontada para a cabeça da vítima. Esta, evidentemente, não morrerá de tiros, o que era a intenção do agente. Mas, suponha-se que a vítima sofreu um ataque cardíaco em virtude da situação, vindo a falecer. Ora, o ataque cardíaco é uma concausa superveniente relativamente independente, a qual estaria em desdobramento lógico com a conduta do agente. Portanto, haveria o somatório de forças, respondendo o agente pelo resultado morte.

Além disso, deve-se considerar que um meio 'X', que pode ser absolutamente ineficaz para a prática de um crime 'Y', poderia não o ser para a prática de outro crime. Assim, a mesma arma descarregada, que seria ordinariamente meio absolutamente ineficaz para um homicídio (com a ressalva feita no exemplo acima), seria meio efetivamente aceitável para a grave ameaça de um roubo.

Reitera-se, portanto, que a ineficácia absoluta do meio deve ser analisada de forma circunstancial. Por outros termos, não se trata de ineficácia universal do meio, mas sim absoluta do meio para aquele caso que estiver em análise.

Já a impropriedade absoluta do objeto leva em consideração o objeto atingido pelo agente em ralação ao crime por ele pretendido. Ou seja, o agente atinge um objeto 'X', quando na realidade imaginava estar atingindo um objeto 'Y'. Se o agente atingisse o objeto 'X', haveria o crime por ele pretendido. No entanto, como o que ele atinge é 'Y', não há como se configurar a tipicidade do crime que ele pretendia.

Imagine-se, por exemplo, alguém que descarrega um revólver em um indivíduo que já está morto (sem disso ter consciência): sua intenção é matar, mas um cadáver é objeto inadequado para a configuração da tipicidade do homicídio. Novamente, porém, tal análise é circunstancial. O corpo de um morto é objeto inadequado para um homicídio pretendido pelo agente que coloca fogo em tal cadáver. Porém, se seu dolo fosse dirigido a um vilipêndio de cadáver (artigo 212 do Código Penal), a tipicidade de tal crime estaria perfeitamente configurada.

O que se tem, enfim, é que, caracterizada a tentativa como tipicamente inviável, não haverá tipicidade no seu aspecto objetivo, ao menos quanto ao crime pretendido pelo agente. Não havendo tipicidade viável, não haverá o crime pretendido nem mesmo na forma tentada.

Tal não significa, porém, que seja impossível que o agente responda por algo criminalmente. Pode ocorrer, por exemplo, que, para tentar matar alguém com a arma descarregada, tenha invadido o domicílio de sua família. O ato preparatório já configuraria um crime. Portanto, não haveria para ele homicídio tentado, mas residualmente responderia pela violação de domicílio (artigo 150 do Código Penal).

9.1.6 Tipicidade no concurso de pessoas

Um crime é um fenômeno social, cujo cometimento pode ser individual ou coletivo. Sua caracterização jurídica passa pela tipicidade, nos seus aspectos objetivos e subjetivos. Ocorre que, quando o fato criminoso é cometido por mais de uma pessoa, nem sempre a conduta de cada um corresponde à exata definição legal do crime. Com isso haveria, em relação aos aspectos já estudados sobre tipicidade, um problema jurídico, pois somente há crime nos termos de sua definição legal.

A legislação, entretanto, traz uma amarração legal que satisfaz as exigências decorrentes do princípio constitucional penal da legalidade. Trata-se do artigo 29 do Código Penal, que traz no *caput* uma **regra de tipicidade por adesão**, mediante a qual a tipicidade de uma conduta principal é extensível às condutas acessórias, mesmo que estas isoladamente não sejam típicas ou, ao menos, não representem por si só a mesma tipicidade da conduta principal. O concurso de pessoas, então, consiste no cometimento de um crime por duas ou mais pessoas em mútua colaboração: os indivíduos somam as suas condutas em busca de um fim criminoso comum.

Como decorrência, os crimes, quanto aos sujeitos que os praticam, podem se caracterizar como crimes de concurso de pessoas circunstancial ou crimes de concurso de pessoas necessário, de acordo com o modelo utilizado pelo legislador em cada tipo penal incriminador. No primeiro caso, fala-se em crimes unissubjetivos; no segundo caso, em crimes plurissubjetivos.

Nos crimes unissubjetivos, é suficiente a conduta de uma pessoa para que haja a tipicidade (por exemplo, homicídio, lesões corporais, furto). Ou seja, o concurso de pessoas é possível, mas não é necessário. Para que aquele específico crime se configure tipicamente, é indiferente que seja cometido por uma ou mais pessoas. A pluralidade de agentes pode, quando muito, significar uma majorante ou uma qualificadora do crime.

Já quanto aos crimes plurissubjetivos, o próprio tipo penal prevê a necessidade de seu cometimento por várias pessoas para que haja a configuração da tipicidade (por exemplo, formação de quadrilha, rixa, esbulho possessório). Se o número mínimo de pessoas exigido pelo tipo incriminador não for satisfeito, não haverá tipicidade daquele crime.

I – A caracterização do concurso de pessoas

Prevê o artigo 29 do Código Penal: "Quem, de qualquer modo, concorre para o crime, incide nas penas para este cominadas, na medida de sua culpabilidade".

A conduta individual é considerada uma parte de um todo, e este todo é que é típico. Imagine-se, por exemplo, dois indivíduos que resolvem roubar um supermercado; um armado, outro não. O que está armado ameaça as pessoas lá presentes, enquanto o outro indivíduo junta o dinheiro do caixa. O primeiro, individualmente, estaria através de grave ameaça constrangendo ilegalmente; o segundo individualmente estaria furtando. Ocorre, como se afirmou acima, que o fato é um só, é um todo – e este todo, no exemplo, é tipicamente um roubo, corresponde ao tipo penal do roubo.

Há três teorias principais sobre o concurso de pessoas: pluralística – tantos crimes quantos forem os concorrentes; dualística – um crime para os autores e outro para os partícipes; monista (ou unitária) – um só e mesmo crime para todos os concorrentes. Esta última foi referência, no Código Penal brasileiro, para a redação do artigo 29 vigente. Assim sendo, os indivíduos que agem com objetivo comum, concorrendo para a prática do mesmo crime, por ele serão responsabilizados, independente da circunstância de que sua conduta isoladamente não preencheria a tipicidade daquele crime. Através do concurso de pessoas, fica estabelecido que todos os concorrentes sujeitam-se à imputação do mesmo crime (teoria monista), pois a tipicidade do fato seria a mesma.

Tal não significa, porém, que a pena vai ser idêntica para todos os concorrentes: o que ordinariamente será idêntico é o enquadramento típico, e por decorrência a pena abstrata. A pena concreta será fixada pelo juiz levando em consideração a conduta de cada um, a importância que cada um teve para a realização do crime, além de aspectos que serão individuais, como a reincidência. Isso atende a parte final do *caput* do artigo 29: "na medida de sua culpabilidade". Ressalte-se o artigo 5°, XLVI da Constituição Federal de 1988, que consagra o princípio da individualização das penas: a pena será fixada individualmente para cada indivíduo condenado pela prática criminosa em concurso de pessoas.

A concorrência para um objetivo criminoso comum pode se dar através de duas formas básicas: mediante acordo prévio entre os indivíduos, em que os concorrentes já partem para a realização do crime previamente combinados; ou pela aderência de um indivíduo à já iniciada conduta do outro.

Para que se caracterize um concurso de pessoas, os seguintes aspectos devem ser existentes[181]:

a) pluralidade de comportamentos – devem existir condutas, ainda que conjuntas, de duas ou mais pessoas;

b) nexo causal – é necessário que o comportamento do coautor ou partícipe tenha relevância causal para a ação ou o resultado;

c) vínculo subjetivo – os concorrentes devem ter consciência de que contribuem para um fim comum;

d) identidade de crime – todos devem contribuir para a mesma infração penal.

Pode-se acrescentar aqui, como um aspecto geral de análise, que o indivíduo concorre para o crime quando seu comportamento comissivo cria ou aumenta o risco não permitido na situação de fato; ou quando,

---

[181] Confome RAMOS, Beatriz Vargas. **Do concurso de pessoas**. Belo Horizonte: Del Rey, 1996, p. 133.

com seu comportamento omissivo, deixa de intervir para minimizar ou evitar uma situação de risco, quando era seu dever agir.

II – Coautoria e participação

Na caracterização do concurso de pessoas em uma situação real, para que haja relevância típica do comportamento, o indivíduo deverá atuar diretamente na realização do fato descrito no tipo penal incriminador, ou deverá atuar de forma que seu comportamento condicione ou facilite ou estimule a realização típica. Importa que, seja como coautor, seja como partícipe, estejam presentes os liames objetivos e subjetivos:

Como forma de atividade delituosa, o concurso de pessoas não pode prescindir de dois "coeficientes": o material e o psicológico.

> Se o autor concorre tanto de maneira objetiva, quanto de maneira subjetiva, para a realização do crime, assim também coopera o partícipe. O concurso é um concurso de ações, de condutas. É preciso que o ato do partícipe se exteriorize, que se refira a determinada atitude delituosa.[182]

Não há controvérsias quanto a afirmar que existirá coautoria – concorrência de condutas típicas e/ou de vontades determinantes – quando os indivíduos atuarem de modo decisivo para a realização do tipo penal incriminador.

A concepção de coautoria decorre da ideia de que haja, no fato, uma pluralidade de autores. Autor é aquele que realiza o núcleo da figura típica (teoria objetiva); mas pode ser também aquele que possui o "domínio do fato", com o controle sobre a finalidade da conduta e uma determinação sobre a sua ocorrência (teoria subjetiva).

Pois, bem: como a expressão coautor representa autoria conjunta, coautores de um crime são todos aqueles que em relação a um mesmo crime realizam cooperativamente o núcleo da figura típica penal.

Pode ocorrer, entretanto, que um indivíduo atue na execução do tipo enquanto o outro pratica ações meramente auxiliares (materiais ou mo-

[182] RAMOS, Beatriz Vargas. **Do concurso de pessoas**, p. 133.

rais[183]). Nesse caso, para este último indivíduo não há tipicidade direta, mas apenas a tipicidade indireta decorrente da incidência do artigo 29 do Código Penal, com sua natureza de norma de extensão típica. Trata-se da participação, que ocorre quando o indivíduo apenas auxilia, induz ou prepara a conduta principal de outrem (esta sim típica).

A participação deve ser enquadrada tipicamente e punida com base no favorecimento à realização da conduta típica por outra pessoa, pela contribuição que a conduta do partícipe dá à realização de um tipo penal por outrem. Isso denota que a conduta do partícipe é uma conduta acessória, vinculada à tipicidade e a ilicitude da conduta principal do autor ou coautores.

Quanto ao domínio do fato, predomina o entendimento de que todos aqueles que têm poder de determinação efetiva sobre a realização do fato típico também são considerados coautores. Quanto a essa determinação efetiva de realização típica, ensina Juarez Cirino que

> a ideia básica da teoria do *domínio do fato* pode ser assim enunciada: o autor *domina* a realização do fato típico, controlando a continuidade ou a paralisação da ação típica; o partícipe *não domina* a realização do fato típico, não tem controle sobre a continuidade ou paralisação da ação típica.[184]

De outra parte, predomina nos tribunais brasileiros a teoria da acessoriedade limitada, pela qual o caráter criminal da conduta do partícipe não depende da culpabilidade da conduta do autor: basta que esta seja típica e ilícita. Se não fosse assim, se alguém auxiliasse um inimputável a cometer um fato típico, não havendo crime para o inimputável por ausência de culpabilidade, não haveria também para o partícipe.

Ainda quanto à participação, é relevante salientar o disposto no §1º do artigo 29, em que deverá haver redução de pena quando a participação se caracterizar como de menor importância na prática do crime. A conduta do indivíduo contribui para o crime no seu todo, porém de

183 Participação material ocorre quando há auxílio efetivo à realização típica; participação moral ocorre quando há induzimento ou instigação.

184 SANTOS, Juarez Cirino dos. **A moderna teoria do fato punível.** 2. ed. Rio de Janeiro: Freitas Bastos, 2002, p. 279.

uma forma periférica, pois importância no contexto típico existe, mas é de pouca relevância quando comparada com a(s) conduta(s) dos demais concorrentes. Para tal situação, o §1° indica a hipótese de reduzir-se a pena de um sexto a um terço; a diminuição é obrigatória quando juiz reconhecer a menor importância da participação, variando apenas o *quantum* da redução.

III – Questões pontuais

a) Crime mais grave do que o pretendido

Caracterizado o concurso de pessoas, pode ocorrer que um dos concorrentes tivesse intenção de praticar uma ação criminosa menos grave, sendo surpreendido por um comportamento típico mais grave do outro concorrente. O primeiro, que desejava o crime menos grave, responderá apenas pelo delito que desejava cometer, enquanto aquele que praticou o ato criminoso mais grave responderá por este.

Isso decorre da circunstância de que a finalidade da conduta típica é aspecto subjetivo ínsito ao concurso de pessoas. Deve existir uma ligação subjetiva de cooperação ou adesão da conduta de um em relação à conduta do outro. Quando um dos concorrentes faz mais do que era claramente pretendido pelo outro, quebra-se, quanto a esse algo mais, o liame subjetivo.

Se a prática de delito mais grave pelo parceiro no crime era imprevisível para aquele que pretendia o crime menos grave, simplesmente sua pena será a deste crime. Entretanto, se, havia previsibilidade, haverá um aumento da pena do crime menos grave até à metade (§2° do artigo 29 do Código Penal brasileiro).

b) Comunicabilidade de condições e circunstâncias subjetivas

Os tipos penais são compostos por características peculiares que caracterizam a definição do crime, indicando aquilo que é essencial para que um fato da vida humana seja considerado crime. Tais características peculiares, como se viu antes, são chamadas de **elementares típicas**.

Essas elementares típicas podem se configurar como condições ou circunstâncias pessoais. As condições elementares de caráter pessoal são aspectos da definição do crime que indicam a necessidade de que o agente tenha alguma característica pessoal peculiar, sem a qual o crime não se configura. As circunstâncias elementares de caráter pessoal são aspectos da definição do crime que indicam a necessidade de que o agente esteja sob alguma circunstância que afete seu modo de agir – igualmente, sob pena de aquele crime não se configurar.

As circunstâncias e condições elementares do crime, sejam objetivas ou pessoais, subjetivas, comunicam-se entre os concorrentes. Isso significa que todos aqueles que concorrem para a prática do crime serão alcançados juridicamente, em seu comportamento, pela tipicidade incriminadora.

Para prevenir dúvidas quanto à comunicabilidade das circunstâncias elementares subjetivas – já que quanto às objetivas não existem controvérsias relevantes – o artigo 30 do Código Penal prevê que não se comunicam as condições e circunstâncias pessoais, a não ser que se caracterizem como elementares do crime. Em virtude de tal disposição legal, exclui-se a comunicabilidade no concurso de pessoas apenas no que respeita às circunstâncias e condições subjetivas que não sejam elementares do tipo penal – é o caso, por exemplo, da atenuação da pena pela idade (artigo 65, Código Penal brasileiro) ou pela violenta emoção após injusta provocação da vítima (artigo 121, §1º).

Assim sendo, se a condição ou circunstância de natureza pessoal, subjetiva, compuser o tipo penal, se for uma elementar típica, será isso bastante para firmar o enquadramento de todos os concorrentes que dela soubessem nesse mesmo crime, ainda que algum indivíduo não possua isoladamente a condição ou não esteja sob a circunstância.

Não obstante a disposição legal, algumas controvérsias teórico práticas ainda subsistem. Para efeito didático, analisar-se-á a seguir duas situações paradigmáticas sobre a questão: a comunicabilidade no infanticídio e no estupro.

No **crime de infanticídio**, tem-se que o artigo 123 do Código Penal traz como elementares típicas do infanticídio uma condição de caráter pessoal implícita – mãe que está dando ou acabou de dar a luz – e uma circunstância de caráter pessoal explícita – estar sob influência do estado puerperal.

Ora, o artigo 30 do Código Penal especifica que as circunstâncias e condições de caráter pessoal se comunicam entre os coautores e partícipes. Sendo assim, por mais que cause estranheza a ocorrência do concurso de pessoas no infanticídio em termos de política criminal, por gerar para o concorrente uma pena menor que a do homicídio, devido à incidência do referido artigo 30 é forçoso se concluir por sua admissibilidade.

No **crime de peculato**, tem-se que o artigo 312 do Código traz como elementar típica uma condição de caráter pessoal: ser o agente funcionário público. Tal condição estende-se àquele que age colaborativamente com o funcionário público, estendendo a tipicidade do peculato ao não funcionário.

Entretanto, esta comunicabilidade deve ocorrer quando a pessoa que detém a condição típica especial ou que está sob a circunstância típica especial pratique conduta de autoria (coautoria), pratique conduta típica principal. Caso isso não ocorra, se a conduta de autoria for daquele que não preenche a elementar de caráter pessoal, sua conduta é que deve determinar a tipicidade básica[185].

c) Concurso de pessoas e inimputabilidade

Uma questão que tem gerado muitos equívocos diz respeito à existência ou não de concurso de pessoas no caso de um dos agentes ser inimputável.

Deve-se aqui reforçar que o concurso de pessoas diz respeito à tipicidade do fato. Através das regras atinentes ao concurso de pessoas, verifica-se se o fato é típico para todos os concorrentes. Como a tipicidade compõem o injusto penal, igualmente a análise do concurso de pessoas se dá no âmbito do injusto.

Por decorrência, não se pode condicionar a existência ou não do concurso de pessoas à existência ou não de culpabilidade. Afinal, a aderência típica gerada pela norma básica do caput do artigo 29 do Código

185 Essa interpretação, no entanto, não se deve aplicar a situações como a do infanticídio. Isso porque se trata de atuação hermenêutica restritiva do alcance da norma legislada (artigo do Código), e tal operação hermenêutica não pode ser feita em desfavor de direito do réu.

Penal brasileiro não opera no âmbito da culpabilidade, mas sim no âmbito do injusto penal.[186]

Uma elucidativa situação pode ilustrar a complexidade do problema: suponha-se um menor inimputável que, armado, convide um maior imputável para auxiliá-lo na prática criminosa: o imputável deve dirigir seu carro até o local do crime, levando o inimputável que declaradamente deseja cometer um homicídio; deve aguardar no veículo, para que este possa fugir rapidamente do local. Perpetrado o fato, tem-se uma questão: o menor, que foi o autor e que tinha o domínio da ação, terá praticado fato típico? Ora, sua conduta é objetiva e subjetivamente típica, mas sobre ela incidirá uma excludente da culpabilidade. Já o maior terá conduta típica por extensão, já que seu comportamento adere ao comportamento do menor, a tipicidade do comportamento do menor se lhe estende, respondendo pelo homicídio devido ao concurso de pessoas.

d) Outras questões

Parte da teoria penal[187] tem admitido a coautoria em crime culposo. Entendem que os indivíduos que cooperam culposamente na causa do evento danoso – rompimento do dever de cuidado – caracterizam-se como coautores. Tem sido corrente, entretanto, a posição de que somente é admissível a coautoria, não sendo cabível a participação[188]. Crê-se aqui, em discordância, que no problema não há liame subjetivo em relação a uma finalidade comum, compartilhada – já que as condutas não são dirigidas ao fim ilícito. Os agentes culposos devem responder

---

[186] O STF recentemente se posicionou a respeito: EMENTA. Habeas corpus. Roubo majorado pelo concurso de agentes. Artigo 157, § 2°, inciso II, do Código Penal. Delito cometido em concurso com menor inimputável. Pretendida exclusão de causa de aumento de pena. Irrelevância. Incidência da majorante. Ordem denegada. 1. O fato de o crime ter sido cometido por duas pessoas, sendo uma delas menor inimputável, não tem o condão de descaracterizar o concurso de agentes, de modo a excluir a causa de aumento prevista no inciso II do § 2° do art. 157 do Código Penal. 2. Ordem denegada. (HC 110425, Relator(a): Min. DIAS TOFFOLI, Primeira Turma, julgado em 05/06/2012, PROCESSO ELETRÔNICO DJe-155 DIVULG 07-08-2012 PUBLIC 08-08-2012)

[187] Veja-se, por todos, RAMOS, Beatriz Vargas. **Do concurso de pessoas**, p. 163-165. Em sentido contrário, argumenta-se que, se os indivíduos estão ligados à causa – rompimento do dever de cuidado – cooperativamente, cada um estará caracterizado como autor isolado, por si só, de crime culposo, não se podendo falar em concurso se pessoas.

[188] Sobre tal questão vide MIRABETE, Julio Fabbrini. **Manual de direito penal**, v. I, p. 235.

cada um por sua própria conduta culposa, e não por hipotético concurso de pessoas.

Há, também, a situação de autoria mediata. Nesta, um indivíduo utiliza-se de outrem para a realização do fato típico. Aquele que realiza o fato funciona como mero instrumento do autor mediato. Tal se dá nos casos de subordinação da vontade do agente, de quem se exclui a culpabilidade, à vontade do autor mediato: erro induzido, coação irresistível, obediência hierárquica, uso de inimputáveis. O autor mediato responderá tipicamente pelo fato sem ressalvas. Por exemplo, se um imputável mancomuna-se com um inimputável, a quem comanda, para a prática de um furto, o imputável terá contra si a tipicidade do furto qualificado pelo concurso de pessoas.

Por fim, o artigo 31 do Código Penal indica que o ajuste, a determinação (ou instigação) e o auxílio normalmente não têm punição quando o crime pretendido não for pelo menos tentado, não se começar, ao menos, a fase executória do crime. Isso se dá porque o ajuste, a determinação e o auxílio não passam ordinariamente de atos preparatórios, os quais só são puníveis se constituem crime autônomo (vide exceção exemplar no artigo 288 do Código Penal).

Capítulo 10

Ilicitude (Antijuridicidade)

Os fatos da vida cotidiana envolvem interesses individuais, institucionais, coletivos e difusos. Diariamente, surgem conflitos e discordâncias entre as pessoas ao buscarem a satisfação de seus interesses. Esses conflitos e discordâncias podem ou não repercutir no Direito. Caso repercutam, isso pode se dar pela produção adequada, correta de efeitos jurídicos, situação em que ocorreu uma composição de interesses.

A repercussão jurídica também pode ocorrer por tais conflitos ou discordâncias gerarem inadequadamente danos a direito de terceiros – sejam estes pessoas físicas, jurídicas ou a coletividade. Neste caso, dos fatos da vida que geram inadequadamente danos a terceiros, é que podemos falar de fatos ilícitos. A ordem jurídica destina boa parte de suas disposições a conferir proteção normativa a bens e interesses humanos. Isso ocorre em todos os âmbitos do Direito.

Também chamada de antijuridicidade, a ilicitude consiste na contrariedade da conduta humana com as proteções que o Direito dá aos bens jurídicos. No âmbito penal, essa proteção é caracterizada e verificada através da combinação entre tipos penais incriminadores e tipos penais permissivos. Ensina Juarez Cirino dos Santos que

> a antijuridicidade é uma contradição entre a ação humana e o ordenamento jurídico no conjunto de suas proibições e permissões: as proibições são os tipos penais, como descrições de ações proibidas; as permissões são as causas de justificação, como situações especiais que excluem a proibição[189].

Sob o ponto de vista operacional (teórico-prático), a análise da ilicitude ocorre através de dois raciocínios complementares: um raciocínio em que a tipicidade é um indício ou pressuposto da ilicitude; e um raciocínio em que a não incidência de alguma causa justificante confirma a ilicitude do fato. Em regra, as ações típicas são ilícitas, a não ser quando a ilicitude (antijuridicidade) é excluída:

> A relação entre antijuridicidade e tipicidade pode ser assim formulada: a tipicidade da ação indica a antijuridicidade; as causas de justificação excluem a antijuridicidade. A relação desses conceitos é entre regra e exceção, porque **toda ação típica é antijurídica, exceto as ações típicas justificadas.**[190]

A tipicidade funciona como indício ou pressuposto da ilicitude, pois se um fato for típico somente não será ilícito se ficar provada a exclusão da ilicitude. Verificando-se a tipicidade de um fato, ela já funciona como um pré-juízo de que tal fato será ilícito. Afinal, se

> a tipicidade penal implica a antinormatividade, a antijuridicidade com relevância penal pressupõe a tipicidade. Neste sentido, *a tipicidade opera como um indício da antijuridicidade, como um desvalor provisório, que deve ser configurado ou desvirtuado mediante a comprovação das causas de justificação.*[191]

Evidentemente, trata-se de um juízo provisório de ilicitude. Nesse sentido, a não incidência de uma causa excludente como pressuposto da ocorrência da ilicitude decorre da própria circunstância de o fato ser

---

[189] SANTOS, Juarez Cirino dos. **A moderna teoria do fato punível**, p. 148.

[190] SANTOS, Juarez Cirino. **A moderna teoria do fato punível**, p. 148.

[191] ZAFFARONI, Eugenio Raúl; PIERANGELI, José Henrique. **Manual de direito penal brasileiro:** parte geral, p. 462.

típico. Perceba-se: ao se afirmar a tipicidade do fato, está-se introduzindo o fato na área de interesse da esfera penal. Um fato da vida passa a interessar à esfera penal por ser típico.

Esse interesse, porém, não é incondicionado: pode ser afastado se incidir sobre tal fato uma causa excludente da ilicitude, uma causa de justificação.[192] É assim que se pode afirmar que a tipicidade significa um pré-juízo de ilicitude, afastável caso se prove a incidência de uma causa de justificação.

É de se registrar a sutil, mas significativa diferença, entre considerar-se a tipicidade indício ou pressuposto da ilicitude. Enquanto mero indício representaria um juízo próprio de antinormatividade, apenas permitindo se conhecer na tipicidade a proibição. Enquanto pressuposto, envolveria uma vinculação com a ilicitude: a tipicidade seria a dimensão positiva da "hipótese de fato" penalmente ilícita; a ausência de causas de justificação seria sua dimensão negativa. Como afirma Mir Puig, "o tipo reúne os elementos específicos que fundamentam positivamente a antijuridicidade penal de um fato"[193].

Por decorrência, preservada a ilicitude como elemento do crime, e preservado o injusto como a junção da tipicidade e da ilicitude no fato real, a existência da tipicidade faz pressupor de modo provisório a ilicitude.

Não se confunda 'pressuposição', que está no campo do raciocínio lógico, com presunção, que está no campo da vinculação probatória. Com a pressuposição, tem-se que a prova real de um aspecto permite logicamente intuir outro aspecto; com a presunção, uma prova faz presumir outra. Na relação entre tipicidade e ilicitude, o que se pode afirmar é que a prova da tipicidade faz intuir a prova da ilicitude, ao menos no seu âmbito positivo de caracterização, por se ter uma pressuposição lógica desta correlação. Entretanto, a análise da ilicitude não se esgota na tipicidade como seu pressuposto – seu âmbito 'negativo' deve ser satisfeito: a ausência de causas de justificação.

Assim, tipicidade e ilicitude não se fundem, mas também não se dissociam:

---

192 Como se verá adiante, raciocínio semelhante se aplica quanto à culpabilidade e à punibilidade.

193 PUIG, Santiago Mir. **Direito Penal: fundamentos e teoria do delito**, p. 136

> A tipicidade não é um elemento independente da antijuridicidade penal, mas precisamente um dos seus requisitos junto ao da ausência de acusas de justificação. Disso decorre que a tipicidade não é apenas "indício", nem mera *ratio cognoscendi* da antijuridicidade penal, mas pressuposto da sua própria existência (*ratio essendi*). [...] A tipicidade é, portanto, *ratio essendi* necessária, mas não suficiente, da antijuridicidade penal. Do mesmo modo que nem todo fato jurídico é penalmente típico, nem todo fato típico é antijurídico.[194]

Desse modo, caso ocorra a incidência de uma causa excludente da ilicitude sobre o fato típico, tal fato perde relevância para a esfera penal, pois lhe é retirado o caráter criminoso, como expressamente prevê o artigo 23 do Código Penal, ao tratar das causas gerais de justificação. A incidência de uma causa excludente da ilicitude gera um movimento contrário ao da tipicidade – com esta, o fato é introduzido no âmbito de interesse da esfera penal; com aquela, o fato é excluído da esfera penal.

O Código Penal prevê expressamente, no seu artigo 23, quatro hipóteses gerais de exclusão da ilicitude: estado de necessidade, legítima defesa, estrito cumprimento de dever legal e exercício regular de direito. Além do artigo 23, o artigo 24 traz previsões específicas para o estado de necessidade, enquanto que de modo equivalente o artigo 25 se refere à legítima defesa (tipos penais permissivos). Além disso, há hipóteses específicas de exclusão da ilicitude, previstas na Parte Especial do Código e em leis esparsas.

Saliente-se que as qualificações "gerais" e "específicas" para as hipóteses legais de exclusão da ilicitude atendem à abrangência dessas hipóteses. Assim, são gerais as hipóteses em tese aplicáveis a qualquer grupo de crimes; específicas são aquelas que se aplicam a um grupo determinado de crimes, para os quais estão expressamente previstas. Um bom exemplo de hipóteses específicas de exclusão da ilicitude está no artigo 128 do Código Penal, que indica duas situações em que o aborto, embora típico, será ilícito. Caracterizam-se como específicas porque só podem incidir sobre as hipóteses típicas de crime de aborto (artigos 124, 125 – este com ressalvas – e 126 do Código Penal). Fala-se, ainda, em causas

---

194 PUIG, Santiago Mir. **Direito Penal: fundamentos e teoria do delito**, p. 136.

supralegais de exclusão da ilicitude[195], destacáveis e perceptíveis em cada caso real.

10.1 O ARTIGO 23 DO CÓDIGO PENAL

O artigo 23 do Código Penal brasileiro traz a previsão das quatro causas gerais de exclusão da ilicitude, aplicáveis em tese a todas as espécies de crimes. O dispositivo começa com uma importante definição: no caso das hipóteses previstas no artigo, **não há crime**. Isso significa que no caso da incidência de qualquer um dos incisos do artigo 23 estará afastada a ilicitude. Como o crime é um fato típico, ilícito e culpável, não havendo ilicitude, não haverá crime.

Prevê o artigo que não há crime se o fato é praticado em estrito cumprimento de dever legal, em exercício regular de direito, em estado de necessidade ou em legítima defesa. Estas duas últimas hipóteses serão tratadas adiante com a análise dos artigos 24 e 25 do Código Penal.

10.1.1 Estrito cumprimento de dever legal

Trata-se de situação em que o indivíduo age nos termos que lhe são exigidos por um dever legal, mas ao fazê-lo acaba por causar danos penalmente típicos a direito de terceiro.

A excludente pressupõe que o executor seja um funcionário ou agente público (não se excluindo o particular que exerça função pública), que age em cumprimento de obrigação que lhe é imposta por um dever legal inerente à função que exerce. Estão abrigados pela justificativa, por exemplo, o policial que cumpre um mandado de prisão e o fiscal sanitário, que são obrigados, para cumprimento do dever, à violação de domicílio. Os policiais que empregam força física para cumprir o dever, desde que comedidamente, agem em estrito cumprimento do dever legal.

---

195 Quanto às causas extralegais de exclusão da ilicitude, menciona-se o consentimento do ofendido como exemplo. Entende-se aqui, no entanto, que o consentimento do ofendido (no caso de consentimento real) em boa parte das situações funciona como excludente da tipicidade, desde que o objeto de proteção da norma se refira a bens disponíveis. Já as situações de consentimento presumido (por exemplo, num acidente em que a vítima está inconsciente e precisa ser submetida a uma cirurgia urgente, presume-se seu consentimento) tratam de situações que são resolvidas através do estado de necessidade.

É de se frisar que a expressão 'estrito cumprimento' indica que somente se inclui no âmbito da excludente a conduta **necessária e suficiente** para que o dever seja cumprido[196]. Se houver excesso, poderá o agente incorrer no crime de abuso de autoridade (vide artigos 3° e 4° da Lei 4898/65).

10.1.2 Exercício regular de direito

Trata-se de situação em que o indivíduo realiza uma atividade que, embora possa ser penalmente lesiva a terceiros, é permitida pela lei como uma faculdade sua. Há, nesse sentido, disposição constitucional de que ninguém será obrigado a fazer ou deixar de fazer alguma coisa senão em virtude da lei (art. 5°, inciso II, Constituição Federal). Se o indivíduo tem a lei a seu favor, permitindo-lhe agir, não haverá ilicitude em sua conduta, desde que respeitada a proporcionalidade de bens e direitos. Exclui-se a ilicitude, então, nas hipóteses em que o sujeito está autorizado a tal comportamento.

Não há, porém, exercício regular de direito no constrangimento ilegal ou lesões provocadas pelo cônjuge quando o outro se recusa à prestação do débito conjugal sexual, ainda que imotivadamente, nem no trote acadêmico forçado. Ademais, ocorre crime de maus-tratos quando houver abuso dos meios de correção ou disciplina paternos ou maternos (artigo 136 do Código Penal). Nessas situações há desproporção entre o exercício de direito e os interesses violados.

10.1.3 Excesso nas causas justificantes

O agir licitamente diante de uma situação extrema ou excepcionalmente legal caracteriza uma excepcionalidade jurídica. A conduta é justificada em nome da correlação entre bens jurídicos diversos a serem sopesados. Por isso, em todas as causas excludentes da ilicitude é necessário que o indivíduo, ao agir, não exceda os limites traçados pela lei para a justificação da conduta. Caso o indivíduo extrapole tais limites,

196 Nesse sentido TOLEDO, Francisco de Assis. **Princípios básicos de direito penal**, 5. ed., p. 211-212.

ficará caracterizado o excesso. Este, quando ocorrer, pode ser doloso ou culposo.

O excesso será doloso quando o indivíduo, após iniciar sua conduta conforme o direito, excede os parâmetros fáticos justificativos da situação, querendo um resultado antijurídico desnecessário. Ele conscientemente age de forma a extrapolar os termos da hipótese de exclusão da ilicitude.

É culposo o excesso quando o agente queria um resultado necessário, proporcional, autorizado, e não o excessivo. Este, na situação de fato, é proveniente de sua indesculpável precipitação, desatenção. Equivaleria a um erro negligente de cálculo, rompendo o dever objetivo de cuidado.

Caso fique demonstrado o excesso na conduta originalmente abrigada pela excludente da ilicitude, o indivíduo responderá por aquilo que tiver causado com o excesso, dolosa ou culposamente, desde que exista previsão típica daquilo que é causado no excesso. Se, por exemplo, estava em legítima defesa contra uma agressão física, mas lesionou o agressor além do necessário para se defender, responderá por essa lesão, dolosa ou culposamente.

10.2 ESTADO DE NECESSIDADE

O artigo 24 do Código Penal trata do estado de necessidade, caracterizando o caput do dispositivo um tipo penal permissivo. Prevê a lei que "Considera-se em estado de necessidade quem pratica o fato para salvar de perigo atual, que não provocou por sua vontade, nem podia de outro modo evitar, direito próprio ou alheio, cujo sacrifício, nas circunstâncias, não era razoável exigir-se". O dispositivo legal pode ser dividido em quatro partes distintas, pelas quais há estado de necessidade se o indivíduo:

I – pratica o fato para salvar direito próprio ou alheio – a conduta do indivíduo em estado de necessidade se caracteriza como ação voltada para salvar um direito, ação que gera dano a direito de terceiro. A prática do fato tanto pode se dar em benefício de direito do próprio indivíduo quanto em benefício de direito de terceiro.

II – de perigo atual – a ação danosa daquele que age em estado de necessidade próprio ou de terceiro é voltada a salvaguardar o direito ameaçado frente a uma situação de perigo. Considera-se uma situação de perigo aquela que, não intencionalmente, coloca em risco de dano bem jurídico de alguém. A não intencionalidade é um dado relevante. Se a situação de perigo de alguém foi causada intencionalmente por outrem, pode-se considerar essa conduta (geradora do perigo) uma agressão – e, havendo agressão, trata-se de legítima defesa, e não mais de estado de necessidade.

Ademais, o risco de dano deve ser atual, ou seja, o perigo deve estar ocorrendo quando o indivíduo age em estado de necessidade. Se o perigo já cessou, e o indivíduo age em tal condição lesionando bem de outrem, responderá por sua conduta, desde que seja típica.

III – que não provocou por sua vontade, nem podia de outro modo evitar – a situação de perigo, para que possa justificar a conduta pelo estado de necessidade, não pode ter sido causada pelo próprio indivíduo. Além disso, deve se avaliar se, nas circunstâncias do fato, era possível o indivíduo livrar-se do perigo sem causar danos a direito de outrem – caso em que ficaria descaracterizado o estado de necessidade.

IV – direito cujo sacrifício, nas circunstâncias, não era razoável exigir-se – trata-se da necessidade de que o bem sacrificado não seja de valor superior ao bem que é preservado. Se for de valor superior, é porque seria razoável exigir-se o sacrifício do bem que foi preservado.

Entende-se que existiriam três situações: a) bem sacrificado de valor inferior ao bem preservado => estado de necessidade justificante (afasta a ilicitude); b) bem sacrificado equivalente ao bem preservado => estado de necessidade justificante ou exculpante (afastaria a culpabilidade); c) bem sacrificado de valor superior ao bem preservado => descaracteriza o estado de necessidade, podendo haver a redução de pena (§2º do artigo 24 do CP). Quanto à segunda situação (letra 'b'), a legislação brasileira não prevê expressamente o estado de necessidade exculpante, nem impede que a situação de equivalência de bens seja considerada um estado de necessidade justificante. Quando o legislador impõe como requisito do estado de necessidade que não seja exigível o sacrifício do direito pelo agente, está comportando a equivalência de bens como critério caracterizador da exclusão da ilicitude.

É de se destacar, ainda, que o §1° do artigo 24 limita a possibilidade de alegação de estado de necessidade. Aquele indivíduo que, por força de lei ou de relações jurídicas privadas – um contrato de trabalho, o dever da função púbica – tem o dever de enfrentar o perigo, não pode alegar a seu favor o estado de necessidade para se furtar do cumprimento desse dever. Evidentemente, não se está a exigir do indivíduo atos de heroísmo – apenas se indica que ele ordinariamente deverá enfrentar o perigo. Porém, não se chega ao ponto de exigir que alguém se sacrifique pessoalmente para salvaguardar direito de terceiro.

Enfim, o §2° do artigo 24 prevê que se era exigível do indivíduo o sacrifício do seu direito em favor do direito de terceiro – se o bem sacrificado era de peso superior ao bem preservado -, embora não se caracterize o estado de necessidade justificante, previsto no *caput*, deve-se proceder à redução da pena do indivíduo (causa de diminuição da pena). Portanto, haverá crime, mas com a sua reprovabilidade reduzida.

10.3 LEGÍTIMA DEFESA

O artigo 25 do Código Penal brasileiro trata da legítima defesa, em um tipo penal permissivo. Prevê que "Entende-se em legítima defesa quem, usando moderadamente dos meios necessários, repele injusta agressão, atual ou iminente, a direito seu ou de outrem". O artigo pode ser dividido em quatro partes distintas, pelas quais há legítima defesa se o indivíduo:

I – repele injusta agressão – o termo 'repele' indica que a conduta considerada em legítima defesa deve se caracterizar como uma reação à conduta de outrem. Indica um ânimo defensivo.

Tal se confirma com o termo 'agressão'. Se 'repele' indica que aquele que está em legítima defesa reage, significa que outrem terá agido agressivamente. Agressão significa ataque, ofensa, uma conduta deliberada de um indivíduo contra outrem[197]. Sendo dessa forma, entende-se aqui que a palavra agressão utilizada pelo artigo 25 do Código Penal pressupõe conduta voluntária de um indivíduo contra outrem – portanto, dolosa.

[197] Em sentido diverso, vide SANTOS, Juarez Cirino dos. **A moderna teoria do fato punível**, p. 159.

Assim, uma lesão corporal dolosa configura uma agressão; uma lesão corporal culposa representa uma falta de cuidado (dever de cuidado) de um gerando dano a outrem.

Além disso, a agressão de que o indivíduo se defende deve ser "injusta". Vale dizer que a agressão é injustificada se ela mesma é contrária ao direito, ilícita.

II – atual ou iminente – a agressão da qual o indivíduo se defende deve ser iminente, estar prestes a ocorrer; ou ser atual, estar a ocorrer. Se a conduta pretensamente defensiva ocorrer depois de cessada a agressão, já não haverá mais legítima defesa.

III – a direito seu ou de outrem – a atitude defensiva ordinariamente se dá em interesse próprio, buscando defender direito próprio frente a uma conduta de terceiro. Poderá, entretanto, ocorrer uma situação triangular em que 'A' age contra 'B', que é defendido por 'C'. O indivíduo, portanto, pode agir em benefício de outrem, na defesa de direito de outrem que esteja sob agressão.

IV – usando moderadamente dos meios necessários – a reação defensiva deve ser proporcional à agressão sofrida. Primeiramente, os meios utilizados para a defesa devem ser os necessários para repelir a agressão sofrida. Evidentemente, aqui não se trata de proporção exata entre meios utilizados para a agressão e os meios utilizados para a defesa – os meios necessários são, também, os meios disponíveis nas circunstâncias do fato. Decisivo, isto sim, é que os meios defensivos sejam utilizados com a moderação que as circunstâncias do fato permitem (o bastante para que a agressão cesse) e exigem (sem o excesso que inverteria o papel de agressor).

Questão relevante no que respeita ao artigo 25 são os ofendículos (offendiculum), ou "legítima defesa pré-ordenada". Tratam-se dos aparelhos (cerca elétrica, por exemplo), objetos (muro coberto com cacos de vidro, por exemplo) ou animais (cães de guarda, por exemplo) pré-dispostos para a proteção de bens jurídicos. Embora sejam meios pré-ordenados, para que possam configurar a legítima defesa[198] pressupõe

[198] Enquanto meios pré-dispostos para a proteção, representam exercício regular de direito; quando geram danos a outrem, diante da conduta indevida deste, constituem legítima defesa pré-ordenada.

os mesmo requisitos de qualquer outra situação defensiva, incluindo-se aqui a existência de injusta agressão e os aspectos de necessidade e moderação. O indivíduo que os utilizar deve o fazer de tal modo que a pré-disposição não tenha tendência a gerar danos desnecessários a terceiros. Assim, por exemplo, uma cerca elétrica deve ser colocada sobre muro alto e com placas avisando às pessoas; um cão de guarda exige muro alto, portão trancado e placa avisando às pessoas; cacos de vidro somente devem ser colocados sobre muros altos.

Outra questão de relevo diz respeito à possibilidade de legítima defesa sucessiva: pode alguém que agride estar em legítima defesa diante da reação do agredido? A resposta é positiva se o inicialmente agredido reage com excesso doloso. O agressor inicial se defende não da reação em si, mas do excesso que a caracteriza.

Enfim, na legítima defesa, no estado de necessidade e nas demais hipóteses de exclusão da ilicitude, gerais ou específicas, se a norma que lhes corresponde (artigos 23, 25 e 24 do Código Penal, ou outro dispositivo específico) incidir sobre o fato típico, haverá exclusão da ilicitude, não se caracterizando o fato como crime.

Capítulo 11

Culpabilidade

Conforme se viu, um fato humano para ter caráter criminoso deve se configurar como típico e ilícito. Porém, tal ocorrência não será bastante, ainda, para que o fato fique caracterizado como crime. Para que isso ocorra, será necessário que se acrescente a culpabilidade na valoração jurídica do fato: crime é um injusto penal culpável.

A culpabilidade, num primeiro momento histórico, era avaliada a partir da adoção da teoria psicológica, pela qual a culpabilidade caracterizava-se como vínculo psicológico do autor com o fato. Tal vínculo configurava-se com a análise do dolo e da culpa, sendo assim o aspecto subjetivo do crime. Para tanto, pressupunha-se para tal análise que o agente fosse imputável. Num segundo momento, agregou-se o juízo de censura (teoria psicológico-normativa), pela ausência das causas de exculpação. Remodelaram-se os conceitos, e a imputabilidade passou a ser encarada como elemento da culpabilidade, e não apenas como seu pressuposto.

Predomina hoje, no Brasil, quanto à culpabilidade[199], a **teoria normativa pura** (finalista): os elementos normativos – as elementares normativas – dão base à reprovabilidade da conduta, constituindo-se um juízo de censura por se verificar que o indivíduo poderia e deveria ter agido de modo diverso do que agiu ao praticar o fato típico. Em função do que é previsto na norma como crime, e considerando-se as condições do indivíduo ao agir, pressupõe-se que ele teria condições de ter agido de modo diferente. Reprova-se o indivíduo e, por consequência, reprova-se sua conduta devido a ter ele agido de forma contrária ao direito, já que podia agir de modo diferente.

Trata-se agora do fechamento da relação complementar entre imputação objetiva e imputação subjetiva, entre atribuição do fato à conduta de alguém e atribuição pessoal de responsabilidade pelo fato. Tal fechamento parte do injusto penal, para concluir pela existência da culpabilidade quando há ausência de causas de exculpação:

> A lei não exige do juiz, como um pressuposto da imputação subjetiva, a demonstração positiva da capacidade de culpabilidade, mas a demonstração negativa da inexistência da exclusão da culpabilidade. [...] A culpabilidade, a capacidade de culpabilidade, o conhecimento da proibição, a exigibilidade, não se demonstram nesta construção, mas se pressupõem. Passíveis de prova são simplesmente os indicadores da falta excepcional do pressuposto.[200]

A culpabilidade representa, assim, **a reprovabilidade da conduta típica e antijurídica**, que será, então, culpável. Portanto, verificando-se que a conduta tem as características da tipicidade e da ilicitude, deve-se ainda verificar se ela possui as características da culpabilidade: consciência da ilicitude do fato e capacidade e condições de se autodeterminar de acordo com essa consciência.

---

199 Na Europa, especialmente na Alemanha e na Espanha, a teoria normativa pura ganha uma visão pretensamente superadora, com a visão funcionalista. Claus Roxin, em cuidadosa análise da questão, aponta suas críticas ao "poder agir diversamente", apresentando uma concepção da culpabilidade como "idoneidade para ser destinatário de normas penais" (ROXIN, Claus. **Estudos de direito penal**, p. 133-163)

200 HASSEMER, Winfried. **Introdução aos fundamentos do direito penal**, p. 291.

Para que se configure o juízo de reprovabilidade decorrente da culpabilidade, deverá o agente ser imputável, deverá ter possibilidade de conhecimento da ilicitude e deverá lhe ser exigível conduta diversa da conduta típica:

> todas as causas de ausência de culpabilidade são hipóteses em que não se pode exigir do autor uma conduta conforme ao direito, seja porque não lhe era exigível a compreensão da antijuridicidade, seja porque, embora tivesse essa compreensão, não se podia dele exigir a adequação de sua conduta à ela.[201]

Trata-se de ter condições de compreender o certo e o errado e de ter possibilidade de guiar sua conduta por este entendimento.

Importa salientar que o Código Penal brasileiro não descreve a culpabilidade. Tal qual se dá com a ilicitude, o Código trata prioritariamente das hipóteses de **exclusão da culpabilidade**, situações em que haveria a ausência ou diminuição da culpabilidade, apenas acrescentando algumas normas complementares/explicativas sobre situações que não afastam a culpabilidade, como é o caso da parte inicial do artigo 28 do Código Penal. Hassemer ensina que

> embora os três pressupostos da imputação subjetiva, do mesmo modo que o dolo ou a culpa, sejam de natureza positiva, eles são formulados pela lei de forma *negativa*; fala-se da incapacidade de culpabilidade, do erro de proibição e da inexigibilidade de conduta em conformidade com a norma.[202]

São casos de **inimputabilidade**, previstos no Código Penal brasileiro:

a) doença mental (artigo 26, *caput*) – trata-se de situações indicativas da incapacidade psíquica de discernimento quanto ao certo e ao errado.

b) desenvolvimento mental imaturo (artigo 27) – trata-se da circunstância de que o indivíduo, quando da prática do crime (artigo 4º, Código Penal), não tenha completado ainda 18 (dezoito) anos de idade. Por

---

[201] ZAFFARONI, Eugenio Raúl; PIERANGELI, José Henrique. **Manual de direito penal brasileiro:** parte geral, p. 653.

[202] HASSEMER, Winfried. **Introdução aos fundamentos do direito penal**, p. 291.

razões de política criminal, o legislador optou pela não existência de imputabilidade para quem cometer fatos típicos estando abaixo dessa faixa etária.

c) embriaguez completa, fortuita ou por força maior (artigo 28, §1º) – trata-se de circunstância decorrente de entorpecimento dos sentidos e da capacidade de discernimento por efeito de substância alcoólica ou por drogas (entorpecentes e medicamentos), desde que decorrente de caso fortuito ou força maior.

11.1 IMPUTABILIDADE PENAL

A imputabilidade penal consiste na capacidade possuída pelo ser humano (pessoa física) de entender o caráter ilícito dos fatos e de agir de acordo com tal entendimento. Trata-se de pressuposto **e** elemento da culpabilidade.

Com a análise da imputabilidade penal verifica-se se o sujeito tinha o grau de capacidade psíquica que lhe permitisse ter consciência do certo e do errado dentro de sua autodeterminação. Discute-se se a imputabilidade constitui pressuposto da culpabilidade e não seu elemento. Crê-se que é, sob o prisma de um raciocínio lógico, um pressuposto, pois condiciona a análise dos outros elementos. Mas, também, sob o ponto de vista normativo, caracteriza-se como elemento, pois compõe a ideia da formação do juízo de reprovabilidade do fato.

A imputabilidade penal pode ser colocada em três graus, todos referentes ao momento da ocorrência do fato típico (por força do artigo 4º do Código Penal): imputabilidade, semi-imputabilidade e inimputabilidade. Há imputabilidade para os que, no momento da ação ou omissão delitiva tenham 18 anos ou mais de idade e sejam mentalmente sadios. Há semi-imputabilidade[203] (desenvolvimento mental incompleto ou retardado) para os que tenham 18 (dezoito) anos ou mais de idade, mas sejam mentalmente perturbados, ou estejam sofrendo influência de em-

[203] Não é incomum se encontrar afirmações de que aqueles sejam mentalmente sadios e tenham entre 18 e 21 anos são semi-imputáveis, por força do artigo 65, I, do Código Penal. Neste caso, entretanto, seria forçoso se incluir também o indivíduo maior de 70 (setenta) anos na data da sentença. Melhor seria se falar em culpabilidade/reprovabilidade diminuída.

briaguez proveniente de caso fortuito ou força maior. Há inimputabilidade para os menores de 18 anos, os mentalmente doentes (totalmente incapazes) e os que estejam sob domínio de embriaguez total proveniente de caso fortuito ou força maior.

Havendo imputabilidade penal, o agente responderá plenamente pelo fato que praticou, podendo lhe ser imposta regularmente a pena prevista na norma penal incriminadora por ele violada.

Na imputabilidade diminuída, o agente também responderá pelo crime, mas haverá uma diminuição de pena decorrente da responsabilidade penal diminuída, que poderá ser, nos termos do parágrafo único do artigo 26 do Código Penal e do inciso II, §2° do artigo 28 do mesmo Código Penal, de um a dois terços. Entende-se que não há, nos casos de imputabilidade diminuída, inteira condição psíquica (capacidade) de entendimento do caráter ilícito da conduta, havendo sim um entendimento mitigado, parcial. Por conseguinte, a responsabilização penal do indivíduo deverá ser proporcional a esse entendimento parcial.

Na inimputabilidade, o agente não responderá punitivamente pelo crime. Declarada a inimputabilidade, não há condenação, pois não há crime (para os adeptos da teoria bipartida do crime, há o crime, mas fica afastada a punibilidade). Ressalve-se que o agente, embora absolvido, poderá ter imposta contra si medida de segurança, nos termos dos artigos 96 a 99 do Código Penal.

Trata o artigo 28 do Código da **embriaguez** como hipótese da vida excludente da culpabilidade. Deve-se frisar que à situação de embriaguez são equiparadas todas aquelas em que, devido à ingestão de substâncias naturais ou quimicamente combinadas (entorpecentes e drogas afins em geral), haja alteração momentânea da condição psíquica de entendimento pelo indivíduo do caráter de sua conduta e de suas possíveis consequências.

Quanto à embriaguez, prevista no artigo 28 do Código Penal, predomina a utilização da teoria da *actio libera in causa*. Verifica-se se o agente embriagou-se dolosamente, com ou sem intenção prévia de cometer o crime; ou culposamente, se foi imprudente ao beber demais. Nesses casos, responderá pelo delito, pois era livre para agir quanto ao se embriagar, com sua ação livre na causa. Entendem-se tais situações como de embriaguez não acidental, em que o indivíduo, ao se embriagar, rompe um dever objetivo de cuidado.

Importa perceber que a teoria da *actio libera in causa* não dispensa a análise da existência de dolo ou culpa causadores do resultado. Deve-se analisar o fato criminosa e verificar se, ao produzi-lo, a conduta do agente foi dolosa ou culposa, que são aspectos de tipicidade. Além disso, deve-se verificar se a conduta dolosa ou culposa do agente foi a causadora do dano a bem jurídico de terceiro (relação causal), num âmbito de risco não permitido. Se isto não se configurar, mesmo que haja a embriaguez não acidental, o resultado típico não deverá ser imputado ao agente.

Quanto a isso, imagine-se uma situação em que um indivíduo 'X' embriague-se em uma festa, e, após, saia dirigindo seu automóvel em direção à sua casa, numa velocidade de cerca de 40 km/h (onde se permite até 60 km/h). Em um cruzamento com semáforo, onde o sinal para 'X' está verde, o indivíduo 'Y', dirigindo uma motocicleta, passa o sinal vermelho na rua transversal, em velocidade alta (cerca de 80 km/h, onde se permite 60 km/h), sem capacete. 'X' bate na motocicleta de 'Y' e o projeta sobre o carro, caindo no asfalto, batendo a cabeça e morrendo. Veja-se: não há relação de imputação entre a conduta – de risco não permitido, é bem verdade – de 'X' (e sua embriaguez) com o evento danoso: a razão exclusiva é a conduta de 'Y'. Se outro indivíduo, sem ter ingerido uma gota de bebida alcoólica, estivesse dirigindo seu veículo nas mesmas condições, o evento danoso teria ocorrido do mesmo modo. Por consequência, em tal situação, 'X' responderia pelo crime do artigo 306 do Código de Trânsito Brasileiro (dirigir veículo estando alcoolizado, um crime formal de mera conduta), mas não pela morte de 'Y', devido à ausência de relação causal entre seu modo de agir e o evento danoso.

Para que a embriaguez tenha efeitos de inimputabilidade, deverá ela resultar de caso fortuito ou força maior, constituindo, então, a chamada embriaguez acidental. Entende-se o caso fortuito como aquele em que o indivíduo não tinha condições, nas circunstâncias, de prever a situação de embriaguez. A força maior se dá quando o indivíduo foi obrigado, nas circunstâncias, a se embriagar. Tais situações poderão levar à inimputabilidade (total incapacidade para entender o caráter ilícito do fato – §1°

do artigo 28 do Código Penal) ou à semi-imputabilidade (diminuição de pena – §2º do artigo 28 do Código Penal).

11.2 CONSCIÊNCIA POSSÍVEL (POTENCIAL) DA ILICITUDE

Além da condição psíquica de compreensão da ilicitude da conduta, devem-se analisar as circunstâncias de fato que envolvem o indivíduo quando decide agir. Isso porque tais circunstâncias podem criar um contexto em que o indivíduo, mesmo estando psiquicamente apto a compreender as consequências de seus atos, não é capaz, naquele momento, de perceber que sua conduta é ilícita.

Assim, é necessário que seja possível ao agente, nas circunstâncias em que age, perceber e compreender a ilicitude de sua conduta. Caso tal possibilidade não exista, poderá se caracterizar situação de erro de proibição, previstas no artigo 21 do Código Penal.

Verifica-se aqui se as condições em que o fato ocorreu permitiam ao agente compreender a ilicitude de sua conduta, se o indivíduo tinha, nas circunstâncias do fato, possibilidade de conhecer os limites proibitivos;

É caso legal de **impossibilidade de conhecimento da ilicitude**:

– erro inevitável sobre a ilicitude do fato (artigo 21, *caput*) – trata-se do erro de proibição (vide adiante item 11.4), em que o indivíduo, de forma escusável, supõe lícita conduta que na realidade é ilícita.

11.3 EXIGIBILIDADE DE CONDUTA DIVERSA

O indivíduo capaz juridicamente de responder por seus atos (imputável) deve adequá-los ao sistema jurídico, não praticando condutas que possam gerar danos a terceiros, muito menos se tais condutas estiverem previstas em normas penais incriminadoras como crimes. O sistema jurídico exige de cada indivíduo esse modo de se conduzir no mundo. Será culpável, pois, um fato praticado em condições nas quais era exigível conduta diversa por parte do agente, nas quais o indivíduo poderia ter optado por agir de outra maneira que não a prática da conduta típica.

Porém, o sistema jurídico não funciona mecanicamente, nem suas disposições estão alinhadas de modo estático. Sempre há uma margem larga de valorações e interpretações para se adequar as previsões normativas à realidade cotidiana.

Em virtude disso, há contextos em que se pode admitir que um indivíduo pratique aquilo que ordinariamente seria inadmissível. Diante das circunstâncias de um fato pode-se admitir que lhe seria inexigível uma conduta diversa, mesmo o indivíduo sabendo que sua conduta seria ilícita. Cuida-se aqui, então, da inexigibilidade de conduta diversa. Assim, a inexigibilidade consiste numa situação excludente da culpabilidade. Ensina Nahun que

> nos casos de *inexigibilidade* fica reconhecido que a personalidade do agente possui as qualidades que se adaptam àquelas pressupostas pelo sistema jurídico mas que, mesmo assim, praticou um ato desvalioso em virtude de circunstâncias externas imperiosas que desviaram momentaneamente o seu *querer* do *dever-ser* normativo, ou provocaram uma desconformação entre o determinado pelo comando normativo e a essência do valor da personalidade ética do agente.[204]

É o caso, no Código Penal, da coação moral irresistível e da obediência a ordem não manifestamente ilegal de superior hierárquico (artigo 22 do Código Penal), que afastam a culpabilidade.

São casos legais de **inexigibilidade de conduta diversa**:

a) coação moral irresistível (artigo 22, primeira parte);

b) obediência à ordem não manifestamente ilegal de superior hierárquico (artigo 22, segunda parte).

A coação moral irresistível ocorre quando o agente é submetido a uma situação em que lhe é imposta a obrigação de praticar uma determinada conduta ilícita, sob pena de realizar-se contra ele ou terceiro um mal igual ou maior. Diferencia-se da legítima defesa porque na coação moral o que se pretende é que o indivíduo pratique uma conduta contra direito de outrem. Exige-se, pois, que ele pratique uma conduta ilícita, sob ameaça de um mal.

---

[204] NAHUN, Marco Antonio. **Inexigibilidade de conduta diversa**. São Paulo: Editora Revista dos Tribunais, 2001, p. 73.

A obediência a ordem não manifestamente ilegal de superior hierárquico caracteriza-se quando o indivíduo cumpre uma obrigação de obediência, desde que em circunstâncias nas quais não lhe fosse exigível a insubordinação. Tal exigibilidade de insubordinação se dará quando a ordem que lhe é dada é, de forma perceptível por ele, ilegal.

Há, ainda, disposições contidas na Parte Especial do Código, ligadas à inexigibilidade de conduta diversa, que afastam a tipicidade, por estarem incluídas nos próprios tipos penais incriminadores (exemplos: artigos 135 e 137 do Código Penal), ou a ilicitude, pois mesmo não contidas nos tipos penais incriminadores tornam permitida a conduta típica naquelas circunstâncias (exemplos: artigos 142 e 128 do Código Penal).

11.4 ERRO DE TIPO E ERRO DE PROIBIÇÃO

A conduta humana que lesiona a proteção a direito de outrem ao preencher as elementares do tipo penal, para que possa ser considerada criminosa deve, como seviu, ser praticada pelo sujeito com a consciência do que está fazendo, do fato que está realizando (aspecto que envolve o dolo ou a culpa – tipicidade). Além disso, deve ele ter ainda consciência da ilicitude de sua conduta (aspecto da culpabilidade).

Ocorre, porém, que em alguns casos tal consciência do fato e de sua ilicitude encontra-se prejudicada pelas circunstâncias, levando o sujeito a uma situação de erro. Trata-se do erro de tipo ou do erro de proibição. O primeiro versa sobre aspectos do próprio tipo, afastando o dolo e podendo afastar, também, a culpa. Já o erro de proibição versa sobre o caráter ilícito da conduta típica, podendo afastar a culpabilidade.

11.4.1 Erro de tipo

O erro de tipo se caracteriza como uma situação em que o sujeito (que está em condições de conhecimento da lei penal, das proibições e das permissões) se equivoca sobre aspectos constitutivos do tipo penal. O indivíduo representa equivocadamente uma situação de fato, pois supõe estar praticando algo atípico, quando, na realidade, está realizando uma conduta diferente, típica. O erro incide, portanto, sobre os componentes do tipo: o agente supõe erroneamente estar agindo de um modo que não perfaz o tipo penal. Como bem ensina Prado, "o erro sobre o fato típico diz respeito ao elemento cognitivo ou intelectual do dolo, sendo sua contraface. É aquele que recai sobre os elementos essenciais ou constitutivos – fáticos ou normativos – do tipo de injusto, sem os quais deixa de existir"[205].

Nessa linha de raciocínio, com o erro de tipo se excluirá o dolo, podendo subsistir a culpa. É o que prevê o *caput* do artigo 20 do Código Penal: "O erro sobre elemento constitutivo do tipo legal de crime exclui o dolo, mas permite a punição por crime culposo, se previsto em lei". Ressalta tal consequência Paulo de Souza Queiroz, ao ensinar que o efeito "do erro de tipo é a exclusão do dolo, afastando a própria tipicidade penal, podendo o agente, porém, responder por crime culposo, se culpa existir (erro de tipo *evitável* ou culposo), e desde que o tipo penal de que se trate preveja a forma culposa."[206].

Assim, a consequência imediata do erro de tipo é a exclusão do dolo. Com a exclusão do dolo, não se perfectibiliza a tipicidade: ela existe no seu aspecto objetivo, mas afasta-se seu aspecto subjetivo. E, sem a tipicidade, o fato não pode ser considerado crime. Como ensina Juarez Cirino do Santos,

> O *conhecimento* das circunstâncias de fato formadoras do tipo objetivo implica representação da possibilidade de realização concreta do tipo legal; o *erro* sobre as circunstâncias de fato do tipo objetivo *exclui* a representação dessa possibilidade e, por isso, configura *erro de tipo*.[207]

Faz-se ressalva, no entanto, à possibilidade de que o erro seja evitável, situação em que, embora afastado o dolo, poderá subsistir a possibilidade de punição por crime culposo. Considera-se **inevitável** o erro quando não seria exigível, ordinariamente, nas circunstâncias do fato, que qualquer pessoa nas mesmas condições do agente não tivesse se equivocado. Já **evitável** é o erro quando seria exigível que o agente tivesse agido com maior diligência, pois seria possível perceber a situação

---

205 PRADO, Luiz Régis. **Curso de direito penal brasileiro**: parte geral, p. 360-361.

206 QUEIROZ, Paulo de Souza. **Direito penal:** introdução crítica. São Paulo: Saraiva, 2001, p. 151.

207 SANTOS, Juarez Cirino dos. **A moderna teoria do fato punível**, p. 83.

de erro – outra pessoa, nas mesmas condições do agente, possivelmente teria percebido a situação de erro. O erro evitável caracteriza, portanto, uma falta de cuidado do agente, pois com maior diligência poderia perceber o equívoco da situação. Caracteriza uma situação culposa, um rompimento do dever de cuidado.

Assim, seguindo-se a lógica do artigo 18 do Código Penal, caracterizando-se o erro de tipo culposo (evitável), restará verificar se o fato está previsto em lei como crime culposo. Se estiver, o indivíduo por ele responderá; se não, tratar-se-á de fato atípico.

11.4.2 Descriminantes putativas

Cuida o Código Penal, no §1° do artigo 20, da situação que ocorre de tal maneira que leva o indivíduo a se considerar envolvido por uma hipótese de exclusão da ilicitude.

O erro pode recair, então, sobre uma situação de fato que, se realmente existisse, excluiria a ilicitude. Trata-se de uma situação descriminante aparente, putativa, enquadrada pelo Código Penal como hipótese de erro de tipo.

Isso se dá por que o indivíduo imagina que algo está ocorrendo de tal maneira que preencheria a hipótese de incidência da excludente da ilicitude. Ocorre que tal representação mental do indivíduo é equivocada, pois, na realidade, a situação de fato não ocorre do modo como ele a visualiza.

Em tal situação, se o erro for inevitável, nos termos da lei há "isenção de pena" (na verdade, exclusão do dolo); se evitável, pode responder o indivíduo por crime culposo.

Não se deve confundir, entretanto, a descriminante putativa propriamente dita, daquela em que ocorre um erro de proibição indireto. Na primeira, o erro se dá sobre os pressupostos fáticos de uma excludente de ilicitude (que está prevista em lei e é conhecida do agente), caracterizando erro de tipo permissivo. Já na descriminante putativa caracterizadora do erro de proibição indireto o indivíduo erra sobre a existência (na lei) ou os limites (a abrangência fática) de uma excludente de ilicitude, que **não** está prevista em lei ou tem limites mais restritos do que aqueles que o indivíduo imaginava. Nesta se trata de exclusão da culpabilidade se o erro for inevitável, ou de diminuição da pena se o erro for evitável.

11.4.3 Erro de proibição

O erro de proibição caracteriza-se como uma situação em que o indivíduo equivoca-se sobre a ilicitude do fato. Ele supõe erroneamente que o fato que pratica não é juridicamente proibido (erro de proibição direto), ou é juridicamente permitido (erro de proibição indireto). Supõe lícito o que na realidade é ilícito[208].

Trata-se de equivocada compreensão das normas penais, pela qual o sujeito pode:

a) supor que sua conduta não caracteriza algum elemento do tipo penal.

b) supor que determinada situação constitui uma excludente da ilicitude quando na realidade não constitui;

c) equivocar-se quanto aos limites de um excludente da ilicitude;

O desconhecimento da lei penal é por si só inescusável – sua decorrência direta é a mera possibilidade de mera atenuação da pena. Há o dever geral para todos os indivíduos de portar-se de acordo com as normas que regulam a vida social.

Entretanto, pode ocorrer um desconhecimento da lei justificado pelas circunstâncias do fato, que leve ao erro de percepção sobre a ilicitude. Neste caso, o problema abordado é o da não existência de percepção da ilicitude da conduta, em que o desconhecimento justificado da lei é apenas o ponto de partida.

Em qualquer caso de erro de proibição, deve-se verificar se o erro caracterizou-se como evitável ou como inevitável. O erro é considerado inevitável quando não seria exigível do agente maior diligência do que teve, sendo evitável se fosse exigível do agente maior diligência, maior cuidado (o que poderia evitar o erro). Considera-se, assim, evitável o erro

[208] Como exemplo, cite-se decisão do Tribunal de Justiça do Rio Grande do Sul: "Manter arma de fogo em residência para conserto não configura crime, desde que o proprietário dela esclareça os motivos dos consertos nos autos do processo. Desconhecimento da ilicitude do fato. Erro de proibição caracterizado. (Tribunal de Justiça do Rio Grande do Sul – Apelação Criminal nº 70004484697 – Sexta Câmara Criminal – Relator Alfredo Foerster – 21/11/02).

de proibição quando o agente atua ou se omite por não ter se informado sobre a ilicitude do fato, sendo-lhe isso possível, nas circunstâncias.

Como prevê o *caput* do artigo 21 do Código Penal, em sua segunda parte, sendo inevitável o erro, haverá isenção de pena, devido à exclusão da culpabilidade. Sendo evitável o erro, haverá culpabilidade diminuída, mas com redução da pena de um sexto a um terço.

11.4.4 Análise comparativa

A partir das definições expostas, pode-se traçar o seguinte quadro característico e comparativo entre erro de tipo e erro de proibição:

Erro de Tipo	Erro de Proibição
I – incide sobre a tipicidade	I – incide sobre a compreensão da ilicitude
II – exclui o dolo, mas pode subsistir a culpa	II – subsiste o dolo e, se for o caso, a culpa
III – exclui a tipicidade	III – exclui a culpabilidade
IV – o agente conhece as tipificações, ou supõe erroneamente lícita sua conduta por incidência de uma causa excludente da ilicitude	IV – o agente (escusadamente) desconhece as tipificações, ou as conhece mal, de modo que não imagina estar cometendo uma ação tipificada

I – O tipo penal incriminador é uma figura jurídica complexa, composta de um aspecto objetivo (descrição legal) e um aspecto subjetivo (existência da intenção de realizara conduta).

No erro de tipo, mantém-se a tipicidade objetiva, com a adequação da conduta à norma, mas se exclui a tipicidade subjetiva plenamente (dolo e culpa) ou relativamente (subsistindo a culpa). Funciona como excludente da tipicidade.

No erro de proibição, é atingida, direta ou indiretamente, a representação sobre a ilicitude do agir, persistindo típica a conduta, por haver adequação à norma e intencionalidade dirigida (dolo); porém, não será culpável o agente.

II – O erro de tipo, se inevitável, exclui o dolo e a culpa. Se evitável, exclui o dolo, subsistindo a culpa.

O erro de proibição, quando inevitável, isenta de pena. Quando evitável, responde o agente por crime doloso, mas com redução da pena.

III – No erro de tipo, afastando-se dolo e culpa, não há tipicidade, por ausência dos aspectos subjetivos que a compõem.

No erro de proibição, fica afastada a culpabilidade: o fato é típico e ilícito, mas sobre ele não recai o juízo de reprovação necessário para a censura penal.

IV – No erro de tipo, o agente conhece a lei penal, mas crê que a sua conduta não se enquadra em nenhum tipo penal descrito. Não há dolo dirigido à realização de conduta tipificada.

No erro de proibição, o agente desconhece justificadamente a lei, e por isso erra quanto à ilicitude; ou conhece a lei, mas supõe lícita a sua conduta por exclusão de ilicitude.

O que se percebe é que no erro de tipo o agente não sabe o que faz (quanto à tipicidade), enquanto que no erro de proibição ele sabe o que faz, mas não percebe/sabe da ilicitude de sua conduta.

11.5 O PAPEL GARANTISTA DO CONCEITO ANALÍTICO DE CRIME

Os crimes têm características que o qualificam como um mal relativo, contingencial, cujo peso é determinado por aspectos históricos, culturais e políticos. De outra sorte, a pena na seria em si um bem, mas sim um mal necessário devido ao cometimento de delitos. Como afirma Ferrajoli,

> se é verdade que o sistema penal é essencialmente um sistema de definição e averiguação dos desvios puníveis, a epistemologia adotada passa a ter uma direta relevância teórico-jurídica: seja entendida em sentido *descritivo*, como instrumento de análise e de controle das técnicas de investigação concretamente admitidas e praticadas pelos ordenamentos penais positivos; seja, pelo contrário, entendida em

> sentido *prescritivo*, isto é, como modelo deontológico ou normativo de um sistema penal cognitivo, tendenciosamente 'com verdades' e 'sem valores'.[209]

Em decorrência, **os meios (as penas) devem ser compatíveis com os fins**, com os objetivos justificadores do Direito Penal. Além disso, o modelo de justificação das penas ser externo aos seus próprios das penas, de forma que até mesmo por eles as penas possam ser vistas como uma necessidade, cujo mal e custo de sua imposição seja menor do que a sua ausência[210].

Eis aqui um paradigma muito especial para a análise do sistema punitivo (especialmente do conjunto de sanções): as penas devem ser avaliadas de acordo com os fins a que se propõem, e estes fins devem previamente selecionados como fins realizáveis pelas penas escolhidas. Com isso, **a definição do tipo, da gravidade e da extensão das penas aplicáveis a cada crime deve ser feita de acordo com os fins**, com os objetivos pretendidos, e de forma tal que tais fins possam realmente ser alcançados.

Lembremos que o Estado representa força concentrada, concentração de poder. Como tal, trata-se de força a ser utilizada de forma moderada, de modo a evitar o arbítrio sobre a liberdade dos cidadãos. Como a intervenção do Estado sobre a liberdade individual, no caso do cometimento de crimes, acaba se mostrando em algum grau como necessária, **as garantias penais e processuais penais funcionam como limites dessa intervenção.** Assim,

> Um sistema penal é justificado se, e somente se, minimiza a violência arbitrária na sociedade. E atinge tal objetivo à medida que satisfaz as garantias penais e processuais do direito penal mínimo. Estas garantias se configuram, portanto, como outras condições de justificação do direito penal, no sentido que somente a atuação destas vale para satisfazer-lhes os objetivos justificantes.[211]

---

[209] FERRAJOLI, Luigi. **Direito e Razão**, p. 440.

[210] FERRAJOLI, Luigi. **Direito e Razão**, p. 264.

[211] FERRAJOLI, Luigi. **Direito e Razão**, p. 276.

Importa perceber, nesse sentido, que a seleção daquilo que se considera crime, assim como a eleição do tipo e gravidade das penas atribuídas a cada delito é politicamente feita pelo Estado. Tal seleção se daria através da escolha de alguns valores e algumas situações como os mais valiosos para o Direito e o Estado em um determinado momento histórico. Com isso, **não há condutas que sejam crimes em si, mas tão somente condutas que assim o são consideradas historicamente.** Dessa forma,

> Tampouco pode-se dizer que existem delitos castigados em todo tempo e lugar por se oporem à moralidade média, ao sentimento comum ou a critérios similares. Ao contrário, não existe conduta delituosa que não tenha sido permitida em outros tempos, nem conduta lícita que não tenha sido outrora proibida. (...) a relação das leis positivas com as condições históricas e geográficas das sociedades concretas que as produzem não é só reconhecida pelo pensamento iluminista como um dado fático, mas é, também, prescrita como critério axiológico de conveniência ou de justiça material.[212]

É bem de se ver que tal seleção das condutas a serem eleitas como criminosas acaba sofrendo a interferência direta de contingências políticas, o que faz com que muito constantemente estejam previstas como crimes situações de discutível relevância – sobretudo considerando-se o tipo de tutela a que o Direito Penal se destina.

Por tudo isso, a concepção analítica de crime não representa um mero instrumental dogmático, mas também é um importante material jurídico de garantia. As limitações constitucionais e teóricas embutidas nas concepções analíticas e nos dimensionamentos abstratos e concretos das penas reforçam o potencial papel garantidor do Direito Penal para com os direitos fundamentais que condicionam toda a ordem jurídica.

[212] FERRAJOLI, Luigi. **Direito e Razão**, p. 370.

Unidade IV

Teoria e Aplicação das Penas

Capítulo 12

Teoria da Pena

Na vida em sociedade, cada indivíduo pratica, no exercício de sua liberdade, condutas que agradam ou desagradam aos demais. O juízo de concordância ou agrado com o comportamento alheio está ligado a questões morais, ideológicas, estéticas. Entretanto, tal juízo não indica nada suficiente para delimitar o proibido e o permitido.

As delimitações do proibido e do permitido vinculam-se – ou, ao menos, deveriam apenas se vincular – a parâmetros utilitários e morais da ordem social. Dessa maneira, uma conduta somente deve ser (ou deveria ser) proibida penalmente se ela, para além de questões éticas, ideológicas ou estéticas, violar o limite do aceitável para o bem estar social, na garantia da condição humana de existência no mundo.

A proibição de condutas a partir de parâmetros utilitários ou morais justifica que a censura sobre a conduta seja ensejadora de uma reprimenda jurídica especial: uma punição sobre o próprio indivíduo que a praticou. Nesse âmbito é que estão inseridas as penas: são punições individuais a condutas teoricamente tão indesejáveis à sociedade e que merecem a censura penal.

12.1 FUNÇÕES DAS PENAS

A punição é uma resposta que em toda a história da humanidade acompanha o cometimento de infrações. Desde tempos tribais até os dias atuais, as respostas punitivas são a principal reação àqueles que infringiram regras criminais. Essas respostas punitivas foram divididas por muito tempo – embora não de forma excludente – entre as penas privativas de liberdade e as penas corporais. Mais recentemente, sobretudo a partir do século XIX, fixou-se a predominância das penas privativas de liberdade.

Os ordenamentos penais atualmente estão centrados nas penas privativas de liberdade, evitando as penas corporais (quando não as proibindo terminantemente), e utilizando as penas restritivas de direitos ou como penas complementares ou como penas substitutivas. Entretanto, há uma questão que penetra as reflexões a respeito dessa predominância da privação da liberdade como forma de punição estatal: o que justifica a imposição de privação ou restrições à liberdade individual por parte do Estado?

Embora muitos sejam os estudos e reflexões a respeito do tema, é possível se apontar três principais **teorias da pena**[107], buscando justificativa para a imposição de punições, especialmente considerada a pena privativa de liberdade, já que esta é a forma punitiva predominante: a teoria da retribuição, a teoria da prevenção especial e a teoria da prevenção geral.

A **teoria da retribuição** defende a ideia de que o mal causado pelo autor do delito deve ser compensado com a imposição de um mal proporcional a ele. Já que o Direito Penal serviria para o controle social e a manutenção da ordem, o criminoso seria um desviado dessa ordem social pretendida, o qual teria causado um mal, devendo responder por esse mal de forma equivalente ao que causou. A pena seria um fim em si mesmo, na perspectiva de retribuir o mal causado pelo criminoso.

Roxin apresenta de modo percuciente a crítica a essa teoria: "a teoria da retribuição não nos serve, porque deixa na obscuridade os pressupostos da punibilidade, porque não estão comprovados os seus fundamen-

---

[107] Conforme ROXIN, Claus. **Problemas fundamentais de direito penal**, p. 16-25.

tos e porque, como profissão de fé irracional e além do mais contestável, não é vinculante".[108]

A **teoria da prevenção especial** preconiza que a pena justifica-se pela necessidade de se evitar que o autor de um crime volte a delinquir. A imposição da pena faria com que o indivíduo ficasse isolado do restante da sociedade pelo tempo necessário para que se evitasse o cometimento de novos crimes, e para que ele fosse ressocializado. Isso ocorreria, assim, através da ressocialização, da intimidação ou do isolamento do indivíduo.

Para Roxin, a teoria da prevenção especial

> não é idônea para fundamentar o direito penal, porque não pode delimitar os seus pressupostos e consequências, porque não explica a punibilidade de crimes sem perigo de repetição e porque a ideia de adaptação social coativa, mediante a pena, não se legitima por si própria, necessitando de uma legitimação jurídica que se baseia noutro tipo de considerações.[109]

Perceba-se, entretanto, que o pensador germânico não afasta a prevenção especial como fundamento justificador das penas. Para ele tal teoria não pode por si mesma servir de legitimação punitiva, mas porque precisa ser agregada a outros aspectos.

A **teoria da prevenção geral**, por sua vez, preconiza que a pena se justificaria por sua capacidade intimidatória sobre a generalidade das pessoas. Serviria, portanto, como motivação (negativa) a que a população se comporte conforme as leis (penais). Tratar-se-ia aqui da função simbólica da pena, em que a imposição de penas exemplares a alguns desestimularia a prática delituosa pelos demais.

De modo semelhante às críticas anteriores, Roxin entende que a teoria da prevenção geral "não pode fundamentar o poder punitivo do Estado nos seus pressupostos, nem limitá-lo nas suas consequências; é político-criminalmente discutível e carece de legitimação que esteja em consonância com os fundamentos do ordenamento jurídico".[110]

---

108 ROXIN, Claus. **Problemas fundamentais de direito penal**, p. 19.

109 ROXIN, Claus. **Problemas fundamentais de direito penal**, p. 22.

110 ROXIN, Claus. **Problemas fundamentais de direito penal**, p. 25.

Alternativamente, ele propõe o que chama de **teoria unificadora dialética das penas**, baseada no princípio da subsidiariedade do Direito Penal, que incidiria apenas de modo residual em relação às outras áreas do Direito, e no princípio da culpabilidade, a partir da verificação do grau de responsabilidade e reprovabilidade pela prática do fato. No âmbito desses princípios, a prevenção geral e a prevenção especial seriam instrumentais, constituindo-se em formas de desenvolvimento da personalidade do condenado.

Esses pressupostos se justificam por satisfazerem ao requisito de que uma teoria da pena, que corresponda à realidade e possa superá-la,

> tem de criar uma ordem que demonstre que, na realidade, um direito penal só pode fortalecer a consciência jurídica da generalidade no sentido da prevenção geral se ao mesmo tempo preservar a individualidade de quem a ele está sujeito; que o que a sociedade faz pelo delinquente também é o mais proveitoso para ela; e que só se pode ajudar o criminoso a superar a sua inidoneidade social de uma forma igualmente frutífera para ele e para a comunidade se, a par da consideração de sua debilidade e da necessidade de tratamento, não se perder de vista a imagem da personalidade responsável para a qual ele aponta.[111]

(ou, acrescente-se, ao menos pode vir a apontar, dependendo de como o Estado reagir às práticas de fatos delituais).

A posição de Roxin, no que respeita às críticas feitas por ele às teorias da pena, é intocável. Sua proposta de uma teoria unificadora dialética da pena, entretanto, melhor se sustenta no âmbito de uma visão que compreenda que o Direito Penal não se justifica por si só, mas sim como um meio de se minorar a intervenção do Estado sobre os direitos individuais. A posição de Roxin é funcionalista-garantista e nesses aspectos acima ressaltados não se incompatibilize com a visão garantista jusfundamental.

Assim, a imposição de penas deve ser vista sob dois critérios: é um recurso último para situações não solucionáveis de outra forma; e deve

[111] ROXIN, Claus. **Problemas fundamentais de Direito Penal**, p. 45.

significar socialmente um mal menor do que o recurso a formas não estatais de conflito. Bem ensina Luigi Ferrajoli que

> a pena é justificada como *mal menor* – ou seja, somente se menor, menos aflitiva, menos arbitrária – se comparada com outras reações não jurídicas, que, é lícito supor, se produziriam na sua ausência; e que, de forma mais geral, o monopólio estatal do poder punitivo é tanto mais justificado quanto mais baixos forem os custos do direito penal em relação aos custos *da anarquia punitiva*.[112]

É de se salientar, ainda numa perspectiva garantista, que aqui novamente se registra a dicotomia de finalidades gerais do Direito Penal. Vê-se – em especial quanto à possibilidade de imposição de penas – que o Direito Penal

> tem como finalidade uma dupla função preventiva, tanto uma como a outra negativas, quais sejam a prevenção geral dos delitos e a prevenção geral das penas arbitrárias ou desmedidas. A primeira função indica o limite mínimo, a segunda o limite máximo das penas. Aquela reflete o interesse da maioria não desviante. Esta, o interesse do réu ou de quem é suspeito ou acusado de sê-lo.[113]

Trata-se da tensão dialética entre interesses coletivos de segurança frente a interesses individuais – embora comuns a todos os cidadãos – de preservação da liberdade. Isso reflete na legitimidade do próprio Direito Penal:

> um Direito Penal legítimo é aquele que representa um limite máximo ao poder punitivo do Estado. Dito em outras palavras, é o Direito que se estrutura como a garantia dos mais fracos contra os mais fortes, quer seja o mais forte representado pelos poderes públicos quer seja pelos particulares.[114]

Por decorrência, o sistema penal em um estado democrático de direito é limitado e delimitado pelo conjunto de proteções jusfundamentais

---

112 FERRAJOLI, Luigi. **Direito e razão**, p. 271.

113 FERRAJOLI, Luigi. **Direito e razão**, p. 269.

114 BICUDO, Tatiana Viggiani. **Por que punir? Teoria geral da pena**. São Paulo: Saraiva, 2019, p. 184.

constitucionalizadas, como instrumentos de garantia de cada um e de todos, das maiorias e das minorias, em uma conjunção dialética entre a liberdade individual e a segurança na preservação de bens e direitos de todos.

12.2 PRINCÍPIOS CONSTITUCIONAIS PENAIS

A Constituição Federal brasileira de 1988 estabeleceu no seu artigo 5º um conjunto de normas-princípio, consagradoras e garantidoras dos direitos humanos, consagrando-os como direitos fundamentais. Em termos sistemáticos, todas essas normas estão inter-relacionadas operacionalmente, de modo que sua aplicação seja baseada na máxima compatibilidade possível entre elas. Além disso, são normas valorativamente intervinculadas através da prevalência axiológica das normas principiológicas que definem um mínimo essencial à garantia da condição humana de existência: direito à liberdade, direito à igualdade, direito à vida e direito à existência digna.

O direito à existência digna[115], especialmente, funciona como uma matriz valorativa de diversas normas que estão a ele relacionadas. Nesse âmbito é que se inserem os princípios constitucionais de caráter penal, referentes às penas adotadas no Brasil. São princípios que determinam parâmetros e garantias para a atuação legislativa, para a fixação casuística da pena para quem cometeu um delito e para as condições gerais de cumprimento de penas.

Pode-se, então, posicionar o **princípio da dignidade humana** como princípio fundamental para o condicionamento das sanções penais. Representa uma diretriz de que a pena não é legítima se o seu teor e/ou sua aplicação ofende a dignidade da existência no mundo. Mesmo o condenado deve ter sua dignidade respeitada, pois a pena deve se caracterizar como resposta pretensamente racional à violação criminal da norma. Tem-se na Constituição Federal de 1988 o princípio da dignida-

115 Sobre a tese de que a dignidade não é somente um princípio jurídico, mas sim um direito, um supra-direito que compreende inclusive os direitos sociais de sobrevivência e vivência, já me referi de forma ampla em COELHO, Edihermes Marques. **Direitos humanos, globalização de mercados e o garantismo como referência jurídica necessária**. São Paulo: Juarez de Oliveira, 2003, p. 106-109.

de registrado no artigo 1°, III, com vários subprincípios (por exemplo, artigo 5°, incisos XLVII, XLVIII, XLIX, L).

Por decorrência lógica tem-se o **princípio da humanidade das penas.** Ele indica que são vedadas penalmente as sanções desumanas, entendidas essas como as que por sua essência agridem a condição humana digna. Assim, como prevê o inciso XLVII do artigo 5° da Constituição Federal, são vedadas no Brasil as penas de trabalhos forçados, de prisão perpétua, a pena de morte, e as penas de banimento ou cruéis (vide também inciso XLIX do mesmo artigo constitucional).

O **princípio da proporcionalidade das penas** indica que o tipo e a quantidade da pena imposta ao indivíduo deve ter gravidade análoga à gravidade do crime cometido. Funciona como limitação negativa (para não se cair numa perspectiva retributivista), no sentido de não se punir alguém de forma mais grave do que o próprio crime cometido.

O **princípio da pessoalidade da pena** indica que a pena a ser imposta não pode atingir (ao menos não diretamente) outra pessoa que não o próprio autor do delito. No Brasil, ele é expressamente previsto no artigo 5°, inciso XLV da Constituição Federal.

O **princípio da individualização das penas** indica que as penas devem ser fixadas individualmente, para cada agente delitual e para cada crime cometido, de acordo com a culpabilidade individual. No Brasil, ele é expressamente previsto no artigo 5°, inciso XLVI da Constituição Federal.

Há, ainda, um importante princípio de conteúdo processual, mas que condiciona a atuação penal quanto à fixação das penas: o **princípio do estado de inocência.** O inciso LVII do artigo 5° da Constituição Federal prevê literalmente que "ninguém será considerado culpado até o trânsito em julgado de sentença penal condenatória". No Direito Penal, as penas são definidas em lei abstratamente, em margens quantitativas (por exemplo, reclusão de 2 a 6 anos). Sempre que se for proceder à utilização dessas margens, deve se utilizar a margem que mais beneficie ou menos prejudique o acusado, a não ser que se possa justificar, com base nas provas dos autos processuais, a utilização de quantidade mais desfavorável. Isso decorre do fato de que até o momento em que o julgador procede à fixação da pena, o acusado goza das prerrogativas do estado de inocência, quanto ao fato principal e quanto aos seus aspectos periféricos.

12.3 TIPOS DE SANÇÕES PENAIS

Na teoria penal contemporânea, conforme se viu antes, parte-se do pressuposto de que não há, por essência, uma ideia de crime. O crime seria uma construção cultural e histórica, e não um mero extrato das relações sociais. Com isso, identifica-se o que é e o que não é crime a partir daquilo que a lei prevê.

Percebe-se a relevância do princípio da legalidade, definindo que não há crime nem pena sem prévia cominação legal. E, para cada definição legal de crime, há o estabelecimento, também em lei, de uma pena, de uma punição correspondente.

Os apenamentos para os crimes no Direito Penal brasileiro são fixados, abstratamente, como penas privativas de liberdade[116]. Ou seja, ao definir o crime o legislador estabelece, normalmente no mesmo dispositivo legal, uma quantidade de pena de reclusão ou de detenção, pré-dispondo uma quantidade mínima e máxima de tempo para um apenamento em que o indivíduo perde sua liberdade. Tal situação está, aliás, prevista no artigo 53 do Código Penal, que estabelece que as penas são fixados em penas privativas de liberdade – reclusão ou detenção, as quais têm seus limites estabelecidos na sanção correspondente a cada tipo legal de crime, nas normas penais incriminadoras. Deve-se ressalvar desde já, entretanto, que na fixação e aplicação de penas concretas para cada caso específico de crime possibilita-se legislativamente a substituição das penas privativas de liberdade por penas restritivas de direitos.

Partindo-se daí, um aspecto inicialmente relevante quanto aos tipos de penas adotados no direito brasileiro diz respeito à distinção entre penas privativas de liberdade e penas restritivas de direitos. As penas privativas de liberdade são aquelas que possibilitam isolar o condenado do convívio social, total ou parcialmente, restringindo ou impedindo seu direito de ir e vir. Já as penas restritivas de direitos são aquelas que, sem isolar o indivíduo do convívio social, impedem-no de fazer determina-

[116] Indique-se como exceção o artigo 28 da Lei 11.343/06.

das ações, ou de usufruir de certas situações ou bens, ou forçam-no a certas condutas.

12.3.1 Reclusão e detenção

As penas privativas de liberdade dividem-se em penas de reclusão e penas de detenção[117]. Sob o ponto de vista do que são em essência, a reclusão e a detenção não se distinguem: ambas consistem nas formas de privação da liberdade do indivíduo que cometeu um crime. Teoricamente, uma reclusão em regime semiaberto e uma detenção no mesmo regime seriam equivalentes quanto à ideia de privação da liberdade.

A distinção entre elas é marcada pelas regras operacionais de uma e outra, que mostram ser a pena de reclusão indiretamente mais severa e mais restritiva do que a pena de detenção. A reclusão, assim, caracteriza-se como uma privação de liberdade com forma de cumprimento potencialmente mais grave do que a detenção[118]. Partindo-se disso, há de se caracterizar uma e outra enquanto privação da liberdade, para que se possa traçar um quadro comparativo.

O artigo 33 do Código Penal nos aponta a gravidade normativa (abstrata) como critério diferenciador entre reclusão e detenção: "Art. 33. A pena de reclusão deve ser cumprida em regime fechado, semiaberto ou aberto. A de detenção, em regime semiaberto, ou aberto, salvo necessidade de transferência a regime fechado.".

Ou seja, na sentença condenatória o julgador procede à formulação de um juízo de culpa ou inocência. Formulado um juízo de culpa, identifica o crime praticado pelo indivíduo, caracterizado pelo enquadramento específico do fato em uma norma penal incriminadora (enquadramento típico). Como se observou, na própria norma penal incriminadora estará

---

[117] Embora ainda exista a previsão legal da pena de 'prisão simples' para as contravenções penais (Decreto-Lei. 3.688/41), seu desuso vem de anos; por isso, é aqui desconsiderada.

[118] Tal distinção de gravidade, amplamente abordada na doutrina brasileira (cita-se, por exemplo: JESUS, Damásio Evangelista de. **Direito penal: parte geral**. 21. ed., v. 1, p. 521-522; PRADO, Luiz Régis. **Curso de direito penal brasileiro:** parte geral, p. 454-455; NUCCI, Guilherme de Souza. **Código penal comentado**. 2. ed. São Paulo: Editora Revista dos Tribunais, 2002, p. 176), está centrada em restrições maiores a direitos, diretas ou indiretas, na pena de reclusão.

estabelecido o tipo de pena privativa de liberdade para aquele crime ali previsto: reclusão ou detenção.

Antes de definir o regime e cumprimento, o julgador deverá estabelecer a quantidade de pena atribuída ao condenado pela prática do crime. Somente a partir disso é que será definido o regime, pois esta definição depende da quantidade de pena estabelecida pelo juiz, conforme dispõe o §2º do artigo 33 do Código Penal brasileiro. Sendo caso de pena de reclusão, poderá ser fixado como regime inicial de cumprimento o fechado, o semiaberto ou o aberto. Sendo caso de pena de detenção, poderá se estabelecer o regime inicial semiaberto ou aberto.

Devido à possibilidade de fixação de regime inicial fechado, a reclusão enquanto previsão normativa é destinada aos crimes mais graves. O legislador, ao definir os crimes e suas respectivas sanções, deve restringir a previsão legal abstrata da pena de reclusão para crimes que ofendam mais gravemente os bens jurídicos mais relevantes protegidos pelo Direito Penal. Releva destacar que isso não significa a obrigatoriedade de que o juiz, na sentença condenatória por crime apenado com reclusão, estabeleça o regime inicial fechado para o cumprimento da pena. Ele deverá, quanto a isso, valorar a situação concreta segundo os critérios do § do artigo 33 do Código Penal brasileiro, para então, caso a caso, verificar da conveniência jurídica de tal fixação.

A medida de segurança consiste em uma medida médico psiquiátrica. Ela pode chegar a se constituir em internação psiquiátrica quando se tratar de crime para o qual é prevista pena de reclusão. Em se tratando de crime para o qual é prevista pena de detenção, ela poderá no máximo se constituir em tratamento laboratorial.

Se o crime para o qual é prevista pena de reclusão for cometido for contra filho, tutelado ou curatelado, a condenação gera a incapacidade para o exercício do pátrio-poder, da tutela ou da curatela. O mesmo não se dá em crimes para os quais é prevista pena de detenção.

Pode-se, então, traçar o seguinte quadro comparativo entre reclusão e detenção:

Reclusão	Detenção
1. A reclusão pode ser cumprida inicialmente no regime fechado	1. A detenção admite apenas, como regime inicial, os regimes aberto e semiaberto
2. A reclusão destina-se somente aos crimes mais graves	2. A detenção destina-se aos crimes de médio e baixo potencial ofensivo
3. Se o crime for punido com reclusão, a autoridade policial não poderá conceder fiança	3. Se o crime for punido com detenção, a autoridade policial poderá conceder fiança
4. Se o crime for punido com reclusão, a medida de segurança deverá consistir em internação psiquiátrica	4. Se o crime for punido com detenção, a medida de segurança poderá consistir em tratamento ambulatorial
5. Se o crime punido com reclusão for cometido for contra filho, tutelado ou curatelado, a condenação gera a incapacidade para o exercício do pátrio-poder, da tutela ou da curatela	5. A condenação em crime apenado com detenção não gera a incapacidade para o exercício do pátrio-poder, da tutela e da curatela

Insiste-se que tais diferenças não compreendem o plano real da modalidade de cumprimento da pena. Isso porque, a princípio, tanto a reclusão quanto a detenção dizem respeito ao mesmo plano fático: a privação da liberdade do condenado.

12.3.2 Regime fechado

O regime fechado, cujas regras gerais encontram-se previstas no artigo 34 do Código Penal, significa que o cumprimento da pena deverá começar em uma penitenciária, num estabelecimento de segurança máxima ou média. Esta consiste num estabelecimento prisional em que o indivíduo, ordinariamente, fica recluso em relação à convivência social. O critério geral, portanto, é de que as penitenciárias significam isolamento do indivíduo do resto da sociedade.

Utilizando-se os critérios estabelecidos pela Lei 7.210/84, a Lei de Execução Penal (LEP), nos seus artigos 87 e 88, o condenado deveria ser alojado em cela individual, a qual deveria possuir dormitório, sanitário e lavatório, condições salubres e área mínima de seis metros quadrados (parâmetros que são efetivamente descumpridos na maior parte dos estabelecimentos prisionais do Brasil)

Reza o artigo 34 do Código Penal brasileiro, corroborado pelos artigos 5º a 8º da Lei 7.210/84, que o indivíduo condenado deverá ser submetido a exame criminológico no início do cumprimento da pena, com o objetivo de classificação dos condenados, permitindo, ao menos teoricamente, a individualização da pena. Trata-se de exame a ser realizado pela Comissão Técnica de Classificação para definir um perfil do condenado (com o objetivo de individualização da pena). É previsto para o início do cumprimento da pena privativa de liberdade no regime fechado e no regime semiaberto.

No regime fechado, o indivíduo fica sujeito ao trabalho durante o período diurno, devendo ser isolado em sua cela durante o período noturno, mesmo que as celas sejam ocupadas por grupos – isolamento em relação às demais celas. Aqui existe uma clara disparidade entre a legislação e a realidade prisional, com estabelecimentos superlotados e deficientes em condições de salubridade[119].

Interessa perceber que o trabalho tem caráter obrigatório. Isso porque o condenado não pode se recusar ao trabalho, sob pena de cometer falta grave (artigo 50, VI, Lei de Execução Penal). O trabalho será realizado em comum dentro do estabelecimento penitenciário, devendo ser adequado às aptidões ou ocupações anteriores do condenado. A atribuição, pela autoridade prisional, da atividade de trabalho deve levar em consideração, portanto, a habilitação e as condições pessoais do condenado, nos termos do artigo 32 da Lei de Execução Penal.

Poderá ocorrer, ainda, o trabalho externo, desde que se dê em serviços ou obras públicas, realizados por órgãos da administração direta

---

[119] O artigo 88 da Lei de Execução Penal prevê: "O condenado será alojado em cela individual que conterá dormitório, aparelho sanitário e lavatório. Parágrafo único. São requisitos básicos da unidade celular: a) salubridade do ambiente pela concorrência dos fatores de aeração, insolação e condicionamento térmico adequado à existência humana; b) área mínima de 6 m² (seis metros quadrados).".

ou indireta (municipal, estadual ou federal). Excepcionalmente, pode se dar o trabalho em entidades privadas, desde que as condições para sua execução o demonstrem viável, e sempre sob vigilância. Entretanto, para que seja autorizado o trabalho externo pela direção do estabelecimento em que o condenado está cumprindo pena, o artigo 37 da Lei de Execução Penal estabelece que já deverá ter sido cumprido ao menos 1/6 da pena, avaliando-se, ainda, a aptidão, disciplina e responsabilidade do possível beneficiado.

Enfim, nos termos do artigo 120 da Lei de Execução Penal, o condenado a pena privativa de liberdade em regime fechado (tal disposição estende-se também aos condenados a pena privativa de liberdade em regime semiaberto) poderá obter permissão de saída em duas situações: em caso de falecimento ou doença grave do cônjuge, companheira, ascendente, descendente ou irmão; em caso de necessidade de tratamento médico. Estabelece, ainda, o parágrafo único de tal artigo que a concessão de permissão de saída é atribuição do diretor do estabelecimento prisional em que se encontra o condenado.

12.3.3 Regime semiaberto

O regime semiaberto – suas regras gerais se encontram fixadas no artigo 35 do Código Penal – significa que o cumprimento da pena deve se iniciar em colônia agrícola ou industrial, ou estabelecimento equivalente. Tais regras partem de um critério de isolamento não absoluto do indivíduo frente à sociedade, devido às permissões de saída para trabalho ou estudo. Tal qual no caso do regime fechado, no regime semiaberto o condenado pode primeiramente ser submetido à Comissão Técnica de Classificação, com o objetivo de individualização da pena.

O trabalho comum também é possível, no período diurno, mas com o diferencial de que as atividades laborais devem se dar em colônias agrícolas ou industriais – enquanto que no regime fechado são realizados nos presídios. Com isso, as atividades laborais possibilitam uma maior integração dos presos, num contexto em que, ao menos formalmente, há maior flexibilidade no cumprimento da pena.

Tal flexibilidade é especialmente marcante quando se verifica que no regime semiaberto é possível a saída do preso do estabelecimento prisional para trabalhar, mesmo que em empresas privadas. Além disso, é permitida aos presos a frequência a cursos supletivos profissionalizantes, de instrução de segundo grau (ensino médio) ou cursos superiores (graduação e bacharelado).

12.3.4 Regime aberto

O princípio teórico que norteia o regime semiaberto, enunciado no artigo 36 do Código Penal brasileiro, é de aposta na autodisciplina e senso de responsabilidade do condenado. A ideia é que o regime aberto funcione, quando seja o regime original de cumprimento da pena, como uma chamada de atenção ao indivíduo através dos constrangimentos ao livre ir e vir que gera. Quando tal regime resulta da progressão da pena, deve servir como uma ponte da sanção mais grave para a situação de liberdade após o cumprimento da pena.

A análise do regime aberto leva necessariamente a uma dicotomia: por um lado, há os parâmetros legais; por outro, existe a realidade concreta.

Os parâmetros legais indicam que no regime aberto o indivíduo poderia trabalhar, frequentar cursos ou exercer outras atividades autorizadas fora do estabelecimento prisional, sem vigilância. Teria apenas que se recolher ao estabelecimento prisional durante à noite e nos fins de semana.

A realidade concreta, no entanto, apresenta uma crucial dificuldade: não há, na maioria das cidades, estabelecimentos prisionais adequados para isso. Tem-se adotado constantemente a prisão domiciliar, em que o indivíduo teria a mesmas restrições, mas, em vez de se recolher a um estabelecimento prisional, teria que se recolher à sua própria residência. Nesse sentido, interessante posição é defendida por Guilherme Nucci, para quem, considerando-se

> que o regime aberto está falido, pois não existem Casas do Albergado, bem como o semiaberto encontra-se com nítida deficiência de vagas, o trabalho externo termina sendo a forma encontrada pelo magistrado para reintegrar o preso à vida em comunidade, para, depois, conceder-lhe o regime de prisão albergue domiciliar (PAD), retornando-o de vez à liberdade. Melhor seria, de fato, a extinção

> do regime aberto e a criação de dois estágios no semiaberto: um que mantivesse o condenado sem possibilidade de saídas e outro que passasse a permitir suas saídas externas, até mesmo para trabalhar.[120].

O que se percebe é a urgência de que sejam repensados os parâmetros jurídico- normativos de cumprimento da pena em regime aberto.

12.3.5 Regime inicial e progressividade

A execução das penas privativas de liberdade não se dará de forma estanque: definido pelo juiz na sentença o regime de cumprimento da pena, isso não significa que o condenado deverá ficar todo o tempo de cumprimento da pena em tal regime.

Não obstante isso, a sentença penal condenatória deve inicialmente fixar um regime para o início do cumprimento da pena, o que se faz seguindo as regras contidas no § 2º do artigo 33 do Código Penal brasileiro. Novamente aqui é importante se destacar a diferença entre a reclusão e a detenção.

Nos termos do referido dispositivo legal, tratando-se de pena de reclusão superior a 08 (oito) anos, o regime inicial de cumprimento deverá ser o fechado, independente de ser ou não o condenado reincidente. Tratando-se de pena de reclusão inferior a 04 (quatro) e não superior a 08 (oito) anos, há duas situações: se o condenado for reincidente, deverá se estabelecer o regime fechado para o cumprimento da pena; se o condenado não for reincidente, poderá ser estabelecido o regime semiaberto. Tratando-se, enfim, de pena de reclusão não superior a 04 (quatro) anos, igualmente há duas situações: se o condenado for reincidente, deverá iniciar sua pena em regime fechado ou semiaberto; se for não reincidente, poderá se estabelecer desde o início o regime aberto (além da possibilidade de se estabelecer os outros dois).

Tratando-se de pena de detenção, se a pena fixada na sentença for superior a quatro anos, deverá ser determinado o regime semiaberto para o início do cumprimento da pena. Porém, se a pena fixada não for superior a 04 (quatro) anos, há duas regras: não sendo o condenado

---

120 NUCCI, Guilherme. **Código penal comentado**, p. 189.

reincidente; poderá se estabelecer o regime aberto; sendo reincidente, poderá ser fixado o regime semiaberto.

Deve se ter um cuidado: as regras dispostas no § 2º do artigo 33 do Código Penal não possuem um caráter absoluto. Sua aplicação pode ser relativizada pelo julgador de acordo com o caso concreto, levando em consideração o critério de necessidade de reprovação do fato, em consideração às diversas circunstâncias judiciais do artigo 59 do Código Penal. Tal ideia deriva do próprio artigo 32, no seu §3º, e da redação do §2º, que menciona a expressão "poderá". Na perspectiva de atender aos princípios da proporcionalidade e da necessidade, o Superior Tribunal de Justiça fixou uma interpretação benéfica da lei através da Súmula 269: "É admissível a adoção do regime prisional semiaberto aos reincidentes condenados a pena igual ou inferior a 4 (quatro) anos se favoráveis as circunstâncias judiciais.".

De outra parte, a pena privativa de liberdade deverá ser cumprida de forma progressiva. Isso significa que iniciada em um determinado regime, após cumprido determinado período de pena poderá o condenado progredir para um regime mais brando. Nesse sentido, o artigo 112 da Lei de Execução Penal prevê: "A pena privativa de liberdade será executada em forma progressiva, com a transferência para regime menos rigoroso, a ser determinada pelo juiz, quando o preso tiver cumprido ao menos 1/6 (um sexto) da pena no regime anterior e seu mérito indicar a progressão.".

A Lei nº 11.464/2007 deu nova redação ao artigo 2º da Lei nº 8.072, de 25 de julho de 1990, que dispõe sobre os crimes hediondos, em respeito aos termos do inciso XLIII do artigo 5º da Constituição Federal. Desde a edição da chamada Lei dos Crimes Hediondos era discutida a constitucionalidade do §1º do referido artigo 2º, com o argumento de que violava o princípio constitucional da individualização da pena[121]. Tal discussão desembocou em decisão do STF, que enfim considerou inconstitucional tal dispositivo.

---

[121] Havíamos apontado tal problema na primeira edição deste Manual. Na ocasião comentamos que "A Lei dos Crimes Hediondos (Lei 8.072/90) prevê (**em dispositivo de discutível constitucionalidade e utilidade**) no seu artigo 2º, § 1º, que "A pena por crime previsto neste artigo será cumprida integralmente em regime fechado.".

Após tal decisão, surgiu a Lei 11.464/2007, trazendo duas importantes disposições:

a) a pena por crime hediondo (previstos na própria Lei 8.072/90) será cumprida **inicialmente** em regime fechado;

b) a progressão de regime, no caso dos condenados aos crimes hediondos, dar-se-á **após o cumprimento de 2/5 (dois quintos) da pena**, se o apenado for primário, e **de 3/5 (três quintos)**, se reincidente.

A destacar, ainda, a circunstância de que a referida lei era irretroativa. Explique-se: considerado o §1° da Lei 8.072 inconstitucional, passou a ser aplicável o disposto na Lei 7.210/84 para progressão de pena. Isso representou que a progressão de pena ficou condicionada ao cumprimento de 1/6 (um sexto) da pena. Ora, a nova Lei é mais severa no tratamento da questão, submetendo-se à disciplina geral do artigo 2° do Código Penal e do inciso XL do artigo 5° da Constituição Federal de 1988.

12.3.6 Regras especiais

Há um conjunto de regras especiais a respeito das penas privativas de liberdade, regras essas que tratam de diversos aspectos complementares frente às regras gerais antes analisadas.

Assim, no que respeita ao cumprimento da pena privativa de liberdade por mulheres, os critérios gerais são os mesmos, aplicando-se as regras atinentes aos regimes fechado, semiaberto e aberto. Porém, o cumprimento de suas penas deve se dar em estabelecimento próprio, exclusivamente feminino. Ademais, indica-se que as condições para o cumprimento de suas penas devem ser adequadas aos direitos e deveres inerentes às suas condições pessoais. Nesse sentido prevê a Lei de Execução Penal, no seu artigo, 82, §1°, que "A mulher e o maior de 60 anos, separadamente, serão recolhidos a estabelecimento próprio e adequado à sua condição pessoal."; no seu artigo 83, §2°, que "Os estabelecimentos penais destinados a mulheres serão dotados de berçário, onde as condenadas possam amamentar seus filhos."; e no seu artigo 89 que "Além dos requisitos referidos no artigo anterior, a penitenciária de mulheres deverá ser dotada de seção para gestante e parturiente e de creche com a finalidade de assistir ao menor desamparado cuja responsável esteja presa." (vide também artigo 117, IV, da mesma Lei).

De outra parte, o preso mantém todos os direitos individuais não atingidos pela condenação e perda da liberdade. Por decorrência, impõe-se a todas as autoridades – poderia se dizer a todos os agentes do Estado – o respeito à sua integridade física e à sua integridade moral e, por evidente, a todos os seus direitos individuais não atingidos pela aplicação da sentença condenatória. Nesse sentido o artigo 5º, XLIX, da Constituição Federal: "é assegurado aos presos o respeito à integridade física e moral.".

Quanto à remição pelo trabalho do preso, a cada três dias trabalhados haverá o desconto de um dia de pena a cumprir. O artigo 39 do Código Penal prevê a necessária remuneração do trabalho e a correspondente garantia dos benefícios da previdência social. Incluem-se a cobertura previdenciária dos eventos de doença, invalidez, morte e idade avançada, nos termos do inciso I do artigo 201 da Constituição Federal, para os condenados presos que trabalharem. A Lei 12.433/11 alterou a Lei de Execução Penal, prevendo que ocorra remição da pena pelo estudo. Reza o artigo 126 da LEP, com a redação que lhe foi dada em 2011, que o condenado que cumprir a pena em regime fechado ou semiaberto poderá remir um dia da pena para cada doze horas de frequência escolar, desde que essas doze horas sejam dividas em, no mínimo, em três dias. A legislação veio formalizar aquilo que a jurisprudência já trazia, inclusive com a súmula 341 do STJ.

Trata o artigo 42 do Código Penal da detração. Esta consiste num sistema de compensação: qualquer tempo que o indivíduo permanecer preso provisoriamente ou em internação psiquiátrica será descontado da pena a ser cumprida quando da condenação definitiva, nos termos do artigo 41 do Código Penal.

Pode ocorrer, enfim, nos termos dos artigos 96 a 99 do Código Penal, que o indivíduo preso seja acometido, durante o período de cumprimento de sua pena, de doença mental, caso em que deverá ser recolhido a hospital de custódia e tratamento psiquiátrico.

12.4 PENAS RESTRITIVAS DE DIREITOS

Em opção às penas privativas de liberdade a legislação penal brasileira prevê um conjunto de penas mais brandas, que não atingem de maneira direta a liberdade do condenado – ou ao menos não a atingem de modo pleno. Tratam-se das penas restritivas de direitos, também conhecidas como penas alternativas.

A expressão 'penas alternativas' é contestável, pois dá a entender que tais penas, pela 'alternatividade', não teriam um caráter punitivo. Não obstante isso, a expressão traduz ao menos a ideia de que as penas restritivas de direitos seriam alternativas frente às penas privativas de liberdade, o que, na legislação brasileira, é bastante aceitável, devido ao seu caráter substitutivo.

Tais penas se justificam pela pouca eficiência do sistema punitivo baseado na privação de liberdade[122]. Tais penas, conhecidas vulgarmente como "penas de prisão", isolam o condenado da sociedade, segregam-no e dificultam a possibilidade de que posa ele se repensar enquanto indivíduo social. Bem afirma Luiz Flávio Gomes que

> a prisão é um produto caro e reconhecidamente não ressocializa. Pelo contrário, dessocializa. Em razão da superpopulação, dos seus métodos e da sua própria natureza, é desumana e cruel; corta o vínculo com a comunidade, com a família, com o trabalho, com a educação etc. Há séria dúvida, por tudo isso, sobre se cumpre ou não seu papel de intimidação.[123]

Havendo tal ineficiência do conjunto de penas privativas de liberdade, as penas restritivas funcionariam como opções racionalizadoras do sistema punitivo. Não se deve perder de vista a ideia de que a punição não pode representar pura e simplesmente uma retribuição ao mal causado, uma mera resposta punitiva do Estado. Ela deve significar, muito mais, um modo de despertar o espírito crítico do condenado em relação às suas responsabilidades sociais enquanto cidadão.

---

[122] Este assunto foi tratado do capítulo 2 da Unidade I.

[123] GOMES, Luiz Flávio. **Penas e medidas alternativas à prisão**. São Paulo: Editora Revista dos Tribunais, 1999, p. 30.

Segundo o artigo 43 do Código Penal, as penas restritivas de direitos são de cinco tipos (aos quais se agrega ainda a multa substitutiva[124]):

a) prestação pecuniária;

b) perda de bens e valores;

c) prestação de serviços à comunidade ou a entidades públicas;

d) interdição temporária de direitos;

e) limitação de fim de semana.

Tais penas são definidas pelo Código Penal, no artigo 44, como "autônomas" e substitutivas. A autonomia significa, primeiramente, que a aplicação de uma delas a um caso específico não significa aplicação conjunta das outras – autonomia de umas frente às outras. Além disso, indica que com a substituição, na sentença condenatória, as penas restritivas devem ser aplicadas autonomamente, de maneira direta, pelo juízo das execuções penais.

Por outro lado, quanto ao caráter substitutivo, deve-se novamente registrar que as normas penais incriminadoras não trazem previsão prévia e abstrata de penas restritivas de direitos:[125] as penas previstas para os crimes são sempre de reclusão ou detenção, por vezes com multa. Em virtude disso, no sistema do Código as penas restritivas de direito são previstas através de regras gerais, e são aplicadas de modo substitutivo frente a uma pena de reclusão ou de detenção.

---

124 É de destacar o entendimento de Luiz Flávio Gomes, para quem existem hoje 10 penas restritivas: "*após a reforma legislativa*, temos 10 (nove restritivas mais a multa): seis já foram indicadas (prestação pecuniária, perda de bens e valores, prestação de serviço à comunidade ou a entidades públicas, interdição temporária de direitos, limitação de fim de semana e multa substitutiva). Se considerarmos que a interdição temporária de direitos subdivide-se doravante me quatro (proibição do exercício de cargo, proibição do exercício de profissão, suspensão da habilitação para dirigir veículo e proibição de frequentar determinados lugares), já chegamos a nove. A última sanção cominada é a prestação de outra natureza – art. 45, § 2º." (GOMES, Luiz Flávio. **Penas e medidas alternativas à prisão**, 1999, p. 104). Reitera-se o entendimento aqui adotado de que são seis os *tipos* de penas restritivas: os cinco tipos do artigo 43 e a multa substitutiva. A divisão do tipo de pena interdição temporária de direitos seria divisão em subespécies, assim como a prestação de outra natureza seria mera derivação da prestação pecuniária.

125 Relembre-se que uma peculiaridade existe Lei 11.343/06, em seu artigo 28, ao estabelecer penas restritivas de direitos originárias – não substitutivas – para os crimes de uso e porte pessoal de drogas ilícitas.

Como reza o artigo 54 do Código Penal, as penas restritivas de direitos não estão previstas na Parte Especial do Código, mas sim em sua Parte Geral, como de resto não estão normalmente previstas junto aos tipos legais incriminadores de legislação especial – já ressalvada a exemplificativa exceção da Lei 11.343/06. Não obstante isso, elas são aplicáveis em substituição às penas privativas de liberdade.

Desse modo, o juiz, quando cabível, deve na própria sentença condenatória estabelecer uma substituição da pena privativa de liberdade ordinariamente aplicável ao caso por uma pena restritiva de direito.

12.4.1 Espécies de penas restritivas de direitos

As penas restritivas de direitos são de cinco tipos gerais: prestação de serviços à comunidade ou a entidades públicas, interdição temporária de direitos, limitação de fim de semana, prestação pecuniária e perda de bens e valores.

A **prestação de serviços** à comunidade ou a entidades públicas está prevista no artigo 46 do Código Penal. Ela consiste na atribuição de tarefas para o condenado junto a entidades assistenciais, hospitais, escolas, orfanatos, em programas comunitários ou estatais. Com isso fica ressaltado o caráter de potencial oportunidade de reeducação para a cidadania.

Tais tarefas, no entanto, deverão ser desempenhadas pelo condenado de forma gratuita, sem remuneração. A gratuidade tem singular importância, pois resguarda o caráter punitivo da pena de prestação de serviços à comunidade. Ademais, diferencia a prestação de serviços do trabalho do preso – este com jornada de trabalho e com remuneração.

A atividade que será cumprida como prestação de serviços à comunidade deverá ser adequada às aptidões do condenado, de modo a se buscar o máximo de efetividade possível no que se refere à busca de reeducação para o exercício da cidadania. No mesmo sentido, poderá se adequar o horário de cumprimento das tarefas de forma a afetar o menos possível as atividades de trabalho e estudo do condenado.

O § 4º do artigo 46 do Código Penal traz, ainda, outra regra que aponta para a mesma direção: a que possibilita a condensação da duração total da pena de prestação de serviços[126]. Isso significa que o condenado poderá solicitar a condensação do tempo total de cumprimento de sua pena. Para tanto, deverá cumprir a mesma quantidade de horas de prestação de serviços à comunidade a que foi condenado, só que em menor quantidade de tempo final. Assim, se cumpriria uma hora de atividades diárias por dois anos, poderá cumprir até duas horas diárias de atividades, o que reduziria o tempo total para um ano, mantendo a mesma quantidade de horas de prestação de serviços a que foi condenado.

A **interdição temporária de direitos** está prevista no artigo 47 do Código Penal. Ela consiste na proibição ou suspensão de exercício de alguns direitos. Suas modalidades estão elencadas nos incisos do mesmo artigo, consistindo em:

"I – proibição do exercício de cargo, função ou atividade pública, bem como de mandato eletivo;

II – proibição do exercício de profissão, atividade ou ofício que dependam de habilitação especial, de licença ou autorização do poder público;

III – suspensão de autorização ou de habilitação para dirigir veículo;

IV – proibição de frequentar determinados lugares.

V – proibição de inscrever-se em concurso, avaliação ou exame públicos."

Saliente-se, em conformidade com o artigo 56 do Código Penal, que as penas previstas nos incisos I e II do artigo 47, estando ligadas ao exercício de profissão, atividade, ofício, cargo ou função, serão aplicáveis aos crimes cometidos em tais contextos, desde que o cometimento do crime tenha importado violação de dever inerente ao exercício. Quanto à suspensão de autorização ou de habilitação para dirigir veículo, trata-se de disposição sobre a qual predomina a Lei 9.503/97 (Código de Trânsito Brasileiro), especialmente os artigos 292 e 293. Enfim, quanto à proibição de frequentar determinados lugares, embora seja disposição vigente

126 Art. 46, §4º: "Se a pena substituída for superior a 1 (um) ano, é facultado ao condenado cumprir a pena substitutiva em menor tempo (art. 55), nunca inferior a 1/2 (metade) da pena privativa de liberdade fixada.".

e aplicável, as dificuldades de sua fiscalização enfraquecem o dispositivo, desaconselhando sua aplicação como pena isolada em substituição às privativas de liberdade.

A **limitação de fim de semana** está prevista no artigo 48 do Código Penal. Consiste em uma pena através da qual o indivíduo seria obrigado a se recolher, em sábados e domingos, a estabelecimento pré-indicado (casa do albergado ou outro local) pelo poder público. Aqui novamente o pouco número de casas do albergado vem à tona. Dever-se-ia evitar a imposição de tal pena em locais onde não existam condições adequadas para seu cumprimento, sob pena de violação do princípio da legalidade.

A **prestação pecuniária** está definida no §1° do artigo 45 do Código Penal, caracterizando-se como o pagamento em dinheiro à vítima ou aos seus dependentes, ou a entidade pública ou entidade privada com destinação social, de um valor fixado pelo juiz na sentença. É importante destacar que o valor pago como prestação pecuniária será deduzido do montante de futura indenização civil pelo crime, desde que os beneficiários sejam os mesmos. Destaque-se, ainda, o §2° do mesmo artigo, que possibilita que a prestação pecuniária consista em prestação de outra natureza, ou seja, entrega de bem ou valor (como cestas básicas), ou prestação de serviços (mão de obra).

A **perda de bens e valores**, prevista no §3° do mesmo artigo 45, não deve ser confundida com a multa. Trata-se de sanção que incide diretamente sobre o patrimônio do condenado, revertendo o domínio de parte deste patrimônio em favor do Estado – em específico, em favor do Fundo Penitenciário Nacional. Já a multa funciona como obrigação genérica de valor. Destaque-se que a pena deve recair sobre patrimônio lícito do condenado para que tenha o efetivo caráter sancionatório, não devendo, entretanto, extrapolar o montante do dano causado pelo crime.

A partir de tais aspectos, pode se traçar o seguinte quadro de características das penas restritivas de direitos[127]:

[127] Todos os artigos mencionados na tabela pertencem ao Código Penal brasileiro.

Pena	Prestação de serviços à comunidade	Interdição temporária de direitos
Definição	Consiste na atribuição de tarefas ao condenado (§1°, artigo 46)	Consiste na suspensão temporária do exercício de determinados direitos civis
Regras para aplicação	Local de cumprimento – § 2° do artigo 46 Definição do tipo e do tempo da tarefa – §3° do artigo 46	Modalidades da pena – incisos I a IV do artigo 47 Adequação – artigo 56

Pena	Limitação de fim de semana	Prestação pecuniária	Perda de bens e valores
Definição	Consiste na obrigação de permanecer, aos sábados e domingos, por cinco horas diárias, em casa do albergado ou outro estabelecimento adequado (*caput* do artigo 48)	Consiste no pagamento em dinheiro à vítima, a seus dependentes, ou a entidade pública ou privada com destinação social de importância fixada pelo juiz (§1°, primeira parte, artigo 45)	Consiste na reversão do domínio de bens ou valores em favor do Fundo Penitenciário Nacional (§3°, primeira parte, artigo 45)
Regras para aplicação	Parágrafo único do artigo 48	§1°, in fine, do artigo 45 §2° do artigo 45	§3° do artigo 45

12.4.2 Requisitos de substituição

O artigo 44 do Código Penal estabelece que as penas restritivas são autônomas e possuem caráter substitutivo, conforme já se registou antes. Faz mais, entretanto: define os requisitos para a substituição das penas privativas de liberdade por penas restritivas de direitos.

A substituição pode ocorrer quando:

"I – aplicada pena privativa de liberdade não superior a 4 (quatro) anos e o crime não for cometido com violência ou grave ameaça à pessoa ou, qualquer que seja a pena aplicada, se o crime for culposo;

II – o réu não for reincidente em crime doloso;

III – a culpabilidade, os antecedentes, a conduta social e a personalidade do condenado, bem como os motivos e as circunstâncias indicarem que essa substituição seja suficiente.".

O primeiro inciso na realidade apresenta três situações diversas. Primeiramente, trata de um critério quantitativo, em que se deve recorrer à análise do *quantum* concretizado da pena, considerada aquela calculada para o crime na própria sentença, caso a caso. Com isso, se a pena concretizada for igual ou inferior a quatro anos, poderá haver a substituição.

Além disso, para tal substituição o crime cometido não pode ser caracterizado por grave ameaça ou violência a pessoa[128], pois se entende que tais casos apresentam maior gravidade devido ao dano ou risco de dano à integridade física humana – a qual é, em termos valorativos, prevalente frente a outros bens no sistema jurídico brasileiro, devido à sua proteção constitucional. Desse modo, a ofensa jusfundamental quando o crime for praticado mediante grave ameaça ou violência a pessoa desautorizará a substituição.

Por outro lado, estes dois aspectos não precisam ser considerados quando se tratar de condenação por crime culposo, em que automaticamente é possível a substituição, independente da pena estabelecida.

Seguindo na análise, o inciso II prevê que para que haja a possibilidade de substituição o condenado não pode ser reincidente em crime doloso. Não obsta o legislador a substituição se ocorrer reincidência em

[128] Embora o legislador não seja explícito, o entendimento já consagrado é de que tal limitação à possibilidade de se aplicar penas restritivas de direitos – não ter sido praticado o crime com grave ameaça ou violência a pessoa – refere-se apenas aos crimes dolosos ou preterdolosos, em que o uso de meios de constrangimento que coloquem em risco ou ofendam a integridade física de outrem são deliberadamente adotados pelo agente. Por consequência, não incide tal limitação para crimes culposos.

situação em que um dos crimes seja doloso e o outro culposo, e muito menos, obviamente, se ambos os crimes forem culposos.

Entretanto, tal dispositivo é relativo quanto a obstar a substituição, conforme se depreende do §3° do mesmo artigo 44. Prevê o legislador, flexibilizando o requisito indicado no inciso II, que a substituição poderá ocorrer mesmo em caso de reincidência. Sendo o condenado reincidente, dois aspectos devem ser considerados pelo juiz para operar ou não a substituição: um aspecto subjetivo, em que o juiz levará em consideração se a medida (substituição) é, caso a caso, socialmente recomendável; e um aspecto objetivo, pois para ser possível a substituição, a reincidência não pode se dar em virtude da prática do mesmo crime já praticado anteriormente (não pode ser reincidência específica).

Devido à previsão legal, podem incorrer injustas situações. O legislador veda a substituição em caso de reincidência específica – prática do mesmo crime pelo qual já foi condenado antes. Ora, um indivíduo que praticar um crime apenado com 3 meses a 1 ano de pena (difamação, por exemplo) e for condenado, vindo após a praticar um crime apenado com 1 a 5 anos (estelionato, por exemplo), poderá receber a substituição se o juiz entender que a medida seja socialmente recomendável. Entretanto, se estiver sendo condenado por nova difamação, ainda que nas circunstâncias seja sociamente recomendável a substituição, a lei não a autoriza. Vale dizer: cometendo um segundo crime muito mais grave poderá circunstancialmente receber a substituição; cometendo o mesmo tipo de crime, menos grave, não poderá.

Por fim, o inciso III apresenta fatores de ordem subjetiva, que permitem ao magistrado analisar as circunstâncias de cada caso para valorar a conveniência ou inconveniência da substituição. Nesses termos, o juiz deverá considerar a culpabilidade, os antecedentes, a conduta social e a personalidade do agente, além dos motivos e circunstâncias do crime. A finalidade é permitir a adequada individualização e proporcionalidade da pena, verificando se a substituição é suficiente como resposta estatal ao crime[129].

129 Analisando tal inciso, assim se posicionou o Tribunal de Justiça de Minas Gerais: "Admite-se, em tese, a substituição da pena privativa de liberdade por restritivas de direitos no delito do artigo 12 da Lei 6.368/76, exigindo-se, entretanto, apreciação favorável de todas as cir-

Se o juiz fixar a condenação em quantidade igual o inferior a um ano de pena, determina o legislador que a substituição seja feita por pena de multa **ou** por uma pena restritiva de direitos[130]. Caso, no entanto, a condenação seja em quantidade superior a um ano, a substituição deve se dar por uma pena restritiva de direitos **e** multa ou por duas penas restritivas de direitos. Com isso o legislador procurou correlacionar a possibilidade de substituição à gravidade do crime cometido – considerando-se que o juiz, por lógica, estabelecerá maior pena se o crime tiver maior gravidade.

cunstâncias previstas no artigo 44, III, do Código Penal, indicando sua suficiência. A agravante da reincidência somente poderá ser considerada quando, entre a data do cumprimento ou extinção da pena e a prática do novo crime, tiver transcorrido lapso temporal inferior a cinco anos, nos termos do inciso I, do artigo 64 do Código Penal." (Tribunal de Justiça de Minas Gerais – Apelação Criminal nº 000297532-4/00 – Relatora Jane Silva – 25/03/2003).

130 Crê-se aqui que não há incompatibilidade entre o §2º do artigo 44 e o §2º do artigo 60, ambos do Código Penal).

Capítulo 13

Fixação da Pena

13.1 CONSIDERAÇÕES GERAIS

Após o cometimento do crime, para que se possa aplicar uma punição ao seu autor, existem alguns procedimentos jurídicos que precedem a sentença judicial, na qual o juiz se manifestará sobre o fato supostamente criminoso.

Há crimes de "menor potencial ofensivo", cuja pena máxima não seja superior a dois anos, em que não se procede à realização de inquérito policial, adotando-se medidas diferenciadas e simplificadas, nos termos da Lei 9.099/95. Tem-se a lavratura do TCO (Termo Circunstanciado de Ocorrência) e a realização de audiência preliminar, na qual a maioria dos casos já encontra solução, sem necessidade de propositura de ação penal.

Ordinariamente, para os demais crimes, costuma-se proceder à realização de investigações criminais, num procedimento administrativo *sui generis* que é designado inquérito policial. Após, encaminhada a investigação ao Ministério Público, este poderá propor a ação penal contra o suposto autor do crime, requisitará diligências complementares ou pedirá o arquivamento do inquérito. Em sequência, seguem-se diversos atos processuais, em que se objetiva formar o conjunto de provas que darão base à decisão do juiz. Enfim, ter-se-á a decisão judicial, registrada formalmente na sentença, em que o juiz condena ou absolve o acusado. Caso o condene, deverá, enfim, fixar a pena correspondente ao seu crime.

A sentença penal é dividida em três partes: relatório, fundamentação e dispositivo. No relatório, o julgador registrará os principais atos produzidos durante o processo, assim como eventuais incidentes processuais. Na fundamentação, será feita a análise jurídica das teses de acusação e defesa, segundo as provas colhidas aos autos do processo, tendo-se por base a legislação, a doutrina e a jurisprudência. Nela o juiz indica as suas conclusões. Enfim, no dispositivo tem-se a parte normativa da sentença, em que se determina a absolvição ou a condenação do acusado. Neste caso, **deverá ser fixada, no dispositivo, a pena imposta** como resultado da condenação.

O procedimento jurídico que deve ser utilizado para se fixar a pena recebe diversas designações teóricas: fixação da pena, dosagem da pena, dosimetria da pena, cálculo da pena. Não há necessidade de se optar teoricamente por uma ou outra expressão. Entretanto, por se entender didaticamente mais próxima dos procedimentos efetivos, utilizar-se-á a expressão 'fixação da pena', que indica, comparada às demais expressões mencionadas, um caráter menos matemático para tal atividade judicial.

A fixação da pena correspondente ao crime é, assim, uma atribuição do magistrado por ocasião da sentença condenatória. Não fica, no entanto, ao seu bel prazer: ele deverá seguir as etapas previstas no artigo 68 do Código Penal, além de existir toda uma série de parâmetros legais que deverão ser respeitados. A fixação da pena representa, então, um procedimento que estabelece uma quantidade específica de pena e a relaciona à gravidade efetiva do crime cometido.

O Código Penal prevê um procedimento trifásico de fixação da pena (preconizado por Nelson Hungria)[131], que necessariamente deverá seguir

[131] Vide a respeito NUCCI, Guilherme de Souza. **Código penal comentado**, 2. ed., p. 257-258; PRADO, Luiz Régis. **Curso de direito penal brasileiro:** parte geral, p. 540-541.

o sistema do artigo 68 do Código, as etapas nele definidas. Seguindo-se tal artigo do Código Penal, primeiramente define-se a pena-base; após, aplicam-se as agravantes e as atenuantes; enfim, aplicam-se as majorantes (causa de aumento de pena) e as minorantes (causas de diminuição de pena).

Parte-se, portanto da fixação da pena-base, que consiste na especificação de uma quantidade de pena entre o mínimo e o máximo abstratos previstos para o crime. O legislador elencou os critérios para a definição dessa quantidade específica no *caput* do artigo 59 do Código Penal.

13.2 FIXAÇÃO DA PENA-BASE

Na parte dispositiva da sentença condenatória, antes de passar à fixação da pena o juiz deve proceder ao enquadramento típico: indicará em qual ou em quais dispositivos penais se enquadra o crime pelo qual está sendo o réu condenado.

Por consequência, a fixação da pena-base tem como ponto de partida as regras penais incriminadoras, que, ao fixarem a sanção abstrata do crime, estabelecem um limite máximo e um limite mínimo para a pena de cada fato criminoso, variável de acordo com a gravidade do crime. Tais limites abstratos, porém, quando da fixação de uma pena, servirão apenas como balizamento. É necessário que se proceda a uma concretização, especificando um *quantum* específico entre eles.

Tal concretização da pena-base não fica totalmente sujeita ao livre arbítrio do juiz. Embora ele possua algum grau de discricionariedade, esta é vinculada a parâmetros de legalidade, e marcada pela necessidade de fundamentação das decisões. Nesse sentido, o próprio artigo 68 remete ao artigo 59 do Código Penal, no qual estarão especificados os diversos aspectos a serem considerados para a especificação da pena.

Esses aspectos são conhecidos como **circunstâncias judiciais** para fixação da pena-base, estando listadas no *caput* do artigo 59. Segundo tal artigo, na fixação da pena-base o juiz deve considerar a culpabilidade do agente, seus antecedentes, sua conduta social, sua personalidade, os motivos, as consequências do crime, as circunstâncias do crime e o comportamento da vítima.

I – A culpabilidade aqui é tratada em sentido amplo[132], ou seja, como reprovação social que o fato criminoso e seu autor merecem receber. Tal reprovação parte da ideia de que o fato ilícito penal, pela simples circunstância de ser crime, já é em si censurável. Porém, tal censura pode e deve ser graduada, de acordo com o comportamento específico do agente ao realizar o fato típico. Nisso consiste a análise da culpabilidade no âmbito da fixação da pena-base.

II – Os antecedentes se referem à vida pregressa do réu, aos seus antecedentes criminais. Por antecedentes criminais, no entanto, entendem-se apenas as condenações criminais com trânsito em julgado, desconsiderando-se indiciamentos em inquéritos e ações penais não concluídas ou com absolvição. Isso decorre do princípio constitucional o estado de inocência.

III – A conduta social do agente refere-se ao papel social desempenhado pelo réu na comunidade em que vive, no trabalho, na família etc. Deve-se levar em consideração o perfil geral do comportamento cotidiano do indivíduo em sua convivência social nos diversos grupos que frequenta e com os quais se relaciona com outras pessoas.

IV – A personalidade do agente, por sua vez, refere-se às características peculiares do réu como pessoa, que adjetivam seu modo de ser. Diz respeito, portanto, a um juízo moral sobre o agente, considerando seu modo de ser anterior ao fato, indicando uma personalidade voltada ou não para o crime.

Entende-se que a análise da conduta social e da personalidade do réu, por ocasião da fixação da pena-base, consiste numa franca inconstitucionalidade. O artigo 5° da Constituição de 1988 estabelece em diversos dispositivos a liberdade de ser o que se quer ser, como se quer ser. Se um indivíduo for preguiçoso, por exemplo, isso é uma opção particular sua, que não deve dar base a uma avaliação negativa sua na esfera crimi-

[132] Não se deve confundir aqui a culpabilidade enquanto medida da pena com a culpabilidade enquanto consciência da ilicitude. Esta última é trabalhada como elemento do crime, tendo como característica a consciência da ilicitude. Aqui, na fixação da pena, já se tem o pressuposto da ocorrência do crime. Com isso a culpabilidade enquanto medida da pena dirige-se ao grau de reprovação da conduta em si, do comportamento do agente ao realizar o fato típico (por isso é comum defini-la como intensidade do dolo – o que não é por si só um equívoco, embora seja impreciso, vago).

nal. Da mesma forma, se o indivíduo não tem boas relações sociais em momentos antecedentes ao crime, tal não há de ser considerado para a dosimetria da pena-base.

Por outro lado, estabelece a Constituição que ninguém pode ser punido senão por fato previsto em lei como crime. Punir alguém porque sua conduta não se encaixa em determinado padrão ou porque sua personalidade não é a mais adequada segundo determinada concepção representaria uma punição sobre comportamentos, e não sobre fato definido em lei.

Trata-se, pois, de preservar o direito fundamental à liberdade comportamental, e, ao mesmo, tempo, de limitar a definição da responsabilidade penal ao fato concreto praticado (direito penal do fato).

V – Já os motivos do crime são as razões que levaram o indivíduo à prática do delito. Naturalmente, trata-se aqui de avaliar se a motivação do agente é de tal ordem que mereça uma censura adicional ou uma certa comiseração. Entretanto, deve se ter um cuidado importante na análise dos motivos (como também em relação às circunstâncias e às consequências): somente deve se levar em conta a motivação do crime na fixação da pena-base se ela não estiver incluída, caso a caso, na própria tipicidade do crime ou como agravante ou atenuante[133]. Veda-se, nesse sentido, a utilização de um só aspecto em dois momentos jurídico-penais, sob pena de se efetuar dupla punição do agente pela mesma causa.

VI – As circunstâncias se referem a elementos acidentais do crime, não componentes do tipo penal. Com elas, quer-se avaliar se o crime foi cometido em circunstâncias que dificultavam a reação da vítima, ou impunham alguma forma adicional de humilhação ou constrangimento.

VII – As consequências do crime referem-se àquilo que o fato gerou para além do próprio resultado típico, ao mal causado pelo crime. É decisivo frisar aqui que se trata daquilo que, embora seja resultado do fato criminoso, não está contido na própria tipicidade. As consequências que o tipo penal já antecipa serão consideradas no próprio enquadramento típico, não cabendo nova penalização do acusado na fixação da pena-base.

---

133 Assim, por exemplo, se um homicídio foi cometido por motivo torpe, tratar-se-á de homicídio qualificado pela motivação (artigo 121, §2°, II, Código Penal), não cabendo a utilização do motivo na fixação da pena-base.

VIII – Enfim, o comportamento da vítima refere-se, por um lado, à possibilidade de que a vítima tenha agido de forma provocativa, que tenha mesmo que indiretamente estimulado, aguçado a intenção do criminoso. Por outro lado, refere-se à possibilidade de que a vítima tenha tido um comportamento explicitamente voltado a minimizar as consequências da conduta delitual, e que isso tenha sido desconsiderado pelo réu.

Além disso, prevê o próprio *caput* do artigo 59 que o juiz deverá estar atento a que a pena-base fixada corresponda à necessidade de resposta estatal ao crime cometido. Estabelece o artigo que o juiz fixará a pena considerando os oito aspectos anteriormente analisados, definindo uma quantidade "conforme seja necessário e suficiente para reprovação e prevenção do crime". Com isso, fica estabelecido pelo Código um poder de caráter subjetivo para o juiz, que terá a possibilidade de uma análise da dosagem da pena caso a caso, adequando a sanção às peculiaridades do crime cometido.

É de se perceber que em tal etapa de fixação da pena o juiz deve partir de um ponto de referência: se na avaliação das circunstâncias judiciais nenhuma delas se caracterizar como desfavorável, negativa para o réu, a pena-base deverá ser fixada no mínimo legal.

Isso ocorre devido a dois aspectos complementares entre si: porque o ônus de justificativa da decisão é do juiz, como representante do Estado (que, como se viu antes, é o polo forte na relação poder de punir *versus* direito de liberdade); e porque até que se prove (demonstre) o contrário, ninguém pode ser considerado culpado – princípio constitucional do estado de inocência. Se o magistrado não puder justificar a exasperação da pena para além do limite que mais beneficia o réu, com fundamento específico nas circunstâncias judiciais elencadas no artigo 59, deverá a pena-base ficar no mínimo legal (art. 5º, LVII, Constituição Federal de 88). Isso, entretanto, não dispensa a fundamentação da pena-base.

Por outro lado, se existirem circunstâncias judiciais desfavoráveis, negativas para o réu, o julgador estará autorizado a estabelecer uma pena-base acima do mínimo legal. Entretanto, tendo em vista que ela deve ser fixada entre o mínimo e a máximo abstratos previstos para o crime, questiona-se: pode-se, em face de todas as circunstâncias serem negativas, ser fixada no máximo legal? Ora, se a fixação da pena-base partisse de um ponto intermediário entre o mínimo e o máximo abstratos, poderia até mesmo se aceitar uma aproximação do limite máximo. Porém, pelos motivos expostos no parágrafo anterior – fixação da pena partindo do mínimo legal -, percebe-se que tal aproximação seria ordinariamente descabida.

Por isso, e considerando-se que após a pena-base o juiz ainda poderá ter de considerar eventuais circunstâncias agravantes (as quais, como se verá, não permitem exasperar a pena para além do máximo legal), o juiz não deverá fixar a pena-base em quantidade muito superior ao ponto intermediário entre o mínimo e o máximo abstratos legais. É semelhante o magistério de Fábio Bittencourt da Rosa:

> como regra, a simples consideração das circunstâncias do art. 59 não poderá ensejar pena superior à média (soma do mínimo e do máximo, dividida por dois). E somente um quadro de gravidade nas agravantes genéricas justificaria uma aproximação do limite máximo da pena abstratamente prevista.[134]

Perceba-se que não há impedimento legal a que isso ocorra. Por outras palavras, o juiz pode fazê-lo – mas, ordinariamente, será bastante improvável que encontre, a partir das provas dos autos do processo, razões suficientes para justificar uma tal exasperação da pena nesta fase da dosimetria.

13.3 AGRAVANTES E ATENUANTES

As circunstâncias agravantes e atenuantes são hipóteses abstratas para elevação ou abrandamento da pena, que devem incidir sobre a pena-base. Sua peculiar característica é a não previsão legal de limites específicos para sua aplicação sobre a pena. Com elas, o legislador concede uma margem bastante razoável de análise a quem julga, tanto pelo ex-

[134] ROSA, Fábio Bittencourt, *A pena e sua aplicação*, RT 668/246. *Apud* SHECAIRA, Sérgio Salomão; CORRÊA JÚNIOR, Alceu. **Teoria da pena**. São Paulo: Editora Revista dos Tribunais, 2002, p. 279. Um reparo deve ser feito, entretanto: a afirmação de que o juiz "não poderá" fixar a pena-base além do termo médio é equivocada. O juiz pode fazê-lo; a lei não impede. Ocorre que ordinariamente não existirão razões suficientes para que isso ocorra, devido ao quê pode se dizer que o juiz não deverá, mas não está impedido de o fazer.

tenso rol de hipóteses de agravamento e atenuação, quanto, ainda, pela circunstância de que não estabeleceu previamente *quantum* de elevação ou abrandamento da pena, o que fica a critério do juiz decidir no caso concreto.

13.3.1 Circunstâncias agravantes

Consideram-se agravantes as causas genéricas que possibilitam a elevação da pena quando de sua fixação. São hipóteses aplicáveis a princípio a qualquer tipo de crime, em que não está definida uma quantidade específica de exasperação (agravamento) da pena: o juiz deverá atender às características do caso concreto.

As regras referentes a agravantes estão previstas nos artigos 61 a 64 do Código Penal.

O artigo 61 elenca as circunstâncias agravantes gerais a serem consideradas pelo juiz no cálculo da pena:

"I – a reincidência;

II – ter o agente cometido o crime:

a) por motivo fútil ou torpe;

b) para facilitar ou assegurar a execução, a ocultação, a impunidade ou vantagem de outro crime;

c) à traição, de emboscada, ou mediante dissimulação, ou outro recurso que dificultou ou tornou impossível a defesa do ofendido;

d) com emprego de veneno, fogo, explosivo, tortura ou outro meio insidioso ou cruel;

e) contra ascendente, descendente, irmão ou cônjuge;

f) com abuso de autoridade ou prevalecendo-se de relações domésticas, de coabitação ou de hospitalidade, ou com violência contra a mulher na forma da lei específica;

g) com abuso de poder ou violação de dever inerente a cargo, ofício, ministério ou profissão;

h) contra criança, velho, enfermo ou mulher grávida;

i) quando o ofendido estava sob a imediata proteção da autoridade;

j) em ocasião de incêndio, naufrágio, inundação ou qualquer calamidade pública, ou de desgraça particular do ofendido;

k) em estado de embriaguez preordenada."

Em complemento, o artigo 62 indica, ainda, circunstâncias agravantes para o concurso de pessoas, destinadas àquele agente que:

"I – promove ou organiza a cooperação no crime ou dirige a atividade dos demais agentes;

II – coage ou induz outrem à execução material do crime;

III – instiga ou determina a cometer o crime alguém sujeito à sua autoridade ou não-punível em virtude de condição ou qualidade pessoal;

IV – executa o crime, ou nele participa, mediante paga ou promessa de recompensa.".

O artigo 61 traz uma importante disposição: tais circunstâncias agravam a pena se não constituírem a definição legal do crime ou não o qualificarem. Isso significa que se um dos aspectos listados em tal artigo como agravante estiver contido no próprio tipo penal do crime que estiver em julgamento, tal aspecto já terá sido considerado na pena-base (se constituir ou qualificar o crime). Além disso, é de se acrescentar que se tal aspecto configurar uma majorante, igualmente esta predominará sobre a agravante. Isso porque o *quantum* de punição da majorante vem expressamente previsto em lei, devendo predominar sobre a agravante, cujo *quantum* de exasperação da pena é definido caso a caso pelo juiz.

De outra parte, pode ocorrer que no crime estejam configuradas duas hipóteses de qualificação – por exemplo, um homicídio qualificado por motivo torpe e por ter sido praticado com emprego de veneno. Nesse caso, pode-se utilizar como qualificadora uma das hipóteses, e a outra pode ser utilizada, quando couber, como agravante. No exemplo indicado, poderia se considerar o crime como homicídio qualificado pelo emprego de veneno, agravado pelo motivo torpe.

Dentre as circunstâncias agravantes, há uma que especialmente causa interesse, até pelo fato de que o Código Penal lhe dá tratamento destacado nos artigos 63 e 64: a reincidência. A reincidência ocorre quando o indivíduo vem a cometer novo crime[135] após ser condenado pela prática de crime anterior em sentença transitada em julgado. Configura-se

[135] O legislador penal adotou o critério da reincidência genérica. Melhor seria se tivesse optado pela reincidência específica (mesmo crime) ou pela reincidência moderada (crimes do mesmo título).

se a prática do novo delito se der num prazo de até cinco anos após o cumprimento da pena do crime anterior, ou após a extinção da pena. É de se frisar que neste prazo de cinco anos para a caducidade da reincidência são incluídos, por força do inciso II do artigo 64, os períodos de suspensão condicional da pena e de livramento condicional. Passado o referido período de cinco anos, a prática de novo crime não caracteriza reincidência, e a condenação por crime anterior somente pode ser considerada como negativo antecedente criminal.

13.3.2 Circunstâncias atenuantes

Consideram-se atenuantes as circunstâncias genéricas que possibilitam o abrandamento da pena quando de sua fixação. Como nas agravantes, tratam-se de hipóteses aplicáveis a princípio a qualquer tipo de crime, em que não está definida uma quantidade específica de abrandamento (atenuação) da pena – o juiz deverá atender às características do caso concreto.

As regras referentes a atenuantes estão previstas nos artigos 65 e 66 do Código Penal. O artigo 65 especialmente elenca as circunstâncias atenuantes a serem consideradas pelo juiz no cálculo da pena:

"I – ser o agente menor de 21 (vinte e um), na data do fato, ou maior de 70 (setenta) anos, na data da sentença;

II – o desconhecimento da lei;

III – ter o agente:

a) cometido o crime por motivo de relevante valor social ou moral;

b) procurado, por sua espontânea vontade e com eficiência, logo após o crime, evitar-lhe ou minorar-lhe as consequências, ou ter, antes do julgamento, reparado o dano;

c) cometido o crime sob coação a que podia resistir, ou em cumprimento de ordem de autoridade superior, ou sob a influência de violenta emoção, provocada por ato injusto da vítima;

d) confessado espontaneamente, perante a autoridade, a autoria do crime;

e) cometido o crime sob a influência de multidão em tumulto, se não o provocou."

Complementa-lhe o artigo 66, segundo o qual o juiz poderá, ainda, considerar como atenuante circunstância relevante posterior à prática do crime. Trata-se de uma faculdade concedida ao juiz para caso a caso verificar se existe algum motivo não previsto expressamente em lei para que seja reduzida a culpabilidade do agente, tendo como consequência a atenuação da pena.

13.3.3 Regras para aplicação das agravantes e atenuantes

As circunstâncias agravantes e atenuantes, como se viu, não trazem previsão da quantidade de elevação ou abrandamento da pena. É o juiz da condenação que decidirá sobre a proporção de agravamento ou atenuação.

Em função disso, muito se discute sobre qual o critério adequado para se mensurar o agravamento ou atenuação. Vai-se daqueles que defendem a inexistência de qualquer parâmetro, ficando a cargo da subjetividade do juiz, até aqueles que entendem que se deva seguir proporções fixas. Um entendimento, entretanto, destaca-se por sua coerência sistemática: a quantidade de agravamento ou atenuação nunca deve ser superior às proporções mínimas das causas de aumento ou de diminuição. Com isso, nenhuma agravante ou atenuante deveria representar ordinariamente mais do que 1/6 (um sexto) da pena-base, já que a proporção mínima das causas de aumento ou de diminuição é exatamente de um sexto da pena[136].

Outra das questões que envolvem a aplicação de atenuantes e agravantes é sobre a possibilidade de que a sua incidência eleve a pena além do limite máximo abstrato ou a abaixe aquém do limite mínimo abstrato. Tendo em vista que nenhuma delas traz previsão específica do *quantum* de elevação ou abrandamento da pena, o entendimento dominante é que a extrapolação dos limites abstratos da pena violaria o princípio da legalidade[137].

---

136 É a posição, aqui referendada, de Bitencourt (BITENCOURT, Cezar Roberto. **Tratado de direito penal**: parte geral, p. 519). Com isso, ficaria preservada a preponderância jurídica das causas de aumento ou de diminuição. Afinal, estas têm expressa previsão legal do *quantum* de elevação ou de abrandamento da pena – ao contrário das agravantes e das atenuantes.

137 Não obstante isso, muito se defendeu nos tribunais que no caso das atenuantes isso viria a

13.4 CAUSAS DE AUMENTO E DE DIMINUIÇÃO (MAJORANTES E MINORANTES)

As causas de aumento ou diminuição da pena são também conhecidas como majorantes ou minorantes (expressões que são consideradas aqui preferenciais), respectivamente. Encontram-se majorantes e minorantes tanto na Parte Geral quanto na Parte Especial do Código Penal, assim como na legislação esparsa.

As majorantes consistem em hipóteses (características) que se agregam ao tipo penal básico do crime, através das quais a pena do crime deve sofrer um aumento. Elas vêm acompanhadas dessa previsão de aumento, o que se dá através de frações (1/3, 1/6 até metade etc) ou múltiplos (duplica-se a pena, triplica-se a pena).

As minorantes, por sua vez, consistem em hipóteses (características) que se agregam ao tipo penal básico do crime, através das quais a pena do crime deve sofrer uma diminuição. Elas vêm acompanhadas da previsão dessa diminuição, o que se dá através de frações (1 a 2/3, 1/6 até metade etc).

13.5 REGRAS ESPECIAIS SOBRE FIXAÇÃO DAS PENAS

13.5.1 SITUAÇÕES ESPECIAIS

Em alguns casos, podem incidir sobre um mesmo fato uma (ou mais) agravante e uma (ou mais) atenuante. Já se viu que não há proporções fixadas em lei para a aplicação de agravantes e atenuantes, devendo o juiz fazer tal definição *in casu*, na sentença. Mas, e na concorrência entre agravantes e atenuantes, como proceder?

O artigo 67 do Código Penal estabelece que em tais casos a pena deve se aproximar do limite indicado pelas circunstâncias preponderan-

---

favor da preservação do direito constitucional à liberdade, o que justificaria, numa ponderação de interesses, a possibilidade de extrapolação dos limites abstratos para menos (como exemplo, vide PRADO, Luiz Regis. **Curso de direito penal brasileiro:** parte geral, p. 542). No entanto, a Súmula 231 do Superior Tribunal de Justiça veio balizar a questão: "A incidência de circunstância atenuante não pode conduzir à redução da pena abaixo do mínimo legal.".

tes. Entendem-se como preponderantes as circunstâncias agravantes ou atenuantes que dizem respeito aos motivos determinantes do crime, à personalidade do agente e à reincidência.

Os motivos dizem respeito ao que levou o agente à prática do crime (por exemplo, motivo fútil ou torpe, relevante valor moral ou social). A personalidade do agente se define como sua condição de maturidade psíquica e perfil de conduta (por exemplo, a idade do agente). A reincidência diz respeito ao cometimento de novo crime pelo agente já condenado anteriormente.

Assim, se estiverem concorrendo uma agravante preponderante e uma atenuante não preponderante, a pena deve ser elevada. Se for o inverso, deve ser atenuada. Se estiverem concorrendo uma agravante não preponderante e uma atenuante não preponderante, devem ser equiparadas. Tratando-se de uma agravante preponderante e uma atenuante preponderante, devem ser equiparadas.

De outra parte, pode haver o concurso entre majorantes ou minorantes (causas de aumento ou diminuição). Neste caso, devem-se dividir as situações em dois tipos: majorantes ou minorantes da Parte Geral do Código, e majorantes ou minorantes da Parte Especial do Código.

As majorantes ou minorantes (causas de aumento ou diminuição) da Parte Geral devem todas sempre ser aplicadas, umas sobre as outras[138]. Isso significa que se existirem, por exemplo, duas majorantes, sobre o resultado das etapas anteriores (pena-base + agravantes e atenuantes) aplica-se uma primeira dessas majorantes, e a segunda majorante já será aplicada sobre o resultado do cálculo após a aplicação da primeira.

Tratando-se, entretanto, de mais do que uma majorante ou minorante (causa de aumento ou diminuição) da Parte Especial, o juiz pode aplicar todas elas ou optar pela mais ampla – do mesmo modo pode proceder em relação às causas de diminuição.

Quanto a uma possível compensação majorantes e minorantes, deve-se primeiramente perceber o *quantum* de aumento e o *quantum* de diminuição previsto no Código. Já que esse *quantum* vem determinado legalmente, pode ocorrer que as situações sejam proporcionais ou des-

[138] No mesmo sentido: NUCCI, Guilherme de Souza. **Individualização da pena**, p. 292.

proporcionais. Não poderá ocorrer, porém, uma compensação propriamente dita: se houver uma majorante de 1/3 e uma minorante de 1/3, deve-se aplicar primeiramente o aumento e, após, a diminuição, que incide sobre o resultado do cálculo anterior.

13.5.2 Concurso de crimes

Em algumas situações, o mesmo indivíduo pode ser responsável pela prática de mais de um crime. Quando isso acontece, há o chamado concurso de crimes, o qual se divide em três categorias básicas: concurso material, concurso formal e crime continuado.

I – Concurso material

Há concurso material de crimes (artigo 69 do Código Penal) quando o indivíduo (ou indivíduos) provoca mais de um resultado típico através de mais do que uma conduta. Ou seja, há pluralidade de condutas com pluralidade de crimes.

Ensina Juarez Cirino que

> a *pluralidade material de ações típicas* tem os seguintes pressupostos: a) pluralidade de ações típicas; b) correspondente pluralidade de resultados típicos, tentados ou consumados; c) possibilidade de julgamento no mesmo processo dos vários fatos puníveis independentes.[139]

Ressalve-se na exposição do autor apenas o item *c)*, que não compõe a ocorrência do concurso material, mas sim a sua possibilidade de aplicação prática direta na sentença. Isso fica demonstrado, aliás, pela obrigação de que penas diferentes impostas em ações diversas devam ser unificadas através da cumulação, descontadas evidentemente frações de pena já cumpridas.

Destacam-se, pois, as seguintes características do concurso material:

a) pluralidade de ações – ocorrem duas ou mais ações típicas[140];

---

[139] SANTOS, Juarez Cirino. **A moderna teoria do fato punível**, p. 334.

[140] Aqui é importante frisar que não se trata de pluralidade de movimentos corpóreos, mas de efetivas ações típicas (levando em consideração o tipo penal e o fim visado pelo agente). Por decorrência, deve-se atentar para a circunstância de que uma só ação típica pode agregar vários movimentos corpóreos.

b) pluralidade de crimes – as ações típicas deverão violar mais de uma norma penal incriminadora, ou mais de uma vez a mesma norma penal incriminadora.

O concurso material é, no concurso de crimes, a forma mais comum. Forma mais comum, mas também a mais dura para com o acusado. Isso porque o indivíduo terá realizado diversas violações penais através de condutas diversas. Consequentemente, será merecedor de diversas e autônomas 'reprimendas' punitivas (penas), cada uma correspondente a cada violação penal.

Em função disso, determina o artigo 69 do Código Penal que, havendo concurso material de crimes, as penas serão cumulativas. Deve-se fixar a pena de cada crime (utilizando o já analisado sistema trifásico) e, após, somá-las, cumulá-las.

Os parágrafos 1º e 2º deste artigo trazem regras óbvias. Se for aplicada a um dos crimes pena privativa de liberdade não suspensa, para o outro não poderá ser aplicada pena restritiva, por evidente incompatibilidade. Nada impede, entretanto, que se apliquem conjuntamente duas penas restritivas de direito (uma referente a cada crime) ou que se aplique uma suspensão condicional da pena e uma pena restritiva de direitos.

II – Concurso formal

Há concurso formal de crimes (artigo 70 do Código Penal) quando o indivíduo, através de uma só conduta, provoca dois ou mais resultados típicos. Ou seja, há uma só conduta, a qual circunstancialmente ou intencionalmente gera dois ou mais crimes.

Destacam-se, pois, as seguintes características no concurso formal:

a) uma só conduta típica;

b) pluralidade de crimes – ocorre mais de uma violação de uma ou mais normas penais incriminadoras.

O concurso formal cuida de uma situação singular: o indivíduo tipicamente age (ou se omite) uma só vez gerando mais de uma violação penal, mais de um crime. Ocorre que nesse contexto ganha importância identificar sua intenção (seu dolo). Isso porque o indivíduo pode ou não agir desejando a realização dos diversos crimes.

Caso o indivíduo deseje a ocorrência de mais de um resultado típico, pode-se dizer que ele tem intenção autônoma de consumar cada crime. Consequentemente, terá ele intenções autônomas frente aos crimes que cometeu. Nos termos do Código (artigo 70, *caput*, segunda parte), terá ele "desígnios autônomos".

Ocorre que o legislador penal deu tratamento jurídico diferenciado (no que andou bem) à situação de concurso formal em que há desígnios autônomos e àquela em que não há. Ocorrendo desígnios autônomos – concurso formal imperfeito -, o fato se enquadrará na segunda parte do *caput* do artigo 70 do Código Penal e a pena será calculada nos mesmos moldes do concurso material: cumulativamente.

Porém, pode ocorrer que o indivíduo não possua tais desígnios autônomos – concurso formal perfeito. Nesse caso, o fato se enquadrará na primeira parte do *caput* do artigo 70 do Código Penal, o que gerará a incidência de uma regra especial de fixação da pena. Se os crimes gerados tiverem penas iguais, o juiz deverá fixar a pena de um deles e, pelos demais, aumentá-la ao final na proporção um sexto até à metade. Se algum deles tiver pena maior, o juiz fixará a pena deste, e aumentará de um sexto até metade pelos demais.

Atente-se, entretanto, ao disposto no parágrafo único do referido artigo. Previu o legislador que a regra de cálculo da primeira parte do *caput* somente será aplicável se trouxer benefício ao agente. Explique-se: o indivíduo, através de uma só ação típica pode gerar dois crimes cujas penas abstratas podem ser de quantidades muito diferentes (por exemplo, um homicídio doloso e uma ocultação de cadáver). Neste caso, sendo fixadas separadamente as penas e depois somadas, tal qual se procede no concurso material, o resultado pode ser inferior ao que seria obtido aplicando-se a regra do *caput* do artigo 70. Se isso ocorrer, deve-se optar pela forma cumulativa de cálculo da pena.

III – Crime continuado

Há crime continuado quando o indivíduo com mais de uma ação típica comete mais de um crime, e um pode ser entendido como seguimento, continuidade do outro. O Código trata a questão como se estabelecesse um vínculo de continuidade, como se os crimes formassem um corpo delitivo só, em que os crimes subsequentes reproduziriam os crimes antecedentes.

Para a caracterização da continuidade delitiva, o artigo 71 do Código Penal exige: que os crimes sejam da mesma espécie; e circunstâncias de tempo, lugar e maneira de execução que indiquem a continuidade. Crimes da mesma espécie são aqueles que protegem o mesmo bem jurídico, embora não necessariamente previstos em artigos penais diferentes. As condições de tempo devem ser de tal ordem que indiquem certa periodicidade, sem que exista um prazo máximo de tempo entre os vários crimes. As condições de lugar devem igualmente indicar um certo ritmo no cometimento dos crimes, de modo que os locais devem ser próximos uns dos outros. Enfim, as formas de execução devem demonstrar que os métodos utilizados para o cometimento dos crimes, por sua semelhança, indicam um padrão.

Havendo a caracterização do crime continuado, a pena deverá ser fixada nos termos do artigo 71. Calcula-se a pena de um dos crimes (qualquer deles, se idênticas; o mais grave, se diversas) aumentando de 1/6 (um sexto) a 2/3 (dois terços) pelos demais. Assim, se existirem dois crimes em continuidade delitiva, pode-se calcular a pena de um e aumentar-se em 1/6 (um sexto); se existirem três crimes, calcula-se a pena de um deles e aumenta-se em 1/5 (um quinto); e assim por diante, até o limite de 2/3 (dois terços).

É de ressaltar, entretanto, que há a possibilidade de aumento especial da pena calculada até o triplo, quando se tratar de crimes dolosos cometidos com grave ameaça ou violência à pessoa contra vítimas diferentes. É o que estabelece o parágrafo único do artigo 71, indicando que para decidir por tal aumento deverá o juiz observar a culpabilidade, os antecedentes, a conduta social e a personalidade do agente, além dos motivos e das circunstâncias dos crimes.

Destaque-se que não se aplica a continuidade delitiva ao criminoso habitual, àquele que faz do crime seu modo de vida[141]. Isso porque a continuidade representa um benefício ao agente, ficando sem sentido

[141] No mesmo sentido, entre outros, NUCCI, Guilherme. **Código Penal comentado**, 2. ed., p. 269.

premiar a quem vive do crime, em que a sucessão de crimes é planejada por opção.

13.5.3 Erro na execução

Há situações em que o indivíduo age com o intuito específico de atingir, com sua conduta criminosa, determinada pessoa, mas acidentalmente atinge outra. Trata-se do chamado erro na execução, tratado no artigo 73 do Código Penal.

O Código prevê que nesses casos o agente responderá pelo crime como se tivesse atingido a pessoa que pretendia atingir. Assim, se pretendendo matar alguém inserir veneno em determinada bebida, a qual acaba sendo ingerida por outra pessoa que não aquela visada pelo agente, se essa pessoa morrer o agente responderá por homicídio doloso consumado (tal qual responderia se tivesse morrido quem ele pretendia matar).

Destaque-se, ainda, a parte final do referido artigo 73, na qual se prevê que se o agente atingir a pessoa que pretendia atingir e outra mais, sua pena será fixada nos termos do artigo 70.

13.5.4 Resultado diverso do pretendido

Pode ocorrer que a prática da conduta típica gere um resultado criminoso diferente daquele que pretendia, assim como pode ocorrer além daquilo que o agente pretendia outro resultado criminoso. Trata-se do resultado diverso do pretendido, previsto no artigo 74 do Código Penal.

Neste caso, o agente poderá responder por tal resultado na forma culposa (se o tipo penal estabelecer a forma culposa), ou, se não houver previsão da forma culposa, não haverá crime. Se obtiver também o resultado pretendido, sua pena será fixada nos termos do artigo 70 do Código Penal.

13.5.5 Erro quanto à pessoa

Pode ocorrer que o indivíduo, ao tentar praticar um crime contra uma determinada pessoa, por questões circunstanciais se equivoque, e pratique sua conduta contra outra pessoa. O agente acredita que está agindo contra quem quer agir, mas na realidade atinge pessoa diferente.

Igualmente aqui, de modo análogo ao erro na execução, o agente responderá como se tivesse atingido quem pretendia atingir (vide §3° do artigo 20 do Código Penal).

13.6 FIXAÇÃO DA PENA DE MULTA

A pena de multa caracteriza-se como pena pecuniária com objetivo pedagógico. Devido a isso está normalmente prevista como pena abstrata em crimes com dano material/patrimonial, mas também pode ser aplicada como pena substitutiva (artigo 44 do Código Penal brasileiro).

Está definida no artigo 49 do Código Penal, consistindo no pagamento, ao fundo penitenciário, de uma quantia fixada na sentença condenatória, calculada em dias-multa.

O cálculo da pena de multa segue três operações básicas, delineadas no artigo 49 do Código Penal:

1°) fixação da quantidade de dias-multa – inicialmente o juiz deve estabelecer uma quantidade de dias-multa dentro dos limites legais (10 a 360 dias-multa). Para tanto, deverá considerar a gravidade do delito, proporcionalmente aos aspectos que considerou para a fixação da pena privativa de liberdade.

2°) fixação do valor de cada dia-multa – cada dia-multa deverá ter um determinado valor monetário, dentro dos limites legais (de um trigésimo, um trinta avos de salário mínimo, a até 5 salários mínimos, no valor vigente na época do fato). O estabelecimento de tal valor deve ser feito considerando a condição econômica do condenado (artigo 60 do Código Penal), de modo que a pena de multa seja exequível.

3°) multiplicação da quantidade de dias-multa pelo valor de cada dia -multa.

Além desses aspectos, deve se considerar, ainda, a causa de aumento da pena de multa prevista no artigo 60 do Código. De acordo com tal dispositivo legal, a pena deverá ser aumentada até o triplo (mesmo se já tiver sido calculada no máximo) se as condições econômicas do condenado indicarem que o valor sem aumento é insuficiente como punição.

Com isso, aplicando-se uma pena de 360 (trezentos e sessenta) dias-multa, ao valor de 5 salários mínimos cada dia-multa, e após triplicando-se a pena, esta poderia chegar ao total de 5.400 (cinco mil e quatrocentos) salários mínimos[142].

Após o trânsito em julgado da sentença condenatória, o condenado terá 10 (dez) dias para efetuar o pagamento espontâneo da pena. Estando preso, se trabalhar e tiver remuneração poder-se-á descontar de 1/4 (um quarto) até 1/10 (um décimo) de seu salário para o pagamento da multa. Além disso, mediante requerimento do condenado, o juiz, avaliando a conveniência da situação, pode autorizar que o pagamento seja parcelado.

De outra parte, pode a pena ser descontada dos vencimentos ou salários do condenado. Isso é possível, conforme o §1° do artigo 50 do Código Penal, quando a multa: for aplicada isoladamente; for aplicada cumulativamente com pena restritiva de direitos (artigo 44, §2°, Código Penal); ou quando se conceder a suspensão condicional da pena. De qualquer forma, o percentual de desconto deverá ser de tal ordem que não afete o sustento do condenado e de sua família.

O trânsito em julgado da sentença condenatória transforma a multa em dívida de valor, conforme prevê o artigo 51 do Código Penal. Isso significa que ela passa a funcionar como qualquer dívida do particular para com a Fazenda Pública. Com isso, a execução da pena de multa está sujeita ao procedimento executório civil para "dívida ativa", devido ao quê o não pagamento da multa sujeitará o condenado à penhora de seus bens.

Discute-se, enfim, quanto à multa substitutiva, se o artigo 44, §2° do Código Penal revogou ou é compatível com o artigo 60, §2°. Não obstante o artigo 44 ter redação mais recente do que o artigo 60 (critério cronológico para solução de conflito aparente de normas), as disposições são compatíveis, de forma que não haveria revogação tácita. Assim, se a pena privativa de liberdade fosse fixada em até seis meses haveria a

---

142 Destaque-se, ainda, o artigo 33 da Lei 7.492/86 (Crimes Contra o Sistema Financeiro Nacional) e o artigo 197 da Lei 9.279/96 (Crimes Contra a Propriedade Industrial), que prevêem que a pena de multa, nos crimes previstos nestas leis, poderá ser aumentada em até dez vezes. Além disso, há disposições, como o artigo 33 da Lei 11.343/2006, que preveem quantidade mínima e máxima diferente de dias-multa.

possibilidade de substituição por pena de multa, enquanto que se a pena fixada fosse superior a seis meses e não superior a um ano poderia ser substituída por pena de multa ou por pena restritiva de direitos[143].

[143] No mesmo sentido, vide SHECAIRA, Sérgio Salomão; CORRÊA JÚNIOR, Alceu. **Teoria da Pena**, p. 231. Em sentido semelhante, vide NUCCI, Guilherme de Souza. **Código penal comentado**, 2. ed., p. 206.

Capítulo 14

Regras Especiais sobre as Penas

A fixação da pena na sentença não esgota as questões jurídicas atinentes à fixação. Existem várias regras de condenação a serem observadas – algumas na própria sentença, algumas posteriormente a ela. Aquelas que traduzem parâmetros para as penas ou direitos subjetivos do condenado são regras de Direito Penal. Aquelas que definem procedimentos e regras especiais para o cumprimento da pena são regras de Direito Processual Penal, referentes à execução penal.

14.1 TEMPO DE CUMPRIMENTO DA PENA

A Constituição Federal de 1988, em seu artigo 5º, XLVII, veda a adoção de prisão perpétua no ordenamento jurídico brasileiro. O legislador penal adequadamente, já em 1984, havia estabelecido uma regra que criou uma dualidade entre o tempo da condenação e o tempo de cumprimento da pena, consoante com a ideia de não se permitir a prisão perpétua. Trata-se do artigo 75 do Código Penal.

O tempo da condenação é aquele estabelecido na sentença ou no procedimento de unificação de penas (caso a caso, de qualquer maneira). Para este não há limitação temporal. Já o tempo de cumprimento da pena é um limite pré-fixado para que o indivíduo fique cumprindo pena privativa de liberdade, sem que isso importe condenação perpétua.

Estabelece o legislador que o tempo de cumprimento das penas privativas de liberdade não pode exceder o limite de 30 (trinta) anos. Por decorrência, uma condenação por um crime poderá ser superior a este limite – por exemplo, 40 anos -, mas o tempo que o indivíduo que o cometeu ficará privado de sua liberdade por essa condenação não poderá ser ordinariamente superior a 30 anos.

Diz-se ordinariamente porque poderá ocorrer uma unificação de penas superveniente ao início do cumprimento da pena. Neste caso, a unificação poderá seguir duas possibilidades:

a) se a nova condenação ocorrer devido a fato **anterior** ao início do cumprimento da pena, a nova pena deve ser lançada no montante total já unificado anteriormente – procede-se à unificação, que não alterará o tempo de cumprimento;

b) se a nova condenação ocorrer devido a fato **posterior** ao início do cumprimento da pena, procede-se à unificação, desprezando-se, no entanto, para o limite de tempo de cumprimento da pena, o tempo já cumprido.

Na segunda hipótese, verifica-se que o condenado poderá, na prática, ficar acima de 30 anos cumprindo pena privativa de liberdade. Isso porque, ao se proceder a uma nova unificação, desprezando-se para tanto o período de pena já cumprido, abre-se um novo prazo de cumprimento, partindo do ponto zero, o que pode significar 30 anos a serem cumpridos a partir desse momento, o que, somado ao período já cumprido, totalizaria mais do que 30 anos de cumprimento de penas privativas de liberdade.

A título de exemplo, imagine-se um indivíduo condenado a 30 anos de reclusão por crimes hediondos. Cumpridos 05 anos, mata um companheiro de prisão. Ao completar seis anos, a sentença transita em julgado, com pena de 12 anos de reclusão, e é realizada a unificação. Considera-se, para efeitos de novo período a ser cumprido, que o indivíduo carrega

24 anos a cumprir da pena anterior. Ao se unificar os 12 anos ao tempo anterior, podem ser acrescentados seis anos aos 24 anos que restam a cumprir, devendo ele cumprir, a partir daí, novo período de 30 anos. Com isso, ficaria em cumprimento de pena privativa de liberdade por um período total de 36 anos.

14.2 SUSPENSÃO CONDICIONAL DA PENA

O benefício jurídico da suspensão condicional da pena, também chamada de *sursis*, surgiu no século XIX, possivelmente na França. É uma medida de benefício ao condenado, com a finalidade de lidar com o cometimento do crime sem a imposição da privação de liberdade. Trata-se de uma situação em que a aplicação da pena privativa de liberdade fica bloqueada enquanto o condenado é submetido a um período de prova. Conforme preceitua Rogério Greco,

> medidas como a suspensão condicional da pena surgem com fim de preservar a dignidade da pessoa humana, que, embora tenha cometido um delito, não merece ser ver privada de sua liberdade, sendo jogada em um ambiente que certamente perverterá a sua personalidade.[144]

Sua concessão deve ser decidida ordinariamente na própria sentença penal condenatória, ou no acórdão que a modifica. Decidindo pela condenação do acusado, o juiz na sentença fixará a sua pena. Após fixar a quantidade de pena privativa de liberdade com seu respectivo regime, avaliará se estão presentes os requisitos para sua concessão, manifestando-se de forma positiva ou negativa, motivadamente. Caso conceda o benefício, a execução da pena privativa de liberdade a que o indivíduo foi condenado será suspensa.

Tal execução não é suspensa aleatoriamente. Deve-se estabelecer um período de prova, com um caráter de período de observação, em que o indivíduo é submetido a um conjunto de condições cujo cumprimento é requisito para que o *sursis* não seja revogado.

---

[144] GRECO, Rogério. **Curso de direito penal**: parte geral. 7. ed. Rio de Janeiro: Impetus, 2006, p. 678.

Ademais, a quantidade do tempo de suspensão é determinada atendendo aos critérios da proporcionalidade e da necessidade. Pelo primeiro, verifica-se a gravidade do crime e a quantidade de pena privativa da liberdade fixada *in casu*, para então ser determinada a duração proporcional de período de suspensão. Pelo segundo, verifica-se a gravidade da infração penal e as condições pessoais do condenado, de modo que a quantidade de tempo em que ele estará sujeito às condições da suspensão seja suficiente e necessária para a situação concreta.

Ressalte-se que a fixação das condições também deve se guiar por tais critérios, de modo que o caráter do período de prova seja adequado enquanto resposta do Estado ao cometimento da infração penal. Outro não é o caráter do artigo 79 do Código Penal brasileiro.

A suspensão condicional da pena, desse modo, não se configura como um mero benefício, já que a imposição do período de prova representa – ainda que em muitos casos de forma frágil – a preconizada resposta estatal ao ilícito. Não há que se menosprezar o fato, porém, de que a sua concessão potencialmente representa para o condenado uma situação mais benéfica do que o cumprimento da pena privativa de liberdade. É nesse sentido que a Lei de execução Penal, em seu artigo 157, determina que o juiz, caso a pena não seja superior a dois anos, **deverá** se pronunciar motivadamente sobre a concessão ou não do *sursis*.

Em decorrência, se estiverem presentes os requisitos legais, tratar-se-á de direito subjetivo do condenado, devendo o juiz conceder a suspensão. Caso o condenado não tenha interesse na suspensão, bastará que a rejeite. Afinal, determina a Lei de Execução Penal, em seu artigo 160, que após o trânsito em julgado de sentença condenatória em que se conceda o benefício, o juiz responsável pela execução penal deverá determinar a ocorrência de audiência admonitória, em que serão esclarecidas ao condenado as condições que deverá atender durante o período de prova. Se ele preferir cumprir a pena privativa de liberdade, basta que manifeste sua vontade em tal audiência.

14.2.1 Requisitos da suspensão condicional da pena

Para que possa ser concedida a suspensão condicional da pena privativa de liberdade, os requisitos estão dispostos no artigo 77 do Código Penal:

> Art. 77. A execução da pena privativa de liberdade, não superior a 2 (dois) anos, poderá ser suspensa, por 2 (dois) a 4 (quatro) anos, desde que:
>
> I – o condenado não seja reincidente em crime doloso;
>
> II – a culpabilidade, os antecedentes, a conduta social e personalidade do agente, bem como os motivos e as circunstâncias autorizem a concessão do benefício;
>
> III – não seja indicada ou cabível a substituição prevista no art. 44 deste Código.

O primeiro requisito para a concessão do benefício é de caráter normativo. Pode ser concedida a suspensão para crimes cuja pena privativa de liberdade não seja superior a dois anos. Trata-se de regra específica, que fixa um critério objetivo, em que o juiz fica vinculado a uma quantidade máxima de pena.

Somente é possível a concessão da suspensão se o indivíduo não for reincidente em crime doloso. Caso o seja, deverá cumprir a pena privativa de liberdade[145]. Isso se justifica porque a concessão desse benefício baseia-se na pressuposição de que não é necessário que o indivíduo cumpra a pena privativa de liberdade para responder por seu crime. A suspensão funciona, portanto, como um voto de confiança no indivíduo – o que seria ao menos temerário, nos termos da lei, no caso de o indivíduo ser reincidente em crimes intencionais.

Além disso, ao juiz é dado um espaço de análise subjetiva, que lhe propicia analisar a adequação do benefício às condições pessoais do condenado e ao modo como seu crime foi cometido. Para tanto, deve analisar a culpabilidade, os antecedentes, a conduta social e personalidade do agente, além dos motivos e as circunstâncias do fato criminoso.

Um último e importante requisito para a concessão da suspensão condicional é o do inciso III do artigo 77 do Código Penal. É necessário que, no caso que estiver em análise, não seja possível a substituição da pena privativa de liberdade por pena restritiva de direitos. Tal previsão

---

145 Perceba-se que aqui a reincidência não representa uma dupla punição. O indivíduo não seria punido por ser reincidente – apenas não teria um benefício que é baseado em aspectos de ordem pessoal, os quais devem indicar a conveniência de sua concessão.

decorre do entendimento do legislador de que a substituição prevista no artigo 44 do Código significa situação mais benéfica para o condenado. Isso se dá porque: as penas restritivas de direitos geram um constrangimento específico ao condenado; são efetivamente penas, com o quê, mesmo que o indivíduo pare de cumpri-las (antes de sua conclusão), o tempo já transcorrido é descontado do total de pena a ser cumprido; o tempo das penas restritivas será igual ao tempo da pena privativa de liberdade fixada na sentença, enquanto que a suspensão condicional ordinariamente se dará por um tempo maior do que o tempo da pena privativa.

Sendo possível a concessão do benefício, este terá ordinariamente uma duração de 2 a 4 anos, fixada pelo juiz caso a caso. Durante a duração do benefício, o condenado ficará sujeito ao cumprimento de um conjunto de condições.

Ressalte-se, enfim, o §2º do artigo 77 do Código Penal, que estabelece que se o condenado for maior de 70 anos (ou devido às suas condições de saúde) a pena privativa de liberdade não superior a 04 anos poderá ser suspensa por 4 a 6 anos (chamado de *sursis* especial).

14.2.2 Condições do período de prova

As condições a serem cumpridas estão previstas no artigo 78 do Código Penal brasileiro. Prevê o legislador:

> Art. 78. Durante o prazo da suspensão, o condenado ficará sujeito à observação e a cumprimento das condições estabelecidas pelo juiz.
>
> § 1º. No primeiro ano do prazo, deverá o condenado prestar serviços à comunidade (art. 46) ou submeter-se à limitação de fim de semana (art. 48).
>
> § 2º. Se o condenado houver reparado o dano, salvo impossibilidade de fazê-lo, e se as circunstâncias do art. 59 deste Código lhe forem inteiramente favoráveis, o juiz poderá substituir a exigência do parágrafo anterior pelas seguintes condições, aplicadas cumulativamente:
>
> a) proibição de frequentar determinados lugares;
>
> b) proibição de ausentar-se da comarca onde reside, sem autorização do juiz;

c) comparecimento pessoal e obrigatório a juízo, mensalmente, para informar e justificar suas atividades.

Aqui o legislador estabeleceu duas etapas para a suspensão. Numa primeira etapa, o condenado deverá prestar serviços à comunidade ou submeter-se à limitação de fim de semana. Tal prestação não caracteriza cumprimento de pena, mas tão somente a satisfação de uma condição do período de prova.

Entretanto, a prestação de serviços e a limitação de fim de semana não são obrigatórias no primeiro ano: pode o juiz estabelecer em seu lugar um conjunto de condições mais brandas, constantes nas alíneas a), b) e c) do §2° do artigo 77. Para isso, é necessário que a avaliação individualizada do fato e do condenado recomende tal medida, além de que ele tenha reparado o dano.

O artigo 79 do Código Penal ainda possibilita que o juiz estabeleça outras condições que não aquelas previstas no artigo 78, desde que adequadas à situação do condenado. Tais condições serão fixadas atendendo os ditames legais, mas deverão ter em consideração as características do crime cometido, o perfil do condenado e as possibilidades de controle e fiscalização da comarca. Ressalte-se, ademais, que as condições fixadas poderão ser alteradas ao longo do período de prova, conforme preceitua o §2° do artigo 158 da Lei de Execução Penal.

14.2.3 Hipóteses e efeitos da revogação

A suspensão condicional da pena é uma medida sem caráter absoluto quanto ao andamento de sua aplicação. Isso porque se ocorrerem determinadas situações que a deslegitimem, ela poderá ser revogada. Nesse sentido, o artigo 81 do Código Penal brasileiro prevê hipóteses obrigatórias e facultativas para a revogação do *sursis*.

Segundo rezam o *caput* do artigo e seus incisos, a suspensão **será** revogada (obrigatoriamente) se durante o prazo do benefício: a) o beneficiário é condenado por crime doloso em sentença irrecorrível; b) frusta, embora solvente, a execução da pena de multa, ou não efetua, sem justificativa, a reparação do dano; c) descumpre a condição do §1° do artigo 78 do Código.

A revogação da suspensão, porém, não pode se dar imotivadamente, mesmo que se trate de caso de revogação obrigatória. O juiz deverá sempre fundamentar sua decisão nas situações de fato que desaconselharem a manutenção do benefício[146].

Além disso, a pena é suspensa buscando-se estimular o indivíduo a um comportamento social positivo, de modo que se justifique a extinção da possibilidade de execução da pena. Assim, se houver o descumprimento de alguma das condições estabelecidas quando da concessão do benefício, ainda assim este poderá não ser revogado, desde que tal descumprimento seja devidamente justificado pelo beneficiário.

Nos casos que autorizam a revogação facultativa, pode o juiz, em vez de revogar a suspensão, optar por prorrogar o período de prova. Ocorrendo, porém, a revogação, o condenado deverá cumprir integralmente a pena originalmente prevista, não se aproveitando o período já transcorrido de suspensão condicional da pena.

14.2.4 Efeitos do cumprimento do período de prova

Cumprido a contento o período de prova – ou seja, atendendo as condições pré-estabelecidas -, a pena originalmente fixada na sentença será considerada extinta.

A decisão que considera extinta a pena tem caráter declaratório. Significa que a punibilidade é desconstituída com a simples expiração do prazo de suspensão, limitando-se a decisão a declarar a sua ocorrência[147]. Com isso, extingue-se a punibilidade[148].

---

146 Ilustrativa a decisão do TJRS: "AGRAVO EM EXECUÇÃO. SUSPENSÃO CONDICIONAL DA PENA. REVOGAÇÃO. AUDIÊNCIA DE JUSTIFICAÇÃO. DESNECESSIDADE. AUDIÊNCIAS ANTERIORMENTE REALIZADAS. AGRAVANTE ADVERTIDO. Realizadas audiências anteriores, com advertência sobre descumprimento das condições do sursis, e reiterando o agravante na prática de tal conduta, desnecessária a designação de nova audiência. Revogação do sursis mantida. Agravo em execução, indeferido. (Agravo Nº 70056952054, Quarta Câmara Criminal, Tribunal de Justiça do RS, Relator: Gaspar Marques Batista, Julgado em 05/12/2013)".

147 Nesse mesmo sentido refere-se PRADO, Luiz Regis. **Curso de direito penal brasileiro: parte geral**, p. 562.

148 Não há aqui, não obstante a redação do artigo 82 do Código Penal, extinção direta da pena, pois esta não foi cumprida, sua execução sequer se inicia.

14.3 LIVRAMENTO CONDICIONAL

Após o trânsito em julgado da sentença penal condenatória, passa-se à sua execução. O procedimento executório possui característica jurídica peculiar: é procedimento administrativo, pois deve ocorrer de ofício, independente de provocação do acusador; mas tem atuação jurisdicional, pois suas atividades são comandadas por um magistrado, o juiz da execução penal. Dessa forma, possui natureza jurídica *sui generis*, caracterizando-se como procedimento administrativo-judicial, de cujas decisões judiciais cabem recursos ao órgão jurisdicional de segunda instância.

A pena a ser cumprida pode ser privativa de liberdade ou restritiva de direitos. Caso seja privativa de liberdade, seu cumprimento deve ser progressivo, começando em um regime mais severo e progredindo para regimes mais brandos ao longo do tempo estabelecido para a pena. Isso se justifica, no âmbito da função preventiva especial da pena, como um mecanismo ligado ao objetivo de prevenção especial.

No mesmo sentido de prevenção especial, após determinados períodos de cumprimento da pena pode se justificar a concessão de um período intermediário entre a pena privativa e a liberdade plena, chamado de período de liberdade condicional.

O livramento condicional é um instituto de caráter misto, penal e processual penal, que se caracteriza como um benefício incidente sobre a execução penal, após esta já ter sido parcialmente realizada. Medida de política criminal, o livramento está voltado à ideia de que o condenado, com uma pretensa evolução de sua pena, poderá gradualmente se tornar apto a voltar viver em sociedade. O condenado, após ter cumprido parte de sua pena, e desde que satisfeitos determinados requisitos, receberá do Estado uma liberdade provisória, vinculada temporariamente ao cumprimento de determinadas condições. Tendo em vista constituir-se como direito subjetivo do condenado, optou o legislador por inclui-lo nas disposições do Código Penal, nos artigos 83 a 90, já que seu efeito maior é a extinção da pena após o período de liberdade condicional.

Compete ao juiz da execução penal avaliar se estão presentes os requisitos para a concessão da liberdade condicional. Nos termos do artigo 131 da Lei de Execução Penal, fará isso após ouvir o Ministério Público e o Conselho Penitenciário.

O indivíduo beneficiado com o livramento condicional ficará em observação por um período igual ao restante de sua pena. É durante esse período que estará sujeito às condições determinadas quando da concessão do livramento. O adequado cumprimento de tais condições lhe beneficia, ao final do período de livramento, com a extinção de sua pena[149].

14.3.1 Requisitos do livramento

Para que se possa conceder o livramento, é necessária a observação do Código Penal, que estabelece:

> Art. 83. O juiz poderá conceder livramento condicional ao condenado a pena privativa de liberdade igual ou superior a 2 (dois) anos, desde que:
>
> I – cumprida mais de um terço da pena se o condenado não for reincidente em crime doloso e tiver bons antecedentes;
> II – cumprida mais de metade se o condenado for reincidente em crime doloso;
> III – comprovado comportamento satisfatório durante a execução da pena, bom desempenho no trabalho que lhe foi atribuído e aptidão para prover à própria subsistência mediante trabalho honesto;
> IV – tenha reparado, salvo efetiva impossibilidade de fazê-lo, o dano causado pela infração;
> V – cumprido mais de dois terços da pena, nos casos de condenação por crime hediondo, prática de tortura, tráfico ilícito de entorpecentes e drogas afins, e terrorismo, se o apenado não for reincidente específico em crimes dessa natureza.

Inicialmente, só é possível o livramento se a condenação for superior a dois anos de privação da liberdade. Trata-se de um parâmetro quantitativo em relação à pena, motivado, sobretudo, por dois aspectos: por um lado, procura manter coerência com o instituto da suspensão

149 Aqui, diversamente da suspensão condicional da pena, tem-se início do cumprimento da pena. Com isso, a liberdade condicional é um desdobramento desse cumprimento. Dessa forma, o efeito de ter o indivíduo passado satisfatoriamente pelo período de prova que é o livramento atinge a própria pena, que se considerará extinta.

condicional, que somente é cabível se a condenação não for superior a dois anos; por outro lado, busca garantir que o instituto somente seja aplicável após um efetivo cumprimento da pena privativa de liberdade, que signifique algum grau de punição ao condenado – o que seria improvável se o livramento fosse cabível em penas iguais ou menores do que dois anos de reclusão ou detenção. Ademais, em penas iguais ou menores do que dois anos de privação da liberdade, possivelmente o regime seria o aberto – o qual, em termos de gravidade, é quase que equiparável ao livramento condicional. Enfim, é necessário que o condenado tenha bons antecedentes.

Quanto à análise dos requisitos específicos para a concessão, perceba-se que há uma incompatibilidade, uma impossibilidade de incidência conjunta, entre o disposto nos incisos I, II e V desse artigo. Tal incompatibilidade decorre do tempo de cumprimento da pena necessário para a concessão do livramento em cada inciso. No inciso I, prevê-se um prazo mínimo de mais de um terço da pena cumprida para que o livramento possa ser concedido; no inciso II o prazo é de mais de metade do cumprimento da pena; e no inciso V o prazo é de mais de dois terços do cumprimento da pena. Incidindo um desses incisos, aplicar-se-á um determinado prazo mínimo de cumprimento da pena que, por razões óbvias de incompatibilidade, afastará a possibilidade de aplicação dos demais prazos previstos no artigo.

Além disso, os incisos tratam de hipóteses diferentes. O inciso I se aplica a casos de não reincidência em crime doloso; o inciso II se aplica a casos de reincidência em crime doloso; e o inciso V se aplica a casos de condenação por crimes hediondos e equivalentes – tendo como requisito específico a não reincidência em crimes da mesma natureza.

Por consequência, tratando-se de situação em que incide o inciso I do artigo 83 do Código Penal, significa que os incisos II e V estão afastados. Tratando-se de situação em que incide o inciso II do artigo 83 do Código Penal, significa que os incisos I e V estão afastados. Tratando-se de situação em que incide o inciso V do artigo 83 do Código Penal, significa que os incisos I e II estão afastados.

Por outro lado, os incisos III e IV sempre deverão ser considerados para a concessão do livramento. O inciso III trata de aspectos subjetivos que o juiz da execução deverá avaliar caso a caso, mas que, juridicamente, sempre deverá avaliar. Trata-se de uma avaliação do mérito do condenado, para que receba ou não o benefício.

O inciso IV, por sua vez, trata de consagrar a concepção de que merece o livramento aquele que demonstra algum nível de constrangimento (mesmo que, no caso, econômico e não espontâneo) pelos danos que seu crime causou. Pressupõe que o indivíduo tenha reparado economicamente o dano causado demonstrou arrependimento. Tratam-se aqui dos efeitos que o crime pode gerar na esfera cível. Se o crime causou danos materiais ou morais quantificáveis, esses danos devem ser ressarcidos ou indenizados. Porém, o inciso IV do artigo 83 do Código Penal faz uma ressalva importante: a não reparação civil do dano somente obstaculiza a concessão do livramento se o indivíduo possuía condições para tanto e não o fez.

14.3.2 Condições do livramento

O livramento não se limita a um benefício ao condenado: trata-se, também, de um período de observação, em que se pode avaliar se o condenado está apto à convivência social pacífica. Em função disso, quando é concedido o livramento ao condenado, o juiz responsável por tal concessão deverá fixar as condições a que o indivíduo estará sujeito durante o período de livramento. Tais condições têm por objetivo manter o condenado em observação, para que se possa, ao menos em tese, avaliar se o livramento está atingindo seus objetivos.

Algumas condições são consideradas obrigatórias, conforme dispõe o artigo 132 da Lei de Execução Penal: obter ocupação lícita se for apto ao trabalho; comunicar periodicamente ao juízo sua ocupação; não mudar do território da comarca do juízo de execução sem ter recebido prévia autorização para isso.

Além disso, há condições facultativas: não mudar de residência sem comunicação ao juízo de execução; recolher-se à sua residência em horário fixado; não frequentar determinados lugares.

Evidentemente, a efetividade do cumprimento de tais condições depende diretamente da efetividade da fiscalização que o Estado exercer sobre tal cumprimento (os mecanismos de fiscalização existem, mas sua implementação ainda deixa muito a desejar). O fato é que uma liberdade condicional com uma efetiva fiscalização possui um considerável caráter pedagógico para o condenado, além de satisfazer a perspectiva garantista de minimização da violência punitiva (material ou moral)[150].

14.3.3 Revogação

O livramento condicional trata-se de um período em que o indivíduo estará em observação e sob condições (de modo semelhante ao período de prova do *sursis*). Por decorrência, poderá ser revogado, em circunstâncias em que se entenda que não mais cumprirá seus objetivos.

As hipóteses que autorizam tal revogação estão elencadas nos artigos 86 e 87 do Código Penal. São hipóteses de revogação obrigatória as do artigo 86, e facultativas as do artigo 87.

Primeiramente, conforme reza o artigo 86 do Código, **deve** haver revogação se o indivíduo, durante o período de livramento, é condenado em sentença penal definitiva pela prática de outro crime. Tal pode decorrer de crime que o indivíduo tenha praticado antes do início do livramento, mas cuja condenação somente venha a se dar durante o livramento; ou de crime que o indivíduo tenha praticado durante o período de livramento. Em qualquer caso, porém, a revogação será obrigatória.

O artigo 87 do Código prevê, por sua vez, que **pode** haver revogação se o indivíduo, durante o período de livramento, descumprir qualquer das condições estabelecidas quando de sua concessão.

Interessa perceber que no caso do livramento (diversamente da suspensão condicional da pena), havendo revogação, nem sempre o período já transcorrido do benefício será desprezado. O artigo 88 do Código Penal prevê, como regra geral para a revogação, que tal período não será descontado da pena a cumprir. Porém, o legislador faz uma ressalva: se a revogação se der em decorrência de ser o indivíduo condenado por crime praticado antes do início do período de livramento, o tempo em que ele esteve usufruindo do benefício (antes da revogação) será descontado do restante de pena a cumprir.

---

150 Em sentido semelhante, vide CARVALHO, Salo de. **Pena e garantias:** uma leitura do garantismo de Luigi Ferrajoli no Brasil. Rio de Janeiro: Lúmen Júris, 2001, p. 161-165.

Destaque-se, ainda, e também por força do artigo 88 do Código Penal, que se houver a revogação o livramento não poderá ser novamente concedido para a mesma pena, em relação ao mesmo crime. Quanto a isso, vale observar os artigos 141 e 142 da Lei de Execução Penal, que, embora tragam o mesmo teor normativo do artigo 88 do Código Penal, têm bem melhor redação.

De outra parte, caso o condenado cumpra integral e satisfatoriamente o período de livramento condicional, de modo que não se justifique a revogação, por força do artigo 90 do Código Penal estará extinta a pena (e a punibilidade, por decorrência). Com isso, o efeito principal da condenação, que é sujeitar o indivíduo ao cumprimento da pena, estará eliminado.

14.4 MEDIDAS DE SEGURANÇA

As medidas de segurança consistem em restrições à liberdade impostas aos indivíduos que tenham cometido um fato típico e ilícito, mas que sejam inimputáveis (ou semi-imputáveis), no sentido de evitar que estes possam cometer novo delito devido à sua condição mental. Discute-se na doutrina[151] se as medidas de segurança não seriam efetiva sanção penal, ou se são apenas medidas assistenciais-curativas. Na primeira linha estão Guilherme Nucci, José Henrique Pierangelli, Eugênio Raúl Zafaroni, Júlio Fabbrini Mirabete, entre outros. Na segunda linha, Luiz Vicente Cernicchiaro e Francisco de Assis Toledo.

Ora, por mais que a medida de segurança possa ter um caráter médico-terapêutico, pautada por motivações de segurança social, não deixa de se tratar de uma privação da liberdade. Portanto, seu caráter é de sanção penal – embora indireta. Sendo assim, deve se restringir aos parâmetros de legalidade e necessidade.

De profundo interesse a posição garantista de André Copetti que, tecendo críticas à falta de critério qualitativos das medidas segurança, arremata afirmando que

[151] Ilustrativamente, cite-se NUCCI, Guilherme. **Código penal comentado**, p. 317.

se no tempo máximo da pena correspondente ao delito o internado não recuperou a sua sanidade mental, injustificável é a sua manutenção em estabelecimento psiquiátrico forense, devendo, como medida racional e humanitária, ser tratado como qualquer outro doente mental que não tenha praticado qualquer delito. Pelo exposto, especialmente em razão da ausência de determinação qualitativa e quantitativa na execução das medidas de segurança, entendemos que os dispositivos a elas referentes são inconstitucionais por violarem o princípio da legalidade. [152]

14.4.1 Espécies de medidas de segurança

Nos termos do artigo 96 do Código Penal, as medidas de segurança podem ser: internação em hospital psiquiátrico e sujeição a tratamento ambulatorial. No primeiro caso, o indivíduo fica isolado da sociedade, internado em hospital ou manicômio judiciário, estando sujeitado a tratamento médico-psiquiátrico. Já o tratamento ambulatorial caracteriza-se por ser externo, ou seja, o indivíduo fica obrigado a comparecer periodicamente ao médico-psiquiatra.

14.5 EFEITOS DA CONDENAÇÃO

Os artigos 91 e 92 do Código Penal elencam os chamados efeitos da condenação. Tratam-se, é de se ressaltar, dos efeitos **secundários** da sentença condenatória, já que o efeito principal é, por óbvio, possibilitar a imposição de uma pena a alguém.

Em termos patrimoniais, havendo condenação criminal existirão dois tipos de efeitos gerais previstos pelo artigo 91 do Código Penal. A condenação:

a) torna certa a obrigação de indenizar civilmente o dano causado pelo crime (vide artigos 159 e 160 do Código Civil revogado e artigos 927 a 954 do Código Civil vigente);

b) gera a possibilidade de perda em favor da União (ressalvados os direitos do lesado e de terceiro de boa-fé) dos instrumentos do crime,

---

[152] COPETTI, André. **Direito Penal e estado democrático de direito**, p. 185.

desde que consistam em coisas cujo fabrico, alienação, uso, porte ou detenção constitua fato ilícito, e/ou perda, em favor da União, do produto do crime ou de qualquer bem ou valor que constitua proveito auferido pelo agente com a prática do fato criminoso.

Ressalte-se que a Lei nº 12.694, de 2012 acrescentou ao artigo 91 do Código duas regras de segurança, visando evitar o esvaziamento do dispositivo: "§ 1º Poderá ser decretada a perda de bens ou valores equivalentes ao produto ou proveito do crime quando estes não forem encontrados ou quando se localizarem no exterior. § 2º Na hipótese do § 1º, as medidas assecuratórias previstas na legislação processual poderão abranger bens ou valores equivalentes do investigado ou acusado para posterior decretação de perda."

No caso dos instrumentos do crime, para que haja tal perda é necessário que eles consistam em coisas cujo próprio fabrico, alienação, uso, porte ou detenção constitua fato ilícito. Quanto ao produto do crime, incluem-se bens e valores que o autor do fato tenha obtido como proveito decorrente da prática delituosa.

O artigo 92, por sua vez, prevê alguns efeitos específicos da condenação criminal. Tais efeitos dependem sempre, para sua aplicação, de previsão expressa e justificada na sentença condenatória, não sendo, portanto, automáticos. Dividem-se em dois grupos:

a) se a pena privativa de liberdade aplicada for igual ou superior a um ano, em crimes praticados com abuso de poder ou violação de dever para com a Administração Pública, pode-se aplicar a perda de cargo, função pública ou mandato eletivo;

b) se a pena privativa de liberdade aplicada for superior a quatro anos, nos demais crimes, pode-se aplicar a incapacidade para o exercício do pátrio poder, tutela ou curatela (se o crime foi dolosamente praticado contra filho, tutelado ou curatelado), ou a inabilitação para dirigir veículo (se este foi utilizado como meio para a prática de crime doloso).

Unidade V

Extinção da Punibilidade e Ação Penal

Capítulo 15

Extinção da Punibilidade e Ação Penal

15.1 CONSIDERAÇÕES INICIAIS

Se num fato for possível identificar os elementos tipicidade, ilicitude e culpabilidade, tal fato poderá ser caracterizado como um crime. Assim o sendo, a princípio será imponível uma pena ao indivíduo ao qual seja atribuída a responsabilidade por tal fato.

Ocorre que há aspectos que podem interferir nessa potencial imposição da pena, impedindo que um fato, mesmo sendo considerado crime, seja punido. Tais aspectos podem ser prévios à ocorrência do fato (as chamadas 'escusas legais') ou posteriores à sua ocorrência (as chamadas 'causas extintivas da punibilidade').

As escusas legais consistem em disposições pelas quais o legislador, optando por preservar determinadas relações sociais, prevê que certas situações afastam o caráter punitivo-criminal de um fato. Tais situações existirem antes de o fato ocorrer, funcionando as disposições que as prevêem como uma espécie de perdão prévio para a prática de determinadas condutas. É o caso, por exemplo, do artigo 181 do Código Penal: se o indivíduo que pratica um dos fatos criminais compreendidos pela abrangência desse artigo estiver sob o abrigo de alguma das situações nele previstas, embora o fato seja típico, ilícito e culpável, estará previamente desculpado pelo legislador.

As causas extintivas da punibilidade, por sua vez, consistem em hipóteses através das quais a punibilidade de um fato criminoso acaba sendo eliminada. Perceba-se que, nesse caso, a punibilidade se constitui plenamente, mas, devido a situações posteriores à ocorrência do fato, acaba sendo extinta – é o caso das hipóteses elencadas no artigo 107 do Código Penal. Representam mais uma garantia de que as possibilidades estatais de punição têm limites. O Estado tem sim o poder-dever de punir aqueles que cometem crimes; mas isso não ficará nem incondicionalmente nem perpetuamente ao seu dispor.

As causas extintivas da punibilidade podem ser divididas em causas gerais e causas específicas. São gerais aquelas aplicáveis a todos os tipos de crimes. São específicas aquelas destinadas a incidir somente sobre alguns determinados crimes.

15.2 CAUSAS EXTINTIVAS DA PUNIBILIDADE

As hipóteses extintivas da punibilidade estão previstas (não exclusivamente) no artigo 107 do Código Penal:

> Art. 107. Extingue-se a punibilidade:
>
> I – pela morte do agente;
> II – pela anistia, graça ou indulto;
> III – pela retroatividade de lei que não mais considera o fato como criminoso;
> IV – pela prescrição, decadência ou perempção;
> V – pela renúncia do direito de queixa ou pelo perdão aceito, nos crimes de ação privada;
> VI – pela retratação do agente, nos casos em que a lei admite;
> [...]
> IX – pelo perdão judicial, nos casos previstos em lei.

No caso da morte do agente, encontra-se consonância direta entre o Código Penal e o inciso XLV do artigo 5º da Constituição Federal de 1988. Este, prevendo o princípio da pessoalidade da pena, vincula a punibilidade de um crime ao indivíduo que o cometeu (à sua liberdade). Se a vida desse indivíduo deixa de existir, deixando de existir, por óbvio, sua liberdade, perde-se o objeto punível na esfera penal[259].

Quanto à anistia, à graça e ao indulto, são três formas de perdão estatal. Na anistia, declara-se que determinados fatos se tornam impuníveis por motivos de utilidade social. A anistia trata de fatos que se tornam impuníveis, e não de perdão pessoal. Somente pode ser concedida através de lei federal Na graça, há um perdão destinado a uma determinada pessoa (indulto individual, segundo os artigos 188 a 193 da Lei de Execução Penal). Trata-se de um perdão concedido pelo Presidente da República, podendo ser total ou parcial. No indulto, há um perdão concedido a um grupo de condenados (indulto coletivo). É também concedido pelo Presidente da República, para que o decreto de sua concessão produza efeito deve ser apreciado pelo juiz da execução penal, para que aí seja decretada a extinção da punibilidade.

O inciso III do artigo 107 trata da *abolitio criminis* (estudada anteriormente na Unidade II). Significa que se uma lei nova – cuja vigência se inicia após a prática da conduta criminosa – deixar de considerar crime o fato já praticado, a punibilidade deste deixará de existir. Afinal, cumprindo-se o artigo 5º, inciso XL, da Constituição Federal, é lei neste caso seria retroativa, pois beneficiaria o acusado ou condenado.

No inciso IV estão previstos como causa de extinção da punibilidade a prescrição, a decadência e a perempção. A prescrição (que será estudada à parte a seguir) consiste na perda da possibilidade de exercício do poder-dever de punir do Estado, devido a tal poder-dever não ter sido devidamente exercido durante determinado período de tempo. A decadência consiste na perda dos direitos de propor ação penal de iniciativa

---

259 Na esfera cível, em que o objeto de intervenção do Estado devido ao dano causado pelo crime será ordinariamente patrimonial, a morte do agente não afasta as possíveis sequelas jurídicas do crime. Não obstante isso, a eventual indenização cível por dano causado por um crime, morrendo o autor do fato criminoso, não poderá intervir diretamente no patrimônio dos herdeiros, limitando-se ao patrimônio do falecido, que estaria por ser transmitido como herança.

privada ou de apresentar representação, por não terem sido exercidos no prazo legal. A perempção consiste em uma sanção processual devido à inércia da parte autora da ação (cabível somente em ações penais privadas), impedindo-a de prosseguir na demanda e gerando a extinção da punibilidade.

A renúncia e o perdão são outras duas formas de se extinguir a punibilidade. A renúncia consiste na desistência prévia de propor queixa-crime (ações penais de iniciativa privada) ou de representar. Já o perdão é a desistência de prosseguir na ação penal já proposta (cabendo somente em ações penais de iniciativa privada).

A retratação é tratada no inciso VI. É cabível em determinados crimes (p. ex., artigos 139, 140 e 342 do Código Penal), em situação em que o autor do crime reconhece seu erro e desculpa-se pelo que havia feito antes. Entende-se que não subsiste a necessidade de resposta penal à ofensa jurídica, restando, entretanto, a possível responsabilidade civil pelo fato.

Enfim, o perdão judicial, previsto no inciso IX, trata de uma faculdade concedida ao juiz de, analisando aspectos objetivos e subjetivos do crime, deixar de aplicar a pena ao agente. Como o perdão judicial é concedido na sentença, esta terá efeitos declaratórios, de modo que não poderá ser considerada para efeitos de reincidência – conforme prevê o artigo 120 do Código Penal.

15.3 PRESCRIÇÃO PENAL

Dentre as várias causas extintivas da punibilidade, destaca-se a prescrição, devido à amplitude de suas possibilidades (é potencialmente aplicável a qualquer fato criminoso ocorrido) e à complexidade de suas previsões jurídicas. Além disso, tem conteúdo eminentemente de Direito Penal, como um instrumento penal de garantia[260]. Com isso, seu estudo deve ser feito em separado das demais causas.

Ela se define como a perda da possibilidade de exercício da pretensão do Estado-Juiz, de punir ou de executar a pena. A pretensão punitiva

260 Sobre o assunto: MACHADO, Fábio Guedes de Paula. **Prescrição penal:** prescrição funcionalista. São Paulo: Editora Revista dos Tribunais, 2000, p. 159 e 188-194.

decorre do poder-dever punitivo do Estado diante do cometimento de infrações penais.

Divide-se em duas espécies gerais: prescrição da pretensão punitiva e prescrição da pretensão executória.

A **prescrição da pretensão punitiva** é aquela cujo período prescricional se verifica antes de existir sentença penal condenatória, antes de a sentença transitar em julgado definitivamente, ou, excepcionalmente, antes de se projetar a condenação para a execução da pena[261].

Perde-se a possibilidade de exercício da própria pretensão de se investigar, propor ação penal ou condenar o suposto autor do crime. Rege-se inicialmente pelo máximo da pena abstrata prevista em lei para o crime, mas após a condenação transitar em julgado para a acusação, reger-se-á pela pena fixada na sentença. Divide-se em:

a) prescrição abstrata da pretensão punitiva (prescrição propriamente dita) – afeta a possibilidade de imposição de pena. Pode ocorrer quando ainda não há sentença condenatória concretizando uma pena. O lapso prescricional começa a correr a partir da consumação do crime ou da cessação da atividade criminosa. Interrompido pelo recebimento da denúncia ou queixa (ou, nos casos de competência do Tribunal do Júri, pela pronúncia ou decisão confirmatória da pronúncia), recomeça a correr por inteiro até a publicação da sentença condenatória.

b) prescrição retroativa da pretensão punitiva – pode ocorrer quando há sentença penal condenatória não contestada pela acusação, ainda que não tenha transitado em julgado em definitivo (pendente recurso da defesa). O lapso prescricional regula-se pela pena concretizada na sentença, contando-se retroativamente da publicação da sentença até o recebimento da inicial (novamente se ressalvam os casos de competência do Tribunal do Júri), e, para os crimes cometidos antes da vigência da Lei 12.234/2010, do recebimento da inicial até a consumação do fato (vide também incisos II a V do artigo 111 do Código Penal brasileiro).

c) prescrição superveniente (intercorrente) da pretensão punitiva – tal qual na hipótese anterior, pode ocorrer quando há sentença condenatória não contestada pela acusação. A diferença é que aqui o lapso

[261] Esta última hipótese ('antes de se projetar a condenação para a execução da pena') refere-se em específico à prescrição intercorrente (superveniente).

prescricional percorre o período de duração do recurso: conta-se do momento em que a sentença condenatória transita em julgado para a acusação até o seu trânsito em julgado definitivo, para a acusação e para a defesa.

A **prescrição da pretensão executória** é aquela que se verifica depois de existir sentença penal condenatória transitada em julgado contra o autor do crime. O que prescreve aqui é a pretensão estatal de aplicar ao condenado a pena fixada na sentença. Rege-se pela quantidade de pena fixada na sentença. Aqui, entretanto, há uma peculiaridade prevista no inciso I do artigo 112 do Código Penal: mesmo para a prescrição executória, o lapso prescricional começa a correr a partir do trânsito em julgado para a acusação. Trata-se de uma situação problemática, pois estando o réu a responder solto à ação penal, mas recorrendo da sentença condenatória, a pena fixada não poderá ainda ser objeto de execução. Paradoxalmente, o lapso temporal da prescrição executória já estaria correndo, bastando que o recurso fosse exclusivo da defesa[262].

De um modo ou outro, existe a prescrição em qualquer das suas espécies quando, devido ao transcurso de determinado período de tempo, não pode mais o Estado impor ou executar uma pena pela prática de um crime.

[262] A título de referência, vide decisão do TJRS: **Ementa:** HABEAS-CÓRPUS. PENA RESTRITIVA DE DIREITOS. PRESCRIÇÃO DA PRETENSÃO EXECUTÓRIA. MARCO INTERRUPTIVO. EFETIVO INÍCIO DO CUMPRIMENTO DA PENA. **TERMO INICIAL**. TRÂNSITO EM JULGADO PARA A ACUSAÇÃO. ORDEM PARCIALMENTE CONCEDIDA. 1. A audiência admonitória para o início do cumprimento da pena restritiva de direitos não configura início do cumprimento da pena, não podendo ser considerado marco interruptivo do prazo prescricional da pretensão executória. 2. O prazo inicial da **prescrição executória** começa a fluir do transito em julgado da sentença condenatória para a acusação, e não do transito em julgado para ambas as partes. ORDEM PARCIALMENTE CONCEDIDA (Habeas Corpus Nº 70052700408, Oitava Câmara Criminal, Tribunal de Justiça do RS, Relator: Danúbio Edon Franco, Julgado em 27/02/2013)

15.3.1 Tabela de contagem do prazo prescricional

O artigo 109 do Código Penal traz uma série de seis possíveis situações de prazos prescricionais. A incidência de tais prazos é regulada de acordo com o máximo da pena abstrata (prescrição da pretensão punitiva) ou de acordo com a pena fixada na sentença (prescrição da pretensão punitiva ou executória).

Os prazos do artigo 109 podem ser explicitados através da seguinte tabela:

Pena do Crime	Prazo Prescricional
Pena máxima superior a 12 anos	20 anos
Pena superior a 8 e não superior a 12 anos	16 anos
Pena superior a 4 e não superior a 8 anos	12 anos
Pena superior a 2 e não superior a 4 anos	8 anos
Pena igual a um ano ou não superior a 2 anos	4 anos
Pena inferior a um ano	2 ou 3 anos[263]

Para a contagem do prazo prescricional de um crime, o artigo 111 do Código Penal estabelece os possíveis termos iniciais do lapso temporal prescricional, quando se tratar da pretensão punitiva. Inicia-se a contagem do prazo:

I – do dia em que o crime se consumou – aqui é de perceber que em caso de se tratar de crime material, plurissubsistente, caso a conduta

[263] Com o advento da Lei 12.234/2010, o prazo prescricional da hipótese passou a ser de 03 anos, aplicável exclusivamente a crimes ocorridos a partir do início da vigência da nova redação do artigo 109.

típica ocorra em um dia e o resultado somente venha a se operar dias depois, é da data do resultado que começará a contar o lapso prescricional.

II – no caso de tentativa, do dia em que cessou a atividade criminosa – aqui o ponto a destacar refere-se à possibilidade de que a conduta típica seja fracionada em vários atos praticados em dias diversos; nesse caso, começa a contagem do prazo do último ato.

III – nos crimes permanentes (de consumação permanente), do dia em que cessou a permanência;

IV – nos de bigamia e nos de falsificação ou alteração de assentamento do registro civil, da data em que o fato se tornou conhecido;

V – nos crimes contra a dignidade sexual de crianças e adolescentes, previstos neste Código ou em legislação especial, da data em que a vítima completar 18 (dezoito) anos, salvo se a esse tempo já houver sido proposta a ação penal.

Já o artigo 112 do Código Penal estabelece os possíveis termos iniciais do lapso temporal prescricional, quando se tratar da prescrição superveniente e da prescrição da pretensão executória. Inicia-se a contagem do prazo:

I – do dia em que transita em julgado a sentença condenatória, para a acusação, ou a que revoga a suspensão condicional da pena ou o livramento condicional. Perceba-se na primeira hipótese que o ponto determinante para início da contagem do lapso prescricional é o trânsito em julgado da sentença condenatória para a acusação, mesmo que a defesa tenha recorrido da sentença. Tal se dá porque o recurso exclusivo da defesa, com seu efeito devolutivo limitado, impede que a condenação seja agravada – com isso, já se a pode considerar para o eventual reconhecimento da prescrição.

II – do dia em que se interrompe a execução, salvo quando o tempo da interrupção deva computar-se na pena. Trata-se de hipótese cujo interesse maior reside na fuga do condenado. Neste caso, o Estado tem tempo limitado para recapturá-lo, começando a contar o prazo do dia da fuga. O prazo, neste caso, define-se pelo restante da pena a cumprir, submetida à tabela do artigo 109 do Código Penal.

15.3.2 As alterações da Lei 12.234/2010

Por força de pressões de posturas de política criminal punitivista, o legislador elaborou a Lei 12.234/2010. Tal Lei alterou a redação dos artigos 109 e 110 do Código Penal brasileiro, com o intuito de diminuir as possibilidades jurídicas de ocorrência da prescrição.

No artigo 109 a alteração limitou-se a ajustar a redação do *caput* e a alterar o prazo do inciso IV de 02 para 03 anos.

Já quanto ao artigo 110 a alteração foi mais profunda. Para boa compreensão, vale comparar os textos normativos.

Na redação anterior, previa o artigo 110:

> Art. 110 – A prescrição depois de transitar em julgado a sentença condenatória regula-se pela pena aplicada e verifica-se nos prazos fixados no artigo anterior, os quais se aumentam de um terço, se o condenado é reincidente.
>
> § 1° – A prescrição, depois da sentença condenatória com trânsito em julgado para a acusação, ou depois de improvido seu recurso, regula-se pela pena aplicada.
> § 2° – A prescrição, de que trata o parágrafo anterior, pode ter por termo inicial data anterior à do recebimento da denúncia ou da queixa.

A redação atual tem alteração no caput, no §1° e revogação do §2°:

> Art. 110. A prescrição depois de transitar em julgado a sentença condenatória regula-se pela pena aplicada e verifica-se nos prazos fixados no artigo anterior, os quais se aumentam de um terço, se o condenado é reincidente.
> §1°. A prescrição, depois da sentença condenatória com trânsito em julgado para a acusação ou depois de improvido seu recurso, regula-se pela pena aplicada, **não podendo, em nenhuma hipótese, ter por termo inicial data anterior à da denúncia ou queixa**. (grifo nosso)

A alteração redacional do artigo 110 tem um efeito: impede a contagem de prazo prescricional retroativo em período anterior ao recebimento da inicial. Entretanto, como isso restringe a possibilidade de ocorrência de prescrição penal e esta, com a decorrente extinção da punibilidade, beneficia o acusado, seus efeitos são irretroativos (conforme se viu na Unidade II).

Desse modo, por muitos anos teremos o Judiciário analisando fatos sujeitos à prescrição retroativa somente para períodos posteriores ao recebimento da inicial e, concomitantemente, analisando fatos ocorridos antes do início da vigência da alteração do Código, para os quais será possível a consideração de período anterior ao recebimento da inicial para efeito de prescrição retroativa.

15.3.2 Alteração na contagem dos prazos prescricionais

A tabela definida a partir do artigo 109 do Código Penal indica a referência obrigatória para se identificar o prazo prescricional de cada crime. Assim, para se identificar tal prazo, deve se verificar em qual das alternativas de prazo a pena do crime se encaixará. Há hipóteses, no entanto, que podem afetar essa correlação.

Primeiramente, o artigo 115 do Código Penal estabelece que o prazo prescricional será reduzido pela metade em dois casos: se o agente delitual tinha, ao tempo do crime[264], menos do que 21 (vinte e um) anos; se o agente tinha, na época da sentença, mais do que 70 anos.

Inversamente, tratando-se de prescrição regulada a partir da pena fixada na sentença (artigo 110 do Código Penal), caso o condenado seja

[264] Vide recente decisão do TJRS: "APELAÇÃO CRIMINAL. CRIME CONTRA O PATRIMÔNIO. FURTO TENTADO. EXTINÇÃO DA PUNIBILIDADE PELA PRESCRIÇÃO. PENA EM CONCRETO. A pena aplicada ao réu na sentença foi de 05 meses, a qual, nos termos da regra posta no art. 109, inc. VI, do Código Penal prescreve no prazo de 03 anos. A época dos fatos, o réu era menor de 21 anos, circunstância que, segundo versa o art. 115 do C.P.B. reduz pela metade o prazo prescricional. No caso concreto, o lapso temporal de 01 ano e 06 meses já transcorreu entre a data da publicação da sentença condenatória transitada em julgado para a acusação (21/03/2011) e a da data da presente sessão de julgamento (19/12/2013), sendo que, mais precisamente, transcorreram 02 anos, 08 meses e 29 dias, tendo a prescrição em concreto ocorrido no dia 21/09/2012. Emperramento da máquina estatal que perdeu duas oportunidades de intimação do réu que se encontrava recolhido ao sistema penitenciário, culminou com a necessidade de citação por edital, o que levou à prescrição da pena aplicada. PRESCRIÇÃO DECLARADA. EXAME DO MÉRITO RECURSAL PREJUDICADO. UNÂNIME. (Apelação Crime Nº 70046500955, Sexta Câmara Criminal, Tribunal de Justiça do RS, Relator: Ícaro Carvalho de Bem Osório, Julgado em 19/12/2013)".

reincidente o prazo prescricional incidente no caso deve ser aumentado em um terço[265].

É de se destacar que nos casos de concurso de crimes (concurso material, concurso formal e crime continuado) o prazo prescricional é contado seguindo a pena de cada crime isoladamente, conforme prevê o artigo 119 do Código Penal, sem controvérsias relevantes na jurisprudência brasileira.

Além disso, deve se salientar que para se encaixar um determinado fato criminoso na tabela de prazos prescricionais e verificar o prazo para a prescrição abstrata devem ser consideradas as majorantes (causas de aumento, pelo máximo de majoração) e as minorantes (causas de diminuição, pelo mínimo de minoração) de caráter obrigatório que sobre tal fato incidam.

15.3.4 Causas impeditivas e causas interruptivas da prescrição

Existem algumas situações que fazem com que a contagem do prazo prescricional não percorra seu caminho ordinário – situações essas que impedem que o prazo seja contado (impeditivas ou suspensivas) ou que interrompem[266] a contagem do prazo. As primeiras fazem com que a contagem do prazo pare onde estiver, recomeçando após do ponto em que parou; as últimas fazem com que, após um período de contagem, essa seja interrompida, recomeçando a contagem do prazo por inteiro (§2º do artigo 117 do Código Penal).

As causas impeditivas (suspensivas), nos termos do artigo 116 do Código Penal, são aquelas pelas quais a prescrição não corre:

I – enquanto não for resolvida, em outro processo, questão de que dependa o reconhecimento da existência do crime (questão prejudicial);

---

265 Quanto ao efeito da reincidência na contagem dos prazos prescricionais, vale o ensinamento de Antonio Rodrigues Porto: "Não se confunda a reincidência que ocasiona o aumento do prazo, com a reincidência que interrompe o curso da prescrição. Aquela é constatada pela própria decisão condenatória, e a outra só aparece depois que a condenação se torna irrevogável. Assim, para o aumento do prazo prescricional, é bastante uma condenação anterior por qualquer crime" (PORTO, Antonio Rodrigues. **Da prescrição penal**. 5. ed. São Paulo: Editora Revista dos Tribunais, 1998, p. 83).

266 Importa distinguir suspensão e interrupção. Quando há suspensão, o prazo fica parado; voltando a correr, o tempo já transcorrido é aproveitado. Quando o prazo se interrompe – o que é o caso da prescrição -, volta a contar por inteiro.

II – enquanto o agente cumpre pena no estrangeiro.

Além disso, por força do parágrafo único do mesmo artigo, também impede o curso da prescrição, após a sentença penal condenatória transitar em julgado, o fato de o condenado estar preso por outro motivo. Enquanto perdurar o cumprimento da pena, estará impedido o curso do prazo prescricional.

As causas interruptivas têm um rol taxativo no Código Penal brasileiro:

> Art. 117. O curso da prescrição interrompe-se:
>
> I – quando ocorre o recebimento da denúncia ou queixa (que são as petições iniciais das ações penais acusatórias);
>
> II – pela decisão de pronúncia;
>
> III – pela decisão confirmatória da pronúncia, em caso de recurso interposto pela acusação ou pela defesa;
>
> IV – pela publicação da sentença ou acórdão condenatórios recorríveis;
>
> V – pelo início do cumprimento da pena ou pela continuação do cumprimento, quando este por qualquer causa for interrompido;
>
> VI – pela reincidência.

Quanto ao recebimento da denúncia ou queixa, importa frisar que o momento interruptivo da contagem do prazo prescricional, no caso do inciso I, não é o da propositura da petição inicial, mas sim o momento do despacho de recebimento pelo juiz, em que se analisa se estão presentes na inicial os pressupostos processuais e as condições da ação. No que respeita à pronúncia e a decisão confirmatória da pronúncia, o momento interruptivo é o da publicação de tais decisões. Quanto à sentença condenatória recorrível, importa como momento interruptivo a publicação da sentença em cartório.

Por força do §1° do referido artigo 117, nos casos dos incisos V e VI, a interrupção atinge a todos os autores do crime (caso do concurso de pessoas). O mesmo §1° prevê que, em se tratando de crimes conexos[267] que sejam objeto do mesmo processo, havendo a interrupção relativa a um dos crimes, ela se estenderá aos demais conexos.

---

[267] Sobre as regras de conexão processual vide artigo 76 do Código de Processo Penal.

Capítulo 16

Ação Penal

Praticado um crime, para que o Estado exerça o poder-dever de punir (*jus puniendi*) deve fazê-lo atendendo a um conjunto de procedimentos pré-estabelecidos. Tais procedimentos exteriorizam a ação penal. Ensina Lopes Jr. que

> o conceito de *ação processual* penal, na estrutura da pretensão acusatória, circunscreve-se a um poder jurídico constitucional de invocação de tutela jurisdicional e que se exterioriza por meio de uma declaração petitória (acusação formalizada) de que existe o direito potestativo de acusar e que procede a aplicação do poder punitivo estatal.[268]

Neste capítulo será priorizado o estudo das ações penais acusatórias, que são a regra. De forma excepcional, porém, há ações penais não punitivas, propostas pelo indivíduo frente ao Estado, buscando providências deste. Veja-se a ação de *habeas corpus*, o mandado de segurança em

[268] LOPES JR, Aury. **Direito processual penal**. 10. ed. São Paulo: Saraiva, 2013, p. 353.

matéria criminal e a revisão criminal. O estudo dessas últimas, entretanto, é específico do âmbito processual penal.

A ação penal acusatória é o modo de submeter um fato supostamente delitual e seu suposto autor à análise e decisão judicial. Ela representa a propositura de uma demanda penal (ordinariamente feita pelo Estado) contra um indivíduo, suposto autor de um delito, buscando a discussão de mérito. Esta, na ação penal, pode ser sintetizada em três pontos-eixo: 'a) houve crime?'; b) 'quem foi o autor do crime?'; 'o fato e o seu autor são puníveis?'. Isso não significa, por dedução, que as ações penais devam chegar a uma condenação – no âmbito de um estado democrático de direito a decisão judicial penal precisa ser submetida aos ditames constitucionais protetivos dos direitos fundamentais, de forma que a decisão judicial deva ser precedida do contraditório, da ampla defesa e do devido processo legal, balizada ainda pelo *in dubio pro reo*.

De qualquer modo, a propositura e trâmite regular de uma ação penal são requisitos lógicos para que se exercite a função estatal de persecução penal. Este trâmite regular parte de uma propositura por quem é titular do direito de agir processual, devidamente legitimado pela regularidade desta propositura. Essa regular propositura depende de regras penais que estabelecem os parâmetros dessa titularidade, de acordo com o crime cometido e o interesse (público ou particular) subjacente à tutela penal de bens jurídicos.

Para se saber que tipo de ação penal acusatória corresponde a cada crime, é preciso, então, recorrer ao Código Penal. Neste, deve-se verificar crime a crime qual a ação penal correspondente, seguindo as regras do artigo 100 do Código Penal brasileiro. Tal artigo trata de questão com cunho nitidamente processual. Porém, as definições sobre o tipo de ação penal vêm acompanhando as definições dos crimes, no próprio Código. Assim, para que se possa identificar no Código o tipo de ação penal correspondente a cada crime, é necessário o estudo do seu artigo 100.

Prevê o artigo, como regra geral em seu *caput*, que a ação penal é pública, salvo quando a lei expressamente declara seu exercício como privativo do ofendido. Com isso há uma divisão inicial das ações penais em de iniciativa pública ou de iniciativa privada[269].

Logo a seguir, o mesmo artigo, em seu §1°, estabelece que as ações penais de iniciativa pública são condicionadas – quando a lei o exigir – à representação do ofendido ou à requisição do Ministro da Justiça. Com isso, não existindo exigência da representação (ou requisição), tratar-se-á de caso de ação penal pública incondicionada; se existir a exigência, tratar-se-á de caso de ação penal pública condicionada.

Por conseguinte, existem dois tipos genéricos de ação penal acusatória: ação penal de iniciativa pública e ação penal de iniciativa privada. A ação penal de iniciativa pública, entretanto, divide-se em dois subtipos: incondicionada e condicionada[270]. Há, ainda, uma derivação de tais tipos, cujo caráter e origem é estritamente processual: a ação penal de iniciativa privada subsidiária da pública.

As ações penais de iniciativa pública são propostas através de denúncia do Ministério Público. O que diferencia a ação penal pública incondicionada da ação penal pública condicionada é que a propositura desta depende de prévia representação do ofendido, enquanto que aquela pode ser proposta mesmo contra a vontade da vítima. A denúncia nada mais é do que uma petição inicial, dirigida a um juiz de direito, em que se promove o início da ação penal.

As ações penais de iniciativa privada são propostas através de queixa-crime do ofendido ou seu representante legal. Tal qual a denúncia, a queixa é petição inicial – o que muda apenas é a titularidade ativa.

Pode-se, então, sintetizar as regras decorrentes do artigo 100 do Código Penal no seguinte quadro:

---

[269] Vide BOSCHI, José Antonio Paganella. **Ação penal: denúncia, queixa e aditamento**. Rio de Janeiro: Aide, 1993.

[270] Na ação penal de iniciativa privada estão incluídas aquelas denominadas pela doutrina de ação privada personalíssima e ação privada propriamente dita. Em verdade, entende-se aqui que para efeitos penais a distinção entre estas duas formas é despicienda: ambas são formas de ação privada, apenas destacado o fato de que nas ações penais privadas personalíssimas a legitimação ativa é mais restrita.

Tipos de Ação	Inquérito	Ação Penal
De Iniciativa Pública Incondicionada	➢ independe da vontade do ofendido	➢ começa por denúncia do Ministério Público
De Iniciativa Pública Condicionada	➢ depende de representação do ofendido	➢ começa por denúncia do Ministério Público
De Iniciativa Privada	➢ depende de requerimento do ofendido ou seu representante legal	➢ começa através de queixa-crime por parte do ofendido ou seu representante legal

Destaque-se, ainda, o artigo 101 do Código Penal brasileiro, ao tratar da ação penal nos casos de crimes complexos[271]. Nestes, é previsto o cabimento de ação penal pública desde que em relação a qualquer dos crimes que compõem o tipo incriminador complexo coubesse isoladamente ação penal pública.

Já os artigos 102, 104, 105 e 106 do Código estão nitidamente fora de lugar. Tratam de matéria estritamente processual, de forma que deveriam ser estudados no âmbito do Direito Processual Penal. Tanto assim o é que são expressamente previstos no Código de Processo Penal.

O disposto no artigo 103, entretanto, tem interesse penal, pois, embora tenha natureza processual, ao se referir ao prazo decadencial, reflete na possível extinção da punibilidade. Desse modo, existem duas situações importantes:

a) caso o crime seja de ação penal pública condicionada à representação, a vítima ou seu representante legal tem um prazo de 06 (seis) meses para representar. Caso o façam nesse prazo, a propositura da ação ficará a cargo do Ministério Público;

[271] Crimes complexos são aqueles em cuja definição típica estão incluídas (e absorvidas) duas ou mais outras condutas típicas, formando uma nova conduta composta, combinada (por exemplo, no crime de roubo estão contidos, ao menos, a ameaça e o furto, ou a lesão e o furto).

b) caso o crime seja de ação penal privada, a vítima ou seu representante legal tem o prazo de 06 (seis) meses para propor a queixa-crime, para dar início à ação.

Em qualquer dos casos, o prazo começa a ser contado do momento em que a vítima sabe que é o autor do delito, pois antes disso não lhe é possível nem representar que propor queixa-crime. Enfim, se a vítima ou quem a representa não tomar a providência cabível no prazo legal, ocorrerá, nos termos no artigo 107 do Código Penal brasileiro, a extinção da punibilidade.

Referências Bibliográficas

BARATTA, Alessandro. **Criminologia crítica e crítica do direito penal: introdução à sociologia do direito penal**. Trad. J. C. dos Santos. Rio de Janeiro: Revan, 1997.

BECCARIA, Cesare. **Dos delitos e das penas**. Trad. P. M. Oliveira. 14. ed. Rio de Janeiro, Ediouro, 2001

BERGEL, Jean-Louis. **Teoria geral do direito**. Trad. M. E. Galvão. São Paulo: Martins Fontes, 2001.

BICUDO, Tatiana Viggiani. **Por que punir? Teoria geral da pena**. São Paulo: Saraiva, 2019.

BITENCOURT, Cezar Roberto. **Tratado de Direito Penal:** parte geral. 8. ed. São Paulo: Saraiva, 2003.

BOBBIO, Norberto. **Teoria do ordenamento jurídico**. Trad. C. de Cicco e M. C. C. J. Santos. São Paulo: Polis; Brasília: UnB, 1991.

BONAVIDES, Paulo. **Curso de direito constitucional**. 16. ed. São Paulo: Malheiros, 1993.

BOSCHI, José Antonio Paganella. **Ação penal: denúncia, queixa e aditamento**. Rio de Janeiro: Aide, 1993.

BUSATO, Paulo César. **Fatos e mitos sobre a teoria da imputação objetiva**. Rio de Janeiro: Lumen Juris, 2008.

CAMARGO, Antonio Luis Chaves. **Imputação objetiva e direito penal brasileiro**. São Paulo: Cultural Paulista, 2001.

CANARIS, Claus-Wilhelm. Trad. A. M. Cordeiro. **Pensamento sistemático e conceito de sistema na ciência do Direito**. Lisboa: Calouste Gulbenkian, 1989.

CAPELLETTI, Mauro. **Juízes legisladores?**. Trad. C. A. A. de Oliveira. Porto Alegre: Sergio Antonio Fabris, 1993.

CARVALHO, Salo de. **Antimanual de criminologia**. 5. ed. São Paulo: Saraiva, 2013.

CERVINI, Raúl. **Os processos de descriminalização**. 2. ed. São Paulo: Editora Revista dos Tribunais, 1994.

CHRISTIE, NILS. **A indústria do controle do crime**. Trad. L. Leiria. Rio de Janeiro: Forense, 1998.

CLASTRES, Pierre. **A sociedade contra o estado**. 4. ed. Rio de Janeiro: Francisco Alves, 1988.

COELHO, Edihermes Marques. **Apontamentos históricos sobre o direito penal e suas funções**. In: *http://www.uv.es/recrim/recrim13/recrim13n03.wiki*. p. 61-71.

_______. **Direitos humanos, globalização de mercados e o garantismo como referência jurídica necessária**. São Paulo: Juarez de Oliveira, 2003.

_______. **Reflexões sobre vigência e eficácia, validade, efetividade e eficiência**. In: *http://www.boletimjuridico.com.br/doutrina/texto.asp?id=1817*.

COPETTI, André. **Direito penal e estado democrático de direito**. Porto Alegre: Livraria do Advogado, 2000.

ENGISH, Karl. **Introdução ao pensamento jurídico**. Trad. J. B. Machado. 6. ed. Lisboa: Calouste Gulbenkian, s.d.

FERRAJOLI, Luigi. **Direito e razão:** teoria do garantismo penal. Trad. A. P. Zomer; F. H. Choukr; J. Tavares; L. F. Gomes. São Paulo: Editora Revista dos Tribunais, 2002.

_______. **Los fundamentos de los derechos fundamentales**. 4. ed. Madrid: Trotta, 2009.

_______. **Por uma teoria dos direitos e dos bens fundamentais**. Trad. A. Salim; A. Copetti Neto; D. Cademartori; H. Zaneti Jr.; S. Cademartori. Porto Alegre: Livraria do Advogado, 2011.

FERRAZ, Tércio Sampaio. **Introdução ao estudo do Direito**. São Paulo: Atlas, 1991.

FRANÇA, R. Limongi. **Hermenêutica jurídica**. 3. ed. São Paulo: Saraiva, 1994.

FREITAS, Juarez. **A interpretação sistemática do Direito**. São Paulo: Malheiros, 1995.

FUHRER, Maximiliano Roberto Ernesto. **História do direito penal:** crime natural e crime de plástico. São Paulo: Malheiros, 2005.

GALVÃO, Fernando. **Política criminal**. 2. ed. Belo Horizonte: Mandamentos, 2002.

GILISSEN, John. **Introdução histórica ao direito**. Lisboa: Calouste Gulbenkian, 1989.

GOMES, Luiz Flávio. **Princípio da ofensividade no Direito Penal**. São Paulo: Editora Revista dos Tribunais, 2002.

GOULD, Stephen Jay. **A falsa medida do homem**. São Paulo: Martins Fontes, 2001.

GRECO Luís. **Um panorama da teoria da imputação objetiva**. Rio de Janeiro: Lumen Juris, 2005.

GUARAGNI, Fábio André. **As teorias da conduta em direito penal**. São Paulo: Editora Revista dos Tribunais, 2005.

HART, Herbert L. A. **O Conceito de Direito**. Trad. A R. Mendes. Lisboa: Fundação Calouste Gulbenkian, 1986.

HASSEMER, Winfried. **Direito penal libertário**. Trad. R. Greve. Belo Horizonte: Del Rey, 2007.

_______. **Introdução aos fundamentos do direito penal**. Porto Alegre: Sergio Antonio Fabris Editor, 2005.

JAKOBS, Gunther; MELIÁ, Manuel Cancio. **Direito penal do inimigo: noções e críticas**. Org. e trad. A. L. Callegari e N. J. Giacomolli. Porto Alegre: Livraria do Advogado, 2005.

JESUS, Damásio de. **Direito Penal parte geral**. v. 1. 21. ed. São Paulo: Saraiva, 1998.

LARENZ, Karl. **Metodologia da ciência do direito**. Trad. J. Lamego. 2. ed. Lisboa: Calouste Gulbenkian, 1989.

LOPES JR, Aury. **Direito processual penal**. 10. ed. São Paulo: Saraiva, 2013

MACEDO, Gilberto de. **Criminologia**. 2. ed. São Paulo: Editora Revista dos Tribunais, 1977.

MACHADO, Fábio Guedes de Paula. **Prescrição penal: prescrição funcionalista**. São Paulo: Editora Revista dos Tribunais, 2000.

MENDONÇA, Martha; FERNANDES, Nelito. **Eles querem justiça**. Revista Época, nº 406, de 27 de fevereiro de 2006.

MIRABETE, Júlio Fabbrini; FABRINNI, Renato N.. **Manual de Direito Penal: parte geral**. v. 1. 29. ed. São Paulo: Atlas, 2013.

MOLINA, Antonio García-Pablos. **Criminologia**. Trad. L. F. Gomes e D. Tangerino. 5. ed. São Paulo: Editora Revista dos Tribunais, 2006.

MORA, José Ferrater. **Dicionário de filosofia**. 3. ed. São Paulo: Martins Fontes, 1998.

NAHUN, Marco Antonio. **Inexigibilidade de conduta diversa**. São Paulo: Editora

Revista dos Tribunais, 2001.

NEVES, Marcelo. **Teoria da inconstitucionalidade das leis**. São Paulo: Saraiva, 1988.

NUCCI, Guilherme de Souza. **Manual de direito penal:** parte geral parte especial. 2. ed. São Paulo: Editora Revista dos Tribunais, 2006.

PEIXINHO, Manoel Messias. **A interpretação da constituição e os princípios fundamentais**: elementos para uma hermenêutica constitucional renovada. 3. ed. Rio de Janeiro: Lumen Juris, 2003.

PIMENTEL, Manoel Pedro. **O crime e a pena na atualidade**. São Paulo: Editora Revista dos Tribunais, 1983.

POMMIER, Gerard. **Freud apolítico?**. Trad. Patrícia Chitonni Ramos. Porto Alegre: Artes Médicas, 1989.

PRADO, Luiz Régis. **Curso de Direito Penal brasileiro**. 3. ed. São Paulo: Editora Revista dos Tribunais, 2002.

PUIG, Santiago Mir. **Direito Penal: fundamentos e teoria do delito**. Trad. C. V. Garcia; J. C. N. Porciúncula Neto. São Paulo: Editora Revista dos Tribunais, 2007.

PUPPE, Ingeborg. **A distinção entre dolo e culpa**. Trad. Luís Greco. Barueri/SP: Manole, 2004.

QUEIROZ, Paulo de Souza. **Direito Penal introdução crítica**. São Paulo: Saraiva, 2001.

_______. **Funções do direito penal:** legitimação versus deslegitimação do sistema penal. Belo Horizonte: Del Rey, 2001.

_______. **Do caráter subsidiário do direito penal**. Belo Horizonte: Del Rey, 1998.

RAMOS, Beatriz Vargas. **Do concurso de pessoas**. Belo Horizonte: Del Rey, 1996.

RIPOLLÉS, José Luiz Díez. **A racionalidade das leis penais**. Trad. L. R. Prado. São Paulo: Editora Revista dos Tribunais, 2005.

ROBERTS, J. M. **O livro de ouro da história do mundo:** da pré-história à idade contemporânea. Rio de Janeiro: Ediouro, 2001.

ROXIN, Claus. **A proteção de bens jurídicos como função do direito penal**. Porto Alegre: Livraria do Advogado, 2006.

_______. **Estudos de direito penal**. Rio de Janeiro: Renovar, 2006.

_______. **Funcionalismo e imputação objetiva no direito penal**. Trad. Luís Greco. Rio de Janeiro/ São Paulo: Renovar, 2002.

_______. **Política criminal e sistema jurídico-penal**. Rio de Janeiro: Renovar, 2002.

_______. **Problemas fundamentais de Direito Penal**. Trad. A. P. Natscheradetz; M. F. Palma; A. I. de Figueiredo. 3. ed. Lisboa: Vega, 1998.

SÁNCHEZ, Jesús-María Silva. **A expansão do direito penal: aspectos da política criminal nas sociedades pós-industriais**. Trad. L. O. de Oliveira Rocha. São Paulo: Editora revista dos Tribunais, 2002.

SANTOS, Juarez Cirino dos. **A moderna teoria do fato punível**. 2. ed. Rio de Janeiro: Freitas Bastos, 2002.

SHECAIRA, Sérgio Salomão. **Criminologia**. São Paulo: Editora Revista dos Tribunais, 2004.

TAVARES, Juarez. **Teoria do injusto penal**. 2. ed. Belo Horizonte: Del Rey, 2002.

TELLES, Ney Moura. **Direito Penal**: parte geral. v. 1. São Paulo: Atlas, 2006.

TOLEDO, Francisco de Assis. **Princípios básicos de direito penal**. 5. ed. São Paulo: Saraiva, 1994.

WELZEL, Hans. **O novo sistema jurídico-penal:** uma introdução à doutrina da ação finalista. Trad. L. R. Prado. São Paulo: Editora Revista dos Tribunais, 2001.

ZAFFARONI, Eugênio Raúl; PIERANGELI, José Henrique. **Manual de Direito Penal brasileiro parte geral**. São Paulo: Editora Revista dos Tribunais, 1997.

Impresso em abril de 2015